U0959942

面向高等职业院校基于工作过程项目式系列教材
企业级卓越人才培养解决方案规划教材

# 大学生成长与综合素质提升教程

## （第2版）

天津滨海迅腾科技集团有限公司　编著

天津大学出版社
TIANJIN UNIVERSITY PRESS

**图书在版编目(CIP)数据**

大学生成长与综合素质提升教程（第2版）/ 天津滨海迅腾科技集团有限公司编著. — 天津：天津大学出版社，2020.8（2025.9重印）

面向高等职业院校基于工作过程项目式系列教材　企业级卓越人才培养解决方案规划教材

ISBN 978-7-5618-6764-8

Ⅰ. ①大… Ⅱ. ①天… Ⅲ. ①大学生－人才成长－高等职业教育－教材②大学生－素质教育－高等职业教育－教材 Ⅳ. ①G645.5②G640

中国版本图书馆CIP数据核字(2020)第168359号

DAXUESHENG CHENGZHANG YU ZONGHE SUZHI TISHENG JIAOCHENG

出版发行　天津大学出版社
地　　址　天津市卫津路92号天津大学内(邮编:300072)
电　　话　发行部:022-27403647
网　　址　www.tjupress.com.cn
印　　刷　廊坊市海涛印刷有限公司
经　　销　全国各地新华书店
开　　本　787mm×1092mm　1/16
印　　张　15.75
字　　数　400千
版　　次　2020年8月第1版　2023年8月第2版
印　　次　2025年9月第6次
定　　价　59.00元

---

# 面向高等职业院校基于工作过程项目式系列教材
# 企业级卓越人才培养解决方案规划教材
# 编写委员会



# 基于工作过程项目式教程
# 《大学生成长与综合素质提升教程》


**主　编**　王　玲　夏美玲

**副主编**　张洪忠　罗芸芸　赵　莹

韩建国　张　敏　郝丽燕

# 前　言

职业素质是职场致胜、事业成功的第一法宝。学生成功就业，走好职业生涯第一步，在很大程度上取决于本人的综合素质。本教材旨在培养学生职业核心能力，提高学生的职业素养，全面培养学生良好的生活习惯、工作习惯，引导学生塑造完美职业形象，提高人际交往能力和各方面综合素质，同时也希望帮助学生突破自我，树立自信，培养积极心态，为学生的成长和终身发展奠定基础。

本书以高职院校学生走向工作岗位应该具备的综合职业素质和社会、企业对员工的一些基本要求为出发点，围绕职业形象、职业技能、职业心态等方面讲述了一些基本的道理，力求使学生了解并养成符合社会常理的行为准则。教材共16个项目，包含大学生活认知与规划、表达能力训练、行业与专业认知、独立生活与健康管理、习惯的力量、安全教育、积极心态、树立良好个人形象、时间管理、有效学习、职业礼仪、项目发布会、有效沟通、沟通拓展训练、自信演讲、演讲比赛等。内容既结合高校学生在校学习生活实际，又体现未来不同岗位就业的基本职业素养要求。

本书由王玲、夏美玲共同担任主编，张洪忠、罗芸芸、赵莹、韩建国、张敏、郝丽燕担任副主编。项目01和项目02由王玲负责编写，项目03和项目04由夏美玲负责编写，项目05和项目06由张洪忠负责编写，项目07和项目08由罗芸芸负责编写，项目09和项目10由赵莹负责编写，项目11和项目12由韩建国负责编写，项目13和项目14由张敏负责编写，项目15和项目16由郝丽燕负责编写。

教材力图体现情境教学、互动体验、任务驱动、行动导向、基于过程养成训练等课程改革潮流和设计理念。在内容选取、编排方式等方面具有一定基础性、通用性，内容适用于不同专业学生。同时，本书充分考虑和遵循了学生的认知与行为养成规律，在参与中学习，在实践中成长，突出互动和实践环节。每个项目有学习目标、相关技能训练，每个项目都有情景导入或具体任务描述，有活动体验、自我总结及评估等环节，符合学生特点，有利于激发学生的学习兴趣。全书没有涉及高深的理论，而是注重一些基本的常识性做法和要求，使读者走上工作岗位后能够适应社会和企业的要求，养成良好的行为习惯和道德观念。

本书中涉及的视频分享可通过网络在课前准备。

天津滨海迅腾科技集团有限公司

2020年8月

# 目　录

# 项目 01　大学生活认知与规划

## 学习目标

十几年寒窗苦读，经历高考，莘莘学子终于摘下高中升学压力的大帽子，大学生活为我们翻开了崭新的一页。与高中不同，在大学，我们将结识来自不同地域的朋友，面对不同的生活圈子，也将面临与高中不同的学习模式。大学基本上以自我管理为主，大家徜徉在自由的空气之中。但是日复一日，年复一年，大学生活转瞬即逝，我是谁？我要成为什么？大学是什么？我们到底该学会什么？应该怎样给我们的自身价值定位？大学生应该注意哪些人际关系？大学生应怎样对自己的人际交往技能进行提高？大学生如何参加社会实践？这些问题，都需要我们考虑清楚，合理规划，并一步一步付诸努力。

总之接下来的生活要以什么样的状态度过，很重要！人生没有彩排，上场就是直播。我们不能把握人生的长度，但是可以攀登人生的高峰。及早明确你的人生方向，塑造更好的自己，才能成为人生最大的赢家。

通过本项目的实践，我们将达到如下目标。

- 认知大学，适应环境，找到归属感。
- 学会合理规范大学生活。
- 培养学生收集、整理、分析各种信息的能力。
- 培养学生的交流合作意识以及团队竞争意识。
- 使学生愿意展现最好的自己并掌握一定的展现技巧。

课程思政

## 任务描述

### 1. 情景导入

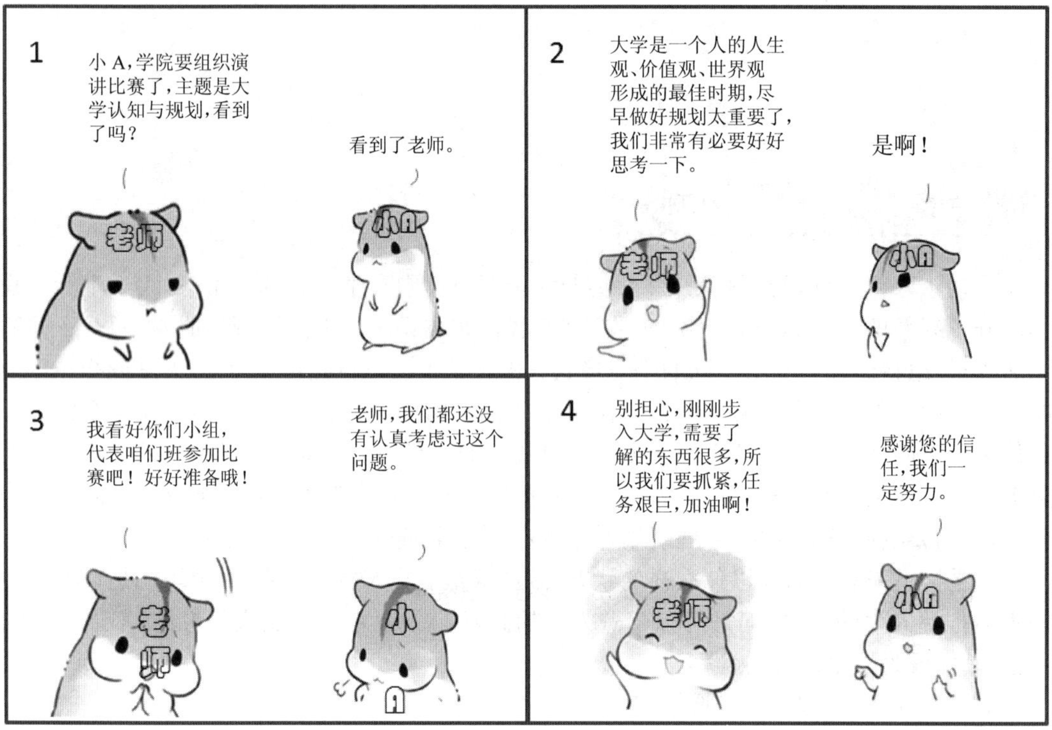


图 1-1　情景导入

### 2. 项目说明

本项目是通过学生自身有意识地收集、学习、整理和分享对大学的认知和大学生活规划相关内容，加深对母校文化的理解，激发爱校情怀，同时能结合对各方面知识的了解进一步规划好自己的大学生活。项目以小组为单位，同学们需要课余收集和学习大量有关大学认知与规划方面的素材，经整理后选择一个方向，确定分享题目，制作演讲 PPT。项目评审时，各小组代表分享本组作品，教师根据作品评分标准和现场演讲表现为小组打分。随后的答辩环节包括评委提问及各小组分享本组作品从收集、整理、制作到训练、展示等一系列步骤，需说明操作如何切入、过程如何协作、整体心得如何等。最后由教师做内容方面总结，并通过 PPT 制作技巧、现场演讲技巧等相关知识的分享提升学生表现能力。

作品要求：主题相关，题目和内容侧重不限，演讲时间设定为 10 分钟。

## 任务技能

### 1. 项目相关知识结构图

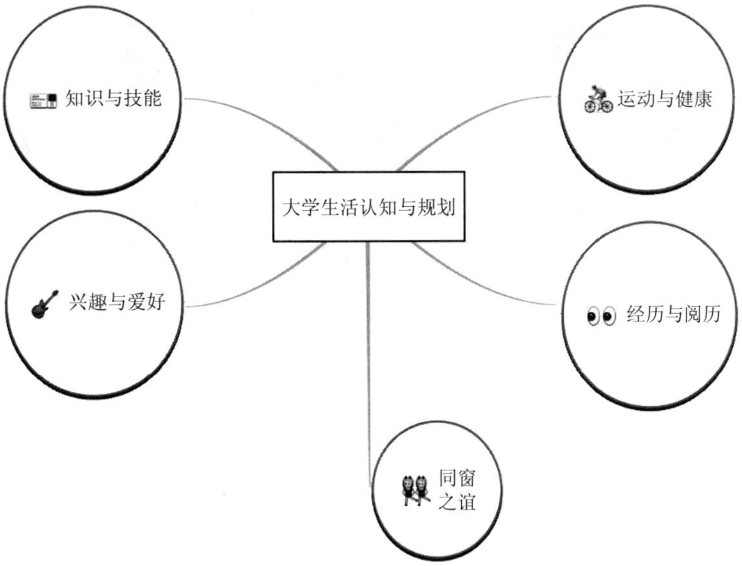


图 1-2　课堂知识结构

### 2. 图示说明

**讲解要点**　此图示下的文字是教师引导课程内容的语言。

**互动空间**　此图示下的文字提供了一些导入知识点的情景，多为引人深思且有助于调动课堂气氛、激发兴趣的视频、游戏和活动等。

**拓展学习**　此图示下的文字是针对学习主题的学习参考资料，包含相关知识点的拓展、理论扩展等。

**阅读资料**　此图示下的文字是学生课外阅读的参考资料。

### 3. 相关知识点

#### 知识点 1：知识与技能

**互动空间**

视频分享：《关于梦想》

图 1-3 《关于梦想》

因为很多梦未圆，因为对现状的不甘，因为还会期待明天，我们都在维护当初那个小小的梦想。关于梦想，我们总有说不完的话，如果你还有梦，就该勇敢去追，不是吗？

**提问：**为什么要学习？为什么要有一技之长？

你的学习现状、课堂表现如何？

你会上课睡觉吗？你会上课玩儿手机吗？

……

## 讲解要点

根据教育部公布的数据，2019 届全国普通高校毕业生达 834 万人，就业压力之大，不难想象。只有把握好大学时光，求得真才实学，才能让自己面对竞争压力时举重若轻。

学习永远是学生的第一要务。不管是为了求知，还是为了求职。通常，大一多是基础课，大二开始较多专业课。视个人情况，一般从大一开始就要去考一些资格证书了。这样一次没有通过，还有机会。有一定含金量的证书可以为你在找工作时增加砝码。如果想继续在学术上发展，理工科的同学还要多进实验室，多与老师交流。

对待学习，不要临时抱佛脚应付考试，不要满足于不挂科。适合自己的好的学习方法不能丢，还要不断地总结、吸收和创新，取人之长补己之短，提高学习效率。要学会利用学习资源，跟老师学、跟网课学、从实践学，还要学会去图书馆查阅资料。无论是在学校，还是将来走向社会，学习都是一项很重要的能力。把学习作为一种责任、一种态度、一种生活方式，融入血液，你将受用无穷。

有关媒体曾发文警醒还在沉睡中的大学生。

上课时，不是发呆、睡觉，就是玩手机，课余生活只有吃零食、看电视剧、沉迷游戏。

图书馆里没有你的身影，运动场你更是从不迈进去……

在企业从事员工选拔聘用工作的肖成萍说：“社会发展这么快，企业也要不断求新求变。如果平时没有忧患意识，放松学习，不管年龄是大还是小，被淘汰都是必然的。”BBC 根据剑桥大学研究者的数据分析了 365 种职业在未来被淘汰的概率，AI 技术越来越发达，“电话推销员”被机器人取代的概率接近 100%，其次是打字员、会计、保险业务员、银行职员……淘汰率较高的工作都无须天赋，经过大量重复性、机械性训练就可以轻松掌握。而在“如何避免被机器人取代”的建议里，专家说，必须培养自己的终身学习习惯，提升职业技能。

年轻就是拼命学习的资本。

你读过的书、学过的技能都不会白费，所以奋力拼搏吧，它们默默储存下的力量，会在未来某一个时间出现，帮你渡过难关。那些年，你认为高考分数将决定你一生的命运，于是你拿着自己的高考成绩寻找自己梦想的大学，可是步入大学的殿堂又该怎么办呢？

这些场景你是否觉得熟悉？

上课时：清醒的没有发呆的多，发呆的没有睡觉的多，睡觉的没有玩手机的多。

下课时：自修的没有吃零食的多，吃零食的没有看连续剧的多，看连续剧的没有玩游戏的多。如此这般，就业时怎能成功？

考试时不给范围就不会考试，给了范围也只是复印同学准备的答案。你如果是老板，会雇用这样的员工吗？

专业课学技术不肯动手，学理论不肯动脑。等待你的除了失业还能是什么？找工作时，在工作岗位上的最大价值在于不可替代。责任心、吃苦精神、写作水平、做事能力、专业修养、操作技术、学问素养、人际处理，有哪一方面是你的看家本领？有哪一点是他人不可替代的？学生在学习过程中应好好思考。

有没有想过当年那些不如你的人，也许有一天会超过你？

有人说，大学是一场长跑，这段时光，有的人从一开始就踏上了其他跑道，也有人挤到了前面的队伍，是时间让大家变得不一样。这段时光，在校的学生完全有时间、有机会决定它该如何度过。

总结：

学生的职责就是学习，所以不要以为度过高中艰苦的学习生活，到大学后，就可以放松自己，把学习不当回事。上大学是一个好的学习机会。之前的教育可以说是应试教育，为了拿高分，在父母、老师的监督下拼命地学习。可到了大学后，没有外在的社会压力，这时很容易松懈，成天想着享受，而忘却了学习。在那样的环境下，更要认识到学习的重要性。多年培养的自学习惯在以后的工作中会对自己很有帮助。

课程思政

不要把时间浪费在没有意义的事情上，不要沉迷于玩手机、玩游戏、看直播、刷抖音、追剧和看打发时间的小说之类的活动。有时间多看看与自己专业相关、自己感兴趣的书籍，学一学有用的知识，艺多不压身。

**知识点 2:兴趣与爱好**

**互动空间**

2018 年 4 月 4 日,《中国诗词大会》第三季总决赛落幕,来自杭州的外卖小哥雷海为获得总冠军。他获胜的答案——兴趣使然。

**提问:**同学们,你的兴趣是什么?

听听男生的声音——主题“游戏”。

听听女生的声音——主题“美”。

听听我们共同的声音——主题“困”。

**提问:**大学期间你有没有想过培养自己哪些兴趣?

做做你曾经想做却没时间做的事情,学习你一直想学的一项技能。比如画画、弹吉他、读一读自己喜欢的书……

**讲解要点**

现在的社会,需要多才多艺的复合型人才,不能成为过去所称的书呆子。在大学期间,要利用自己的空余时间培养某一方面的兴趣,或者把时间稍微用在自己感兴趣的事情上,这样不仅使自己的大学生活充盈,同时可以使自己在某一方面走得更远。例如有的人对计算机感兴趣,可以多钻研一些;爱好唱歌的,可以多练练。

兴趣是最好的老师,能做自己喜欢的事情是最幸福的。……烦心时也就多了一个可以释放的空间。——杨澜

好奇的目光常常可以看到比他所希望看到的东西更多。——莱辛

**知识点 3:运动与健康**

**互动空间**

视频观摩:《为你自己而战》

视频《为你自己而战》的作者是 YouTube 红人 fouseyTUBE,在这之前他就已经是美国的网红,因为太专注 YouTube 的内容制作导致身体发福。等到他终于意识到这个问题时,就用三个月记录下了这个励志的减肥历程,让众多粉丝惊叹不已!但其实短片作者记录这段历程并非单单只给减肥人士看,90 天减掉 49 磅,36% 的脂肪,看上去很让人羡慕,但也并非什么难事。其实比一身赘肉更让人难过的是不自信、不坚强和不开心,然后这一切会像融化的雪糕一样流得满桌都是,幸福的小船说翻就翻,显然随之而来的负面情绪会加剧你的这种状态。

**讲解要点**

养成良好的生活方式和习惯非常重要。合理安排学习,锻炼身体,劳逸结合。课余,打

打篮球，踢踢足球……长假期约上三五个好友来一次远行，也胜于无所事事。俗话说得好，身体是革命的本钱。所以在大学期间要加强身体的锻炼，早上起来跑跑步，下午打打篮球。同时，运动可以舒展身心，愉悦自己。

运动是为了保持身材，更是为了成为更好的自己。

**知识点 4：同窗之谊**

### 互动空间

视频观摩：《窗户》

图 1-4 《窗户》

"关系就像窗户，有时候它是开放的，有时候它是封闭的，有时候它会破碎。"

视频《窗户》将关系比作窗户，讲述了小毛球在充满窗户（"关系"）的世界里挣扎、烦恼，它打破属于自己的窗户，逃离这个世界，却受够了自己活成一座孤岛的生活，最终选择回到窗户边，修复破损的关系。

**提问：**看完视频你受到什么启发？

**总结：**你通过窗户看到的不仅是另一侧的东西，还有自己的影像。就好像在一段关系中，你如何对待对方、如何看待对方，同时也在向对方讲述着你是怎样的人……

同窗之谊将是我们青春的永久记忆。

### 讲解要点

人的一生，朋友在其中扮演一个重要的角色。大学时光里我们交的朋友可能是一辈子的朋友，但是要有选择性地交朋友，交益友不能交损友。有些人可以深交，有些人只能泛交，这需要自己把握那个度。

如果你知道有人一直在为你着想，感觉一定很美好吧！我们在一生中要遇到许多朋友，没有哪个人能分享你所有的时光，但是，至少每段路都有人相伴，这已是最好的旅程。

### 知识点 5:经历与阅历

#### 互动空间

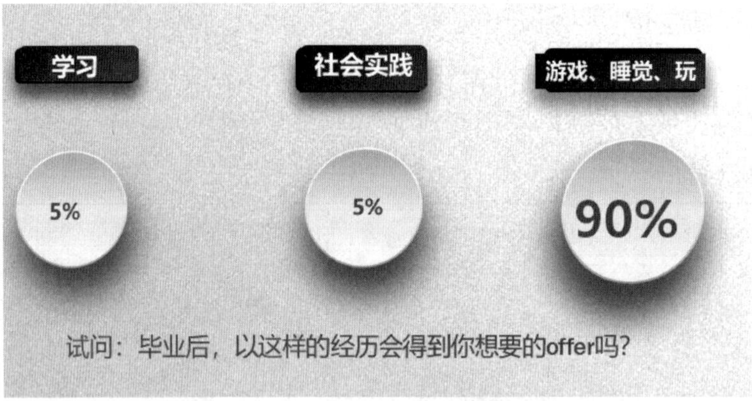


图 1-5 大学生活状况

**提问:**你确定要这样度过你的大学生活吗?

#### 讲解要点

对于我们当代大学生而言,也是一样,实践出真知。能力从实践中来,友谊、机会、朋友圈也往往从人与人、人与组织、人与社会打交道中获得和不断扩大。大学从班级、系,到院、校,有党组织、团委、学生会等各级组织,还有很多社团,这是接触社会、锻炼个人的平台,要根据自己的志向、兴趣、职业规划进行选择。

有选择地参加一些学生组织或社团。对个人而言,口头表达能力、组织能力、写作能力、交往能力很重要;与人相处,说话态度很重要,赞美比指责更受人青睐;在团队中,相互尊重、取长补短、团结合作,不可或缺。不管将来就业还是创业,缺什么就学什么,弥补不足,学会为人处世,感悟与人竞合之道。

当然,还可以参加一些艺术团体或支教、志愿服务活动等,结交更多志同道合的朋友,这样有助于提升自己的人格、能力、气质、境界和格局。

在大学里,我们要学会如何赚取一些零花钱,可以利用暑假寒假,出去打打工,做一些社会实践,既可以增加自己的经历与阅历,又可以在实践中锻炼自己。在校期间,可以做一些兼职,如做家教、发传单,或者在网上写文章挣取一些稿费。

读万卷书,行万里路。在大学里还可以利用空闲时间背上背包,去外面的世界看看。看山看水,陶冶情操,丰富自己的经历,在旅行中,不断地成长,使自己成熟。

成功绝不是偶然的!“成功的花,人们只惊羡她现时的明艳!然而当初她的芽儿,浸透了奋斗的泪泉,洒遍了牺牲的血雨。”很多人光鲜亮丽的背后,是坚韧不拔的努力,是丰富的知识储备,是使自己变得更加优秀的付出。外面的世界很精彩,大学的生活丰富多彩,每个人的人生要出彩,都不能只顾眼前的“苟且”,否则撞掉的不是“雕像的头”,而是自己人生的“诗和远方”。合理规划大学的学习、生活,珍惜当下,以梦为马,不负韶华,为自己的“诗和远方”洒下无怨无悔的汗水，你将是人生最大的赢家。

## 拓展学习

### 知识点 1：今天学习不努力，明天努力找工作

## 互动空间

故事分享：《一个售货员的故事》

一天，我站在一家商店的皮鞋专柜前，和受雇于这家商店的一名年轻人聊天。他告诉我说，他在这家商店服务已经 7 年了，但由于这家公司的目光短浅，他的工作业绩并未得到赏识，他非常郁闷，但同时，他似乎对自己很有信心：像我这样一个学历不低、年轻有为的小伙子，还愁找不到一个体面而有前途的工作！正说着，有位顾客走到他的面前，要求看看袜子。这位年轻店员对这名顾客的请求不理不睬，仍在继续向我发牢骚，虽然这位顾客已经显出不耐烦的神情，但他还是不理。最后，等他把话说完了，才转身对那位顾客说：这儿不是袜子专柜。

那位顾客又问，袜子专柜在什么地方。这位年轻人回答说：你问总服务台好了，他会告诉你怎样找到袜子专柜。

3 个月后，当我再次光顾这家商店时，没有再看见那位满腹牢骚的小伙子。商店的另一名店员告诉我，上个月，公司人员调整时，他被解雇了。当时，他非常费解

几个月后，一次偶然的机会，我在一条繁华的商业街上，又碰见了那个小伙子，他有些沉重，一改往日的意气风发。他说，时下经济不景气，找了几个月都没有找到满意的说完后，他匆匆离去，说要去参加一个面试，虽然工作性质与原来的没有什么不同，薪水也不比原来的高多少，但他还是很珍惜这个面试机会，一定不能迟到。试想，如果他懂得珍惜原来的工作机会，努力工作，今天就不需要这样努力地去找工作了。

有许多工作不顺利的人，他们满腹的抱怨和痛苦。其实，他们自己所抱怨的并不是导致失业的最主要原因。恰恰相反，这种抱怨的行为刚好说明，他们倒霉的处境是自己一手造成的。

有许多整日来往于不同公司的人，可是他们并不是在为生意而忙碌，而是在到处寻找工作。遗憾的是，大多数人总是在遭受晴天霹雳之后才会醒悟。

从平凡的工作中脱颖而出，一方面由个人的才能决定，另一方面则取决于个人的进取。这个世界为那些努力工作的人大开绿灯，直到他的终结。

## 讲解要点

我们身边有各种各样的抱怨或托词：

学习真枯燥……明天还有时间……一次作业不完成没关系……

这会使我们：

在思想上摇摆不定，在学习上敷衍了事；思想肤浅，心胸狭窄；与未来应聘公司的理念格

格不入；在发展道路上越走越窄……

人们往往这样：当婚姻亮起红灯时，才试着对伴侣表示关心；当疾病缠身时，才想起要锻炼身体；当成绩一落千丈时，才开始痛下决心好好念书；当失去工作时，才懂得付出努力的重要性……试问，你珍惜当前的机会了吗？要知道，今天学习不努力，明天就要努力找工作啊！

**知识点2:步入大学**

**互动空间**

新生调查：大学期间想干什么？

I don't know.
学好、玩好，既娱乐又学习，理论与实践相结合，没有压力但不失动力。
做到学习、学生会工作两不误。
先玩一年再说。
学习第一，兼顾社会实践、恋爱。
Good good study, day day up.
疯玩，天天开坦克。
精益求精。
多读点书，多思考，找个男（女）朋友。
认真学习，留意兼职信息，多参与社会实践。
大一好好玩，大二认真读书，大三认真找工作。
提问：请同学们思考，应该怎样度过大学生活？
总结：差别的产生不是没有原因的。大学里，有些同学……，而有些同学……
所以同学们一定要做正确的事情。

讨论：请大家思考，大学意味着什么？大学是什么？大学有什么？大学学什么？读大学究竟读什么？

**讲解要点**

诸如此类的问题，不仅困扰着我们刚入学的新生，即使那些高年级的大学生，甚至即将迈出校门的毕业生也很难说清楚，很多人在毕业多年以后才幡然醒悟，才领悟了些许大学的真谛，就像做事一样你首先要知道为什么？

大学里我们应该培养自己系统的分析能力和独立的思考能力，成为一个"对什么都可拥有自信和渴望"，有潜力、有思想、有价值、有前途的职业人。

**知识点3:适应生活环境**

**互动空间**

游戏：笑容可掬

（1）游戏目的：进行“三主动”训练

（2）游戏流程

●将学生分成两组，将桌椅移开。

●学员站成两排，两两相对。

●各排派出一名代表，立于队伍的两端。

●互相鞠躬，腰要弯成 90°，高喊“×× 你好”。

●向前走交会于队伍中央，再相互鞠躬高喊一次。

●鞠躬者与其余成员均不可笑，笑出声者即被对方俘虏，需排至对方队伍最后。

●依次交换代表人选。

●直到每位学员都参加游戏。

（3）游戏结束后

●游戏完成后，组织学员复原桌椅。

●做过俘虏的学员回答问题。

●做得非常认真的学员回答问题。

●不认真参加游戏的学员回答问题。

●表扬做游戏非常认真的学员，鼓励被俘虏的学员，批评不认真参加游戏的学员。

提问：游戏给大家的启示是什么？

总结：

（1）当你面对生活的时候，你实际上是在面对一面镜子，你笑，生活就会笑；你哭，生活也在哭。面对别人的时候，也是这个道理，想获得别人的笑容，你首先要绽放自己的笑容。

（2）所谓己所不欲，勿施于人。既然你不想让别人对你绷着脸，为何要对别人绷着脸呢？

## 讲解要点

1）尽快熟悉校园环境

第一次离家远行的入学旅程，是我们独立处理事情的开始。

我们当中很多同学很少有单独外出旅行的经验，所以入学一般由父母或亲戚陪同。随着近年来独生子女比例的增大，家长专程护送孩子上学的现象越来越普遍，有的学生甚至有数位亲友陪同，北京一所院校曾经有过 1 名入学新生由 6 名家长“护送上学”的记录。相比之下，那些家庭经济条件不好，出不起太多的路费或是希望锻炼独立处事能力的学生，反而上了人生有益的一课。很多学生在谈到入学旅程时认为，第一次独自离家远行，的确对自己没有多大的信心，但是经过这一次独立处理事情的锻炼，如买车票、转车签票、托运行李等，就觉得自己有点儿像个大人了。而这种感觉正是他们走向成熟的良好开端。

如果说入学旅程是我们独立处理事情的开始，那么入校后能否迅速地了解和熟悉校园环境，则决定了我们能否在这个环境中自如地生活、学习。

首先要尽快熟悉校园的“地形”，有的学生入校后一安排好行李，马上就到校园的各处熟悉情况，例如，了解教室、图书馆、商店、电话亭在什么地方，食堂什么时候开饭，如何购买澡票，甚至学校有几个门等，都要在短时间内了解清楚。这样，在办理各种手续、解决各种问题的时候就会比别人更顺利、更节省时间。

与此相反的是，某些学生显得非常拘谨，生怕走远一点儿就会迷路，又不好意思开口向别人寻求帮助，最后不得不尽量少走动、少说话，实在不行就跟在别人的后面。

2）尽快熟悉校园的人事关系

了解负责老师的姓名、工作地点；了解学校的架构；了解学长的学习地点和生活地点。直接向高年级的同学请教是熟悉校园环境的一个最快捷的方法，一般来说，多数高年级的同学都比较愿意把他们的经验传授给我们，以帮助我们尽快适应校园生活，尽量少走弯路。另外，向自己的同乡请教也是不错的选择。

在班级中担任一定的工作，也能帮助你尽快适应校园生活。对环境适应快的学生，很快就能成为班级中的核心人物，并担任一定的班级工作。这样与老师、同学接触得越多，掌握的信息越多，锻炼的机会也越多，能力提升很快，自信心也就逐渐建立起来了。

3）学会承认他人的生活习惯和价值体系

要学会接受他人的生活方式，委婉地提出意见，站在对方的角度考虑问题。与同学建立良好的人际关系也是适应大学生活的一个关键。

我们要学会自己确定学习目标，自己制订学习计划，自己安排学习时间，自己选课，自己检查学习效果，并且主动找教师征询意见，请教师帮助解决困难，定期向教师汇报学习状况，提出自己的计划并与教师共同探讨。

在学校的人际关系中，问题最多的还是同学之间的关系。由于班级和宿舍里的同学分别来自不同的地域和不同的家庭，在思想观念、价值标准、生活方式、生活习惯等方面都存在着明显的差异，在遇到实际问题的时候往往容易发生冲突。差异是客观存在的，我们都必须面对它，接受它。首先要学会承认各人有各人的生活习惯和价值体系，如果你与别人生活在一起，你就得连同他（她）的生活方式一起接受。如果别人的生活方式有碍于你的生活（如夜里看电视影响你的休息，未经允许随便动你的东西等），你就需要委婉地提出意见，并适当地进行自我调整（如调整作息时间、调整宿舍等）。

4）切忌以自我为中心，平时的生活中，做到“三主动”

要想处理好同学之间的关系，还要做到宽以待人，严于律己，切忌以自我为中心。在平时的生活中，做到“三主动”：主动与同学打招呼，主动和同学讲话，主动帮助别人。在帮助别人的时候，不要过于计较别人能不能、会不会报答你。

**知识点4：明确定位**

（1）学生的角色转变与定位：学生—准职业人。

（2）准职业人的本质：按企业对员工的标准来要求自己，以使自己能符合企业要求，适应将来在企业的发展。

（3）准职业人成长的必备要素：目标明确；对自己的学习过程和结果负责；有意识训练自己的职业素质。

（4）养成良好的职业习惯离不开规范和制度。

### 知识点 5:做最好的自己

**互动空间**

自画像

你认识自己吗？你认为什么样的自己是最好的自己？你认为怎样才是准职业人？你准备好了吗？你还有哪些不足？你最应该提高哪些方面？

______________________________

______________________________

______________________________

**讲解要点**

如何更好地利用大学锤炼自己？

(1)建立良好的人际关系。

●树立良好的第一印象。

●主动交往。

●关心帮助别人。

●尊重他人。

●己所不欲,勿施于人。

●多与老师交流沟通。

(2)良好的理财习惯:精打细算、自我规划、管理能力。

(3)培养职业化能力。

案例 1:主动的态度、沟通的方式、服务的行动、平衡的技巧和磨炼的精神,这是一个职业人必备的重要的素质。当你拥有所有这些的时候,你将拥有一片不同的天空。——华为

案例 2:面对不确定性成为常态的环境,企业需要回归基本层面。——陈春花

案例 3:以实用为导向的职业知识;以专业为导向的职业技能;以价值为导向的职业观念;以结果为导向的职业思维;以敬业为导向的职业态度;以成功为导向的职业心理。——联想电脑公司

●职业化就是基本功。

●职业化:细微之处做得专业。

●职业化:尽量用理性态度对待工作。

●职业化:别人不能轻易替代。

●职业化:以此为生,精于此道。

总结:知识、技能、观念、思维、态度、心理这六个层次是相辅相成,缺一不可的。职业素质是人的一种内在品质,是以上六个层次在员工身上从知识到心理长期逐渐形成的。

## 阅读资料

1）为自己奔跑

每天清晨，当太阳刚刚升起时，露珠还未完全消失，大草原上的动物们，已经开始了一天的奔跑。最先跑起来的是羚羊，它们成群结队地跑过平缓的山岗，找到水源，在短暂的休息之后，又开始新的奔跑。就在离它们不远的地方，也许就在附近的草丛里，狼群也在奔跑，它们的奔跑是为了羚羊。当狼群开始奔跑的时候，狮子也开始了奔跑，它必须赶在狼群之前找到一日的早餐，否则，今天可能又是一个忍饥挨饿的日子。这是发生在大草原上的一幕，每天都在上演的奔跑比赛。

没有任何外在的力量在导演这一切，它们奔跑完全受内心的驱使——要么生存，要么死亡。“为自己跑起来”是动物世界永恒的法则。人类也是如此，我们没有任何理由停止奋进的步伐，每天进步一点点。

2）关于兴趣和追求的思考

●你日常投入最多精力的是哪些方面？

●你爱参加活动吗？你希望从中获取什么？

●你在学习中最喜欢什么？最不喜欢什么？

●你是否拥有一个明确的目标？若有，是什么目标，如何去实现？

●你最珍视什么？是亲情、友情、爱情、健康、财富或是控制自己意志？

●你今天是否为自己的知识库或思想库增添了一些有用的东西？

●你最希望得到的是什么？是否愿意把其他欲望都排在这个欲望之后？你每天花多少时间和精力为实现这一欲望而努力？

●你是否容易对他人的成就、名望、学识和财富留下深刻印象？

●你认为谁是世界上最伟大的人？这个人在哪些方面比你优秀？

## 任务实施

| 第一步　课前认知 | |
|---|---|
| 主要内容 | 教师<br>评价 |
| 回答以下问题：<br>1. 关于学校的环境、历史、文化、制度，你了解多少？<br><br>2. 大学里你想得到什么？谈谈你对自己大学生活的认识或理解。<br><br>3. 你认为有必要规划大学生活吗？为什么？<br><br>4. 你对自己入学以来的表现满意吗？你上课的状态理想吗？有没有睡觉、玩手机的情况？你有过旷课、请假、迟到、早退的情况吗？用数据说明你的出勤情况。<br><br>5. 你在班级、宿舍中有没有找与自己兴趣相投的好朋友、好搭档？<br><br>6. 你的兴趣爱好是什么？准备参加社团吗？关于竞选学生会职务或班委，你怎么想？ | |

| 第二步　课堂学习 | |
|---|---|
| 主要内容 | 教师评价 |
| 1. 本堂课你的状态如何？与教师有哪些互动？<br><br>2. 其他哪位同学的表现令你印象深刻？他的表现让你有什么收获？请写下来吧！ | |

| 第三步 课后拓展 | |
|---|---|
| 主要内容 | 教师评价 |
| 1. 除了课本上提供的知识资源外，还应该学习些什么？<br><br>2. 你准备通过哪些途径学习上述知识？ | |

## 任务总结

| | |
|---|---|
| 1. 请总结：通过课前预习、课堂学习、课下自学、小组交流、同学的分享等，你了解了哪些具体知识？<br><br>2. 请总结：通过本项目的实施和相关内容的学习，你哪些方面的能力有所提升？请举例具体描述。 | |
| 签名： | 日期： |

| | |
|---|---|
| 本团队成员对你的评价： | |
| 签名： | 日期： |
| 其他团队对你的评价： | |
| 签名： | 日期： |
| 教师对你的评价： | |
| 签名： | 日期： |

## 任务习题

请同学思考并学习整理如下内容：

1. 结合本学期安排，制定自己的学期学习和生活目标。

2. 结合对本项目相关内容的认识和了解，制订一个系统的“个人学期提升计划”。

3. 结合项目要求，制作小组主题演讲 PPT。

# 项目 02　表达能力训练

## 学习目标

表达能力是现代人才必备的基本素质之一。在现代社会，随着经济的迅猛发展，人们之间的交往日益频繁，语言表达能力的重要性也日益增强，好口才越来越被认为是现代人的必备能力。

作为现代大学生，我们不仅要有新的思想和见解，还要在别人面前很好地表达出来；不仅要用自己的行动为社会作贡献，还要用自己的语言去感染、说服别人。

语言表达能力非常重要，就职业而言，现代社会从事各行各业的人都需要口才：对政治家和外交家来说，口齿伶俐、能言善辩是基本的素质；商业工作者推销商品、招徕顾客，企业家经营管理企业，这都需要口才。在人们的日常交往中，具有口才天赋的人能把平淡的话题讲得非常吸引人，而口笨嘴拙的人就算他讲的话题内容很好，人们听起来也觉得索然无味。有些建议，口才好的人一说就通过了，而口才不好的人即使说很多次还是无法获得认同。

总之，语言能力是我们提高素质、开发潜力的主要途径，是我们驾驭人生、改造生活、追求事业成功的无价之宝，是通往成功的必由之路。

通过本项目的实践，我们将达到如下目标。

●认识到提升表达能力的重要性。

●掌握自我介绍的方法和技巧。

●认识自我推销的重要性。

●掌握自我推销的技巧与方法。

●通过训练提升自己的表达能力。

课程思政

## 任务描述

本项目通过同学们在课堂上及课下学习自我介绍、自我表达、自我推销等相关内容，掌握一定的表达技巧。在此基础上，同学们以小组为单位设计主题相关任务，在实施过程中提升自身表达能力。小组任务可设定为某种场合下的自我介绍情景表演、与陌生人相识的表达场景展示等，也可以以导游的身份介绍自己的家乡或者亲身游历地方的人文、地理、建筑、特色等，还可以将属于自己的故事娓娓道来。总之主题确定，内容和形式不限，具体任务可结合自身或团队情况自拟。

## 任务技能

### 1. 项目相关知识结构图

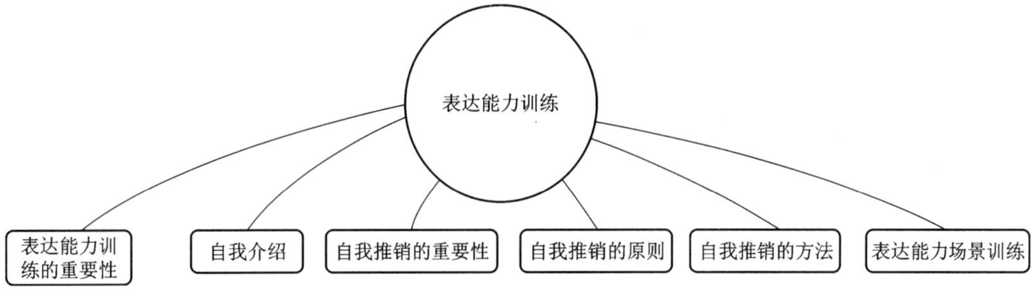


图 2-1　课堂知识结构

### 2. 相关知识点

#### 知识点 1:表达能力训练的重要性

**互动空间**

——说话碎碎叨叨,停不下来是什么样子?

——都火烧眉毛了,却像茶壶里煮饺子,倒不出来是什么样子?

——不会表达、不敢开口说话又会是什么样子?

表达能力的重要性是一个老生常谈的话题,没必要赘述。只不过每个人在不同阶段的表达能力重要性不一样,这是我们需要一生不断去提高的技能。引用罗振宇的一段话:职场,或者说当代社会,最重要的能力就是表达能力。因为,在未来社会最重要的资产,是影响力。影响力怎么构成?有两个能力——第一是写作,第二是演讲。

写作和演讲其实就是表达的载体,其核心还在于表达。尤其在职场中,很多人都是苦练专业技能,却忽略了工作成果需要表达能力来呈现。不能精准表达,不仅浪费自己的时间,也消耗同事的精力。

**讲解要点**

表达能力又叫作表现能力或显示能力,是指一个人善于把自己的思想、情感、想法和意图等,用语言、文字、图形、表情和动作等清晰明确地表达出来,并善于让他人理解、体会和掌握。表达能力,是决定我们口才的重要指标。 其能力的高低,不仅会影响到我们的人际关系,还会影响到我们生活和工作上的各种事情。一句话或者一段话,如何表达,说得好可以为我们加分,引来掌声;说得不好,也许就会触动他们的负面情绪,引起矛盾。

哈佛大学首位女校长吉尔平•福斯特在一次公开演讲中说:“很多时候,给我们生活带来翻天覆地变化的往往是那些将语言视为行动的领袖们。这些领袖有一个共同点,那就是他们都有超强的语言表达能力。”

现在，一波又一波的人在综艺节目走红，他们既不唱歌，也不跳舞，他们凭的是什么？仅仅是因为面相好看吗？不是，凭的是三寸不烂之舌，是逻辑性强、富有感染力的表达！

从古至今，因为优秀的表达能力而成就一个人的例子很多，例如诸葛亮舌战群儒促成孙刘联合大败曹操、毛遂自荐、苏秦游说君王"合纵"身挂六国相印、张仪连"横"破"纵"的故事等，都是因为其出色的表达能力获得成功，这就是表达的魅力。

很多人认为，外向的人表达能力好，而内向的人表达能力则相对比较差，其实这种观念并不完全正确。表达能力的高低，与性格没关系，跟我们如何说却有很大关系。这是一种能力，只要勤加练习就能掌握。

**知识点 2：自我介绍**

**互动空间**

游戏：请记住我的名字

> 游戏目的：让同学们思考并实践如何去做好令人印象深刻、留下好感的自我介绍。
> 游戏步骤：
> （1）组内介绍，先在组内进行同学间的自我介绍练习；
> （2）代表介绍，每组推举一位组员代表小组进行介绍，也可以介绍其他组员；
> （3）小组之间相互评价。
> 讨论：
> （1）你是否容易记住别人？用的什么方法？
> （2）自我介绍和介绍别人，哪一种方法更容易令你印象深刻？

**讲解要点**

自我介绍是向别人展示你自己，自我介绍直接关系到你给别人的第一印象及以后交往。同时，自我介绍是每个职业人都必然要经历的一件事情，只不过，有的人一年用不上几次，而有的人则一个星期可能需要做多次。众所周知，自我介绍是日常工作中与陌生人建立关系、打开局面的一种非常重要的手段，因此，通过自我介绍获得对方的认可，是一项非常重要的职业技能。

（1）自我介绍的形式与场合。

（2）自我介绍的技巧。

（3）自我介绍的注意事项。

①注意时机。要抓住时机，在适当的场合，对方有空闲，而且情绪较好，又有兴趣的时候进行自我介绍。

②讲究态度。态度一定要自然、友善、亲切、随和。应镇定自信、落落大方、彬彬有礼。既不能唯唯诺诺，也不能虚张声势，轻浮夸张。表示自己渴望认识对方的真诚情感，任何人都以被他人重视为荣，如果你态度热忱，对方态度也会热忱。

语气要自然，语速要正常，语音要清晰。在自我介绍时镇定自若，潇洒大方，有助于给人留下好感；相反，如果你流露出畏怯和紧张，结结巴巴，目光不定，面红耳赤，手忙脚乱，则会被他人所轻视，彼此的沟通便有了阻碍。

③注意时间。自我介绍时还要言简意赅，尽可能地节省时间，以半分钟左右为佳。不宜超过一分钟，而且愈短愈好。话说得多了，不仅显得啰唆，而且交往对象也未必记得住。为了节省时间，作自我介绍时，还可利用名片、介绍信等。

④注意内容。自我介绍的内容包括三项基本要素：本人的姓名、身份来历和目的。这三项要素，在自我介绍时，应一气连续报出，这样既有助于给人以完整的印象，又可以节省时间，不说废话。要真实诚恳，实事求是，不可自吹自擂，夸大其词。

⑤注意方法。进行自我介绍时，应先向对方点头致意，得到回应后再向对方介绍自己。如果有介绍人在场，自我介绍则被视为不礼貌的。应善于用眼神表达自己的友善、关心以及对沟通的渴望。如果你想认识某人，最好预先获得一些有关他的资料或情况，诸如性格、特长及兴趣爱好等。这样在自我介绍后，便很容易进行交流。在获得对方的姓名之后，不妨口头加重语气重复一次，因为每个人最乐意听到自己的名字。

**知识点 3：自我推销的重要性**

**互动空间**

故事分享：酒香也怕巷子深

> 1915 年的巴拿马万国博览会上，我国的贵州茅台酒由于包装简陋，备受冷遇，眼看就要无功而返。
>
> 情急之中，中国参展人员在展览大厅里故作失手，将一瓶上好的茅台酒掉在地上。随着酒瓶砰然碎裂，酒香也散溢出来，引来一群外商的叫好声。这一记奇招征服了外商，也征服了巴拿马万国博览会，茅台荣获了大奖，从此走向了国际市场。
>
> 这个小故事可以说是对酒香也怕巷子深的形象诠释。在社会上，如果不懂得推销技巧的话，再高能的人才，也可能被人忽视，从而徒呼英雄无用武之地。

**讲解要点**

推销，是我们熟悉的一种工作，其实它更是一种人生状态。推销员推销的是产品，而我们每个人都需要在人生的道路上去推销自己。其实，每个人都是自己人生中的推销员，无论你做什么工作，无论你地位的高低。人活着就是在推销，每个人无时不在推销着世界上最伟大的产品——自己。演员要向观众推销自己的表演才华，销售员要向客户推销自己的产品，求职者要向主考官推销自己的能力和专长……

推销自己或者叫自我推销，是通过自身的努力使自己被别人肯定、尊重、信任、接受的过程。无论你是谁，或从事什么职业，每当遇见一个人、向他人解释、和人通电话或表达自己的观点时，你就在推销最宝贵的财富——自己。自我推销是一门艺术，只有掌握了其中的策略和技巧，才能把自己的意图、学识、优点、人格魅力等推销给别人，博取对方的理解、好感和支持。

相信大家都听过这样的几句话："世间千里马常有，而伯乐不常有""我劝天公重抖擞，不拘一格降人才""天生我才必有用"。"世间千里马常有，而伯乐不常有"道出了千里马不能够被及时发现的无奈。“我劝天公重抖擞，不拘一格降人才”则是对人才受到压抑发自心底的悲呼。“天生我才必有用”表达的则是才能没有得到施展之前殷殷的期盼之心和无奈的自我安慰。古往今来，有多少才高八斗、学富五车的才子因为有志不能伸，有才难施展而扼腕悲叹、遗恨终生。历史上有那么多有智有识之士被埋没，可是这些有智有识之士为什么被埋没呢？怎样才可以让他们不被埋没呢？这是一个在人类社会发展的历程中一直讨论不出结果的问题。在这里我想跟大家探讨一下，在我们没有得到认可之前，我们是不是可以努力地推销自己让人们认识并接受我们呢？我认为，一个没有能力把自己推销出去的人算不上一个有能力的人，因为你连推销自己的能力都没有，怎么可以说自己有能力呢？不能让大家接受你，你的能力怎么能够发挥出来呢？纵使你有天大的本领不也是等于零吗？所以我认为要把自己塑造成一个有能力的人，要发挥出自己的才能，就必须学会推销自己，善于推销自己。有什么好办法来推销自己呢？在这里跟大家探讨一下这方面的经验。

在适当的时机，适度地炒作一下自己，是一种行之有效的表现自己的好办法。金埋沙堆，玉藏石中，即使它再珍贵，也没有人会承认它，只有让社会和大家认识了你的自身价值，他们才可以接受你。如果我们不能够做到积极地寻找和迎合机会，是没有人会主动把机会送到你的门前的。经常地询问，经常地靠近机会，在不断完善自己自身的基础上主动接近机会，你才可能抓住更多的机会，才能在机会来到你面前的瞬间，更好地把握住它。机会不会自己找上门来，只有我们去寻找它，推销自己就是我们积极地去寻找机会，善于推销自己就是让我们能够把握更多的机会，在机会来临时能够更好地把握它，所以，善于推销自己就是为了让我们能够得到更多的人生机会，给我们自身的能力寻找发挥的机会，给我们自己寻找通向成功的道路。朋友们，让我们在奔向成功的道路上学会推销自己吧！

**知识点 4：自我推销的原则**

**互动空间**

自我推销小游戏

> 游戏背景：你和你的同学去旅游，到山洞探险，这个时候发生了地震，将洞口给震塌了，并且下一次地震会马上到来，你们有 6 个人，只能有一个人逃生。
>
> 看看游戏步骤：每组 6 位同学，在前面围坐成一圈，接下来自己说明自己为什么是必须离开的。
>
> 代表说明：
>
> （1）本组谁可以逃生？为什么？
>
> （2）其他人不能逃生的原因是什么？

**讲解要点**

自我推销遵循三个原则：首因效应原则、晕轮效应原则、定型效应原则。

1）首因效应原则

首因效应是指由于第一印象的作用而对后续交往所发生的影响现象。有一位心理学家曾做过一个试验：把被试者分为两组，同看一张照片。对甲组说，这是一位屡教不改的罪犯。

对乙组说，这是位著名的科学家。看完后让被试者根据这个人的外貌来分析其性格特征。结果甲组说：深陷的眼睛藏着险恶，高耸的额头表明了他死不改悔的决心。乙组说：深沉的目光表明他思想深邃，高耸的额头表明了科学家探索的意志。

这个试验表明若第一印象形成的是肯定的心理定式，会使人在后续了解中多偏向于发掘对方具有美好意义的品质。若第一印象形成的是否定的心理定式，则会使人在后续了解中多偏向于揭露对方令人厌恶的部分。既然在人际交往中有这样一个首因效应在起作用，我们就可以充分地利用它来帮助我们完成漂亮的自我推销。首先是面带微笑，这样可能获得热情、善良、友好、诚挚的印象；其次应使自己显得整洁，整洁容易留下严谨、自爱、有修养的第一印象，尽管这种印象并不准确，可对我们的自我推销总是有益处的；再次使自己显得可爱可敬，这必须由我们的言谈、举止、礼仪等来完成；最后尽量发挥你的聪明才智，在对方的心中留下深刻的第一印象，这种印象会在未来很长时间里左右对方对你的判断。

2）晕轮效应原则

晕轮，原指月亮被光环笼罩时产生的模糊不清的现象。“晕轮效应”是一种普遍存在的心理现象，即对一个人进行评价时，往往会因对他的某一品质特征的强烈、清晰的感知，而掩盖了其他方面的品质，甚至是弱点。毕业生在求职应聘中，如果能够巧妙地运用这种晕轮效应，把自身的优势充分地展现出来，一定会给招聘考官留下深刻的印象，赢得对方的赏识，取得应聘的成功。当然，在运用这一效应时，一定要注意不能刻意制造“光环”效果，那种虚妄的行为，效果只能适得其反。我们来看一个小案例。小刘是个专科生，和一群本科生、研究生一起到某外贸单位应聘，他知道如果就那样简单地递交简历，肯定没有一点希望。他想了个点子，在中午招聘人员吃午饭时，他拿了一张全英文版的画报在招聘台前，有滋有味地在那儿阅读。当招聘人员被彩色画报吸引过来之后，他就用流利的英语给他们讲画报上有趣的故事，当然最后的结果是，招聘人员收下了他那只有“专科”学历的简历，他也成功地被招进了这家单位。

人与人之间的接触总是有限的，尤其是在与不认识的人打交道进行自我推销的时候。人们只能用点滴的了解来全面地概括你，所以你应该尽量展现出你优秀的特质来，这样可以增强晕轮效应，强化别人对你的好印象。

3）定型效应原则

生活中，人们都会不自觉地把人按年龄、性别、外貌、衣着、言谈、职业等外部特征归为各种类型，并认为每一类型的人有共同特点。在交往中，凡观察对象属同一类人，便用这一类人的共同特点去理解他们。在概括偏颇或忽略个体差异时，就会出现认知错觉。这种错觉称为定型效应。

根据定型效应，良好地推销自己要注意自己扮演的角色，虽然都是推销自己，但形象是千差万别的，不同的形象就会留给对方不同的印象。如果你推销化妆品，就要以美容师的形象出现；如果你推销服装，就以模特的形象出现。要想成功地推销自己，必须时时变换自己的角色，根据自己推销的目标和推销的对象来给自己的角色进行定型，以适应不同情景，达到推销的最终目的。

定型效应是指人们对某类社会对象形成了固定的印象，并对以后有关该类对象的知觉产生强烈的影响。

定型作用使我们对人的看法过度类型化，而忽略了个体差异，不能具体情况具体分析。定型效应亦称社会刻板印象，人们在见到他人时，常常会不自觉地根据人的外表行为特征，结合自己头脑中的定型，进行归类，以此来评价一个人。

**知识点5：自我推销的方法**

**互动空间**

故事分享

清朝，有一位在当地也算比较有名望的人，家里有一个女儿，楚楚动人，也很有才学。可是这位父亲是一个非常谦虚的人，当别人夸他女儿的时候，他总要谦虚地说自己的女儿是个“黄毛丫头”，谈不上什么才学。那是一个比较封闭的时代，不像现在，女孩可以抛头露面，可以和社会进行广泛接触。那时候的女孩整日与外界隔绝，被关在绣楼里。所以到底他的女儿长得怎么样，有没有才学，只有他知道，外界的人根本无从知道。由于他的谦虚，在别人的心里，他的女儿就由天仙般的美女变成了丑陋的东施。结果女儿到了谈婚论嫁的年龄，竟然没人来提亲，后来不得不下嫁一个丑陋粗俗的男人。当他的女儿从大家闺秀变成人家媳妇的时候，人们才知道原来他的女儿貌若天仙，可是这个时候还有什么用呢？这个故事说明了一个道理，过分的谦虚可能使我们失去很多展示自己的机会、失去很多发展自我的机会、失去很多可以选择的机会。

谦虚肯定是一种好的品德，但是谦虚只适用于相互熟知的人。谦虚其实是在人们对你的能力有了基本认知的前提下所表现出的不骄傲、不自满、不狂妄，是对自己理性的把握所表现的适度谦让。谦虚也只有在这样的前提下才是有意义的。但是如果将谦虚放大到更宽广的范围，那么有可能就是对自己的埋没。羞涩和胆怯绝不是什么好性格，这样的性格往往使自己上不得台面，将自己放在了一个很不起眼的地位，当然也容易失去可能的机会。社会的进步肯定是向着开放的方向发展的，开放的社会当然需要开放的思想。而推销自己就是开放思想的具体实践。

推销自己就是敢于自我表现，突出的是一个“敢”字。推销自己就是让更多的人了解你的才学，这是一种自觉的表现。对很多人，尤其是性格内向的人来说，这并不是一件简单的事，表现的技巧并不难，难就难在表现的胆略，很多人就是缺乏表现自己、推销自己的胆量。所以推销自己必须解决“怕”字，丢掉“羞”字。在现实生活中，那些敢说敢干的人更能够在别人的脑海里留下印象，而那些处处谦让的人却往往不受人重视。

有了胆量，还要“会”推销自己、表现自己。推销自己并不是不讲分寸、不讲场合的张扬，那样往往事与愿违。推销自己没有勇气不行，但有勇无谋也不行。所以推销自己可以说是一种艺术、一门学问。场合、时机、表现深度、表现方式都要掌握得当，并且完美地结合起来。换句话说，就是自己的表现该动则动、该静则静。时机的把握特别重要，千万不能让更多的人产生反感。这个度很难把握，所以要学习、思考、策划，要理性地做应该做的事。

推销自己是一门学问，是一种艺术，是需要我们用心去学习、去体会的深刻道理。

### 讲解要点

1）推销自己应以对方为导向

在推销自己的时候，注重的应该是对方的需要和感受，并根据他们的需要和感受说服对方，被对方接受。

2）推销自己要有自己的特色

推销自己必须先从引起别人注意开始，如果别人不在意你的存在，就谈不上推销自己。那么，如何引起别人的注意呢？关键是要有自己的特色。这里的所谓特色，并非什么文凭或者某些证书，只要是别人能够接受的就可以。

3）推销自己要善于面对面

人们通过面谈可以取得推销自己、说服对方、达成协议、交流信息、消除误会等功效。面对面推销自己时，应注意和遵守以下几个法则。

- 依据面谈的对象、内容做好准备工作。
- 语言表达自如，要大胆说话，克服心理障碍。
- 掌握适当的时机，包括摸清情况、观察表情、分析心理、随机应变。

4）推销自己要注意控制好情绪

人的情绪有振奋、平静和低潮等三种表现。在推销自己的过程中，善于控制自己的情绪，是一个人表现自我形象的重要方面。喜怒无常，很容易给人留下不好的印象。为了控制自己亢奋的情绪，美国心理学家尤里斯提出了三条有趣的忠告：低声、慢语、挺胸。

**知识点 6：表达能力场景训练**

### 互动空间

模拟训练

（1）真实场景再现，举例。

A 班主任反馈某同学看到教师低头不语。

B 教师反馈：课上因不遵守课堂纪律，被教师批评而不服气并表现过激。

C 就业教师反馈：与企业、学生沟通好的面试，学生因个人原因未参与面试，但不提前告知教师，造成企业、就业教师和学生的误会。

（2）情景表演：选学生按照设定场景进行表演。

（3）分角色辩论：角色需描述 3 个以上行为的自身理由，3 个以上别人行为的自我感受。

### 讲解要点

采用我们生活中的真实案例分角色辩论，可以最大限度地帮助我们发掘潜在的问题和消极意识，让我们意识到自己的一点失误，可能会造成不小的误会和冲突，从而学会慎言慎行、换位思考，在辩论过程中锻炼我们自己的语言表达能力。

## 拓展学习

### 知识点1:提高表达能力的小技巧

1)表达有主线、有条理

我们经常会看到有人滔滔不绝、口齿伶俐,可几分钟过去,别人却一头雾水根本不知道他在讲什么,这就是表达能力欠缺的表现,也就是表达没主线,没有给听众讲清楚主题、中心思想、结论。把握表达的主线,这样的沟通和表达才会更有条理。

什么是"条理"?"条"其实就是指导我们的表达要遵循一个"主线","理"就是沿着"主线"展开的论证。

例如我最近在思考,类似于"新世相"和"网易"的知识付费课程,他们曾经用裂变分销,一度实现了"课程售卖""粉丝增长""品牌推广"的多重目标,无疑是非常成功的商业模式。那为什么最近这种模式的效果比较差?如果让我围绕这个话题展开表达,我的主题和结论很明确,就是"知识付费的裂变分销模式的效果越来越差,应该重新定位裂变种子用户群体"。围绕这个主题,说出论据来证明主题即可。这个主题在表达的最开始就应该抛给听众,别人听起来就会觉得有理有据,不会一头雾水。

2)表达要有结构

就像公司会议,一般我们会听到领导说,此次会议需要讨论三个问题:第一个是什么,第二个是什么,第三个是什么。这样有结构的表达,给人的感觉是主题分明、逻辑清晰、目标明了。当听众知道你表达的主题和结构,他就会有预期地接受你的内容,这样传递信息绝对是高效的。心理学家也提出一个观点,我们人类一次性只能记住五加减二条信息,也就是最多不超过七条信息。

乔布斯的演讲水平业界闻名,他在斯坦福大学毕业典礼演讲中, 18 分钟的演讲,也只讲了三个故事:第一个是他生命中的点点滴滴,第二个是有关爱和失去,第三个是关于死亡。三个主题会让听众大脑毫无负荷,便于记忆和理解。

3)表达要有锚点

什么是锚点?一艘船靠岸的时候,需要抛下一个锚来固定船只,让它不会漂走。表达也需要锚点,这样才不会因过于发散而导致偏离主题。

无论是写文章、演讲还是参加会议,我们很容易因为发散,导致偏离主题。面对一个主题,我们需要做的是拆解主题,让这个主题变得立体、有结构,一般也是分为几个模块。这样在表达的时候,你的大脑不会混乱,你只是在特定的时间里讲述特定的主题模块即可。从起点到停靠点(锚点),再到终点,这样保持思路清晰,不会跑题。

4)表达要首尾呼应

这个道理从小学开始就经常讲,表达之前抛出主题和中心思想,然后经过一番论证,最后切记首尾呼应,把你的主题再重复一遍。这样做的目的是帮助听众梳理思路,总结主题,便于加深印象。

5)少说废话,讲重点

这个道理也是老生常谈的话题了,但很多人并没有真正意识到自己有多啰嗦,很简单的方法就可以检测,用微信的语音输入法,可以看到你的表达中有多少无用的词语,或者你翻出过去和好友的语音聊天记录，重复听一遍，也能找到那些啰里啰唆的无用词。啰里啰唆的表达，不仅无法表达核心信息，还会引起别人的反感。可在微信聊天中刻意用语音输入法，让手机识别你的表达，找出无用的词。刻意练习，逐步改善。

6）表达要控制语速，善用停顿

语速过快，一般都是因为紧张，想快速结束这次表达。有自信、善于表达的人，语速一般都很慢，风格稳重。表达过程中要有停顿，目的是为了告诉听众，这里是重点，这里需要深度理解和思考。

**知识点 2：训练你的表达能力**

“表达”这个关键词，似乎贯穿了我们工作和生活的方方面面，可是在实际生活中，我们仍然存在着诸多困惑。

跟领导的沟通中，往往替自己着急，只恨自己嘴笨，表达能力不好，只能靠真诚的态度才能挽回一点颜面。当我们演讲跟领导沟通时，都需要我们有良好的态度。这个态度便是信任、真诚和靠谱的人品，交流和表达没有正确的态度做基石，你的行为力度就会大打折扣。尤其是自己的亲身经历和对生活本身的真切领悟，最有力量，最有价值，因为那就是生活和人性本来的样貌。

“冰冻三尺非一日之寒”，最好的学习从模仿开始。针对自己喜欢的文章或书籍，反复读，仔细琢磨，理解透彻，认真思考其构思和抄写复述，把单纯的学习延伸开来，多步骤、多角度地一一击破，找到自己深入的点和线，扎实推进，学习悟透，学习重在举一反三，灵活自如的应用。

教才是更好的学。关注点会从自身抽离，快速切入到对方，从学生的角度出发——如何表达和解释更能有效说明问题，慢慢向个人口碑面拓展。教——就是在寻找自己的听众或读者，用自己的实力和人格魅力征服对方，是表达能力的实践。

充实的语言表达就是在平时的谈话和聊天里，不说空话和废话，懂得就事论事，从对方的需求着手，奔着解决问题去。只有找到正确的问题，后续的努力才有意义，否则，便只是徒劳而已。学习分两类，一类是读书，最好的就是坐在那，从书里找到自己的诗和远方；另一类便是跟人学，尝试走出去，积极交流，找到思想的碰撞，培养优良的习惯，于细微处见真知，得灼见。

常说：“纸上得来终觉浅，绝知此事要躬行。”在日常生活里的说话聊天，遣词造句，打字输入，都是我们在做的表达，为了让自己有更大的收获，便以训练的态度去对待。世界上没有完美的人，更没有完美的事，都是在不断调整中去完善的。所以，当自己做好了规划，就要开始行动，而不是瞻前顾后。另外，有了 20% 的准备即可开启践行模式，剩余的 80% 边走边完善就好。

**阅读资料**

1）案例 1

某星级饭店招收员工，给求职者出了一道相同的试题：去菜市场看土豆。有的应征者很快就回来了，说：“有土豆。”有的人说：“好几个摊子在卖土豆，不会缺货。”有的人甚至嘀咕：“人事干部不干人事，土豆有什么好看的。”而有个人的回话是：“有土豆，最好的一元两角钱一斤，最差的五角钱一斤，总量在一千斤左右，这是离此地最近的某某菜市场的情况。”结果不言自明，这个人被录用了。

其实简单回答的那些人不一定是不细心的人，只是他们没有意识到这是展示自己，让别人知道自己细心的机会。不知道在适当的时候推销自己，就很难让别人接受自己。

留意观察、善于推销，结果就有天壤之别。成与败的差别看来不大，成功不过是比失败更多点内容——几个微妙的字，几句精彩的对话……然而，这些折射出一个人执着坚韧、积极奋进的良好心态，让别人看到了最好的你，帮助你把握身边的机会。机遇与我们的一生息息相关，它像一个美丽而性情古怪的天使，会忽然降临在你身边，你无须受宠若惊，但一定要慎重对待，稍不留意，它就翩然而去，无论你怎么扼腕叹息，也无法再挽回。正如那句古老的谚语："通往失败的路上，处处是错失了的机会。"

2）案例 2

郑小姐是某财经学院管理系的高才生，因相貌欠佳，找工作时总过不了面试关。经历一次又一次的打击后，郑小姐不再相信招聘广告，她决定专挑大公司主动上门推销自己。她走进一家化妆品公司，从永芳、紫罗兰等外国化妆品公司的成功之道说到国内的雅芳、霞飞的推销妙计，思路清晰，逻辑缜密。公司老总听后很兴奋，但是犹豫一下 说："小姐，恕我直言，化妆品广告很大程度上是美人的广告，外观很重要。"郑小姐毫不自惭形秽，她迎着老总的目光大胆进言："美人可以说这张脸是使用了你们面霜的结果，丑女则可以说这张脸是没有用你们的面霜所致，殊途同归，你不认为后者更高明吗？"老总写了张纸条递给她：你去人事科报到，先搞推销，试用 3 个月。

郑小姐十分珍惜来之不易的工作，满腔热情地投入工作，一个月下来，业绩显著，现在她已是该公司的副总经理。在市场经济下，一个连自己都推销不出去的人，别人是不会聘用你的。一个各方面素质都比较优秀的人，更应该学会推销自己。

## 任务实施

| 第一步 课前认知 | |
|---|---|
| 主要内容 | 教师评价 |
| 回答以下问题：<br>1. 你认为表达能力差是什么原因导致的？你认为表达能力该如何提升呢？<br><br>2. 你认为自己的表达能力如何？ | |

| 第二步 课堂学习 | |
| --- | --- |
| 主要内容 | 教师评价 |
| 1. 你知道为什么面试官要请你做自我介绍吗？自我介绍想考察你什么？你了解面试官的目的吗？你认为如何才能做好自我介绍？<br><br>2. 思考：谈谈你在以前推销自己（或者说服别人）的时候做得不足或者成功之处。 | |
| 3. 思考：如果你想让你的同学帮助你解决问题，你该怎么推销你的理念？ | |

| 第三步 课后拓展 | |
| --- | --- |
| 主要内容 | 教师评价 |
| 1. 思考：如何在日常学习和生活中不间断地提升自己的表达能力？<br><br>2. 请写出你们小组讨论后确定的表达能力训练任务，并列出具体计划。 | |

## 任务总结

| | |
|---|---|
| 1. 请总结：通过课堂学习、课下自学、小组交流、同学的分享，你了解了哪些具体知识？<br><br>2. 请总结：本阶段你通过何种方式进行了表达能力的训练和提升。 | |
| 签名： | 日期： |
| 本团队成员对你的评价： | |
| 签名： | 日期： |
| 其他团队对你的评价： | |
| 签名： | 日期： |
| 教师对你的评价： | |
| 签名： | 日期： |

## 任务习题

学有余力的同学思考并学习整理如下内容：

1. 整理一份 100 字左右的书面自我介绍。

2. 设计一个与陌生人相识的沟通场景。

3. 面对企业常见沟通情景的四个维度：上（上级）、下（下级）、内（同事）、外（客户），设计一个情景进行小组练习。

4. 谈谈你组织过的一次活动、你的爱好、你的一次旅行、你使用过的一款软件等。

# 项目 03　行业与专业认知

## 学习目标

大学是每个学子心目中的“象牙塔”，大学生活更是每个人生命中最宝贵的一段经历，在大学，学子可以在知识的殿堂里自由翱翔，锻炼能力，增长才干，练就回报社会和家庭的本领，不断充实自己。无疑，充分地认知专业，了解行业发展与动态，逐步明确自己的专业特点和职业定位，更清楚更明白地了解自己所学专业的具体内容，明确学习目标，可以帮助我们更加有针对性地制订生活和学习计划，有助于更好地实现自己的理想。而实际上有很多学生对自己意向行业的动向几乎一无所知，作为初入大学的我们，应该怎样给我们的自身价值定位？该如何辨清职业方向，提前做好进入社会的准备？参加工作，这个专业能干什么？前景怎么样？如何学好专业课程？你想从事的职业需要考取哪些证书？这些问题，我们都需要做到胸有成竹，才能更加坚定目标，才能让我们的努力瞄准方向。

通过本项目的实践，我们将达到如下目标。

- 了解行业基础知识、行业现状和发展前景，树立学习信心。
- 认知自己所选择的专业，树立明确的学习目标。
- 了解校企合作背景，了解企业情况，清楚校企合作能带给自己的资源和机会，熟悉自己所处的环境、面临的机遇，能够正确自我定位，快速胜任角色。
- 培养学生收集、整理、分析以及表达呈现各种信息的能力。
- 培养学生的自我学习能力。
- 培养学生主动分享与交流合作的意识。

课程思政

## 任务描述

### 1. 情景导入

图 3-1　情景导入

### 2. 项目说明

本项目通过学生自身有意识地收集、学习、整理和分享主题相关内容，让同学们对自身所选的行业、专业以及学校和企业的背景有一个清楚的认识，增强同学们对所处集体的荣誉感和归属感。增强大家的学习信心并坚定学习目标。项目以小组为单位，同学们通过课堂学习内容的启发，需要进一步通过各种途径收集大量有关行业与专业的相关信息，并结合个人与小组的认知与分析，确定主题，整理并制作分享 PPT。

作品要求：主题相关，题目和内容侧重不限，演讲时间设定为 10 分钟。

## 任务技能

### 1. 项目相关知识结构图

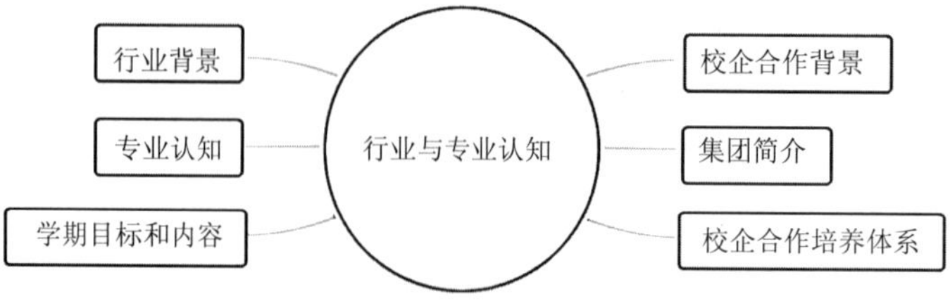


图 3-2　课堂知识结构

2. 相关知识点

知识点 1:校企合作背景

互动空间

图 3-3　人才市场供需寓意图

**提问:**同学们你从图中看到了什么?

讲解要点

(1)这是一个奇怪的现象,行业人才缺口很大,企业想找到符合标准的员工很困难,同时高校毕业生却四处奔波,总在感慨工作难找。

(2)突破这一怪圈的有效办法——校企合作培养符合用人标准的人才。

知识点 2:集团简介

讲解要点

(1)集团整体介绍。

(2)集团组织架构。

(3)集团主要业务。

(4)集团对校企合作学生可提供的优质资源。

知识点 3: 行业背景

互动空间

视频分享:《便捷的力量》

图 3-4 《便捷的力量》

随着 5G 技术的到来，边缘计算与分布式云计算将成为强大的推动者，5G 互联网汽车技术配合着无人驾驶技术，互联网汽车将变得更快、更安全、更经济、更便于使用。沉浸式游戏配合 5G 技术，将身临其境的体验带到了新的高度，为人们开启了一扇通往新世界的大门。

5G 结合物联网，货物可见性与全球合作都将得到提高。而智能场馆比现场要大得多，5G 技术还推进了多感官观看功能。固定无线接入可轻松实现互联家庭和智能家居技术，并且成本变得更低，上市时间更快、更简单。还有 5G 互联机器人将帮助人们改变众多行业。短片将这些技术的功能呈现在读者面前，用事实说明了 5G 时代的到来会给人们的生活带来的变化。

那么，你所想象的 5G 生活是什么样的呢？

## 讲解要点

行业认知大致可以划分为三个步骤，分别是：行业是什么、行业的概况、当前行业的市场情况，基于这三个步骤形成思考脉络、延展问题。

1）行业是什么

初步了解这个行业，解决的是认知广度问题。为什么这个行业能够存活，则是对“行业是什么”的辅助解释，它回答了行业解决用户什么问题，又依靠什么盈利。

2）行业的概况

从宏观层面去了解行业的上升空间以及受制约的因素，可采用 PEST 分析模型，这四类因素分别是：政治（Politic）、经济（Economy）、社会文化（Social culture）和技术（Technology）。

（1）政治因素。

政治因素方面，我们主要了解国家和行业的相关政策，了解这些政策对行业所起的作用。政策查阅的维度中必选的是行业的准入门槛以及行业的监管政策，这是直接影响行业变化的两个因素。

行业的准入门槛高，会增加行业的壁垒。而监管政策主要影响行业的业务范围，从而影响其收入。

（2）经济因素。

关于经济数据的检索，这里推荐：国家统计局的网站上能够检索到实时、准确、免费的数据。

从国家各个产业的收入占比及增幅、行业增长速度，可窥见行业的上升空间、人均的纯收入水平等。

（3）社会文化因素。

社会文化因素，指的是人口环境和文化背景。人口环境主要包括人口规模、年龄结构、人口分布、种族结构等因素。文化背景包括一个国家或地区的居民受教育程度和文化水平、宗教信仰、风俗习惯、审美观点、价值观念等。社会文化因素方面，我们应将范围缩小至行业或产品的目标，这一因素偏向于用户研究，在查阅对应数据的时候，不妨也检索一下所研究行业的用户特点。

（4）技术因素。

技术因素，是很值得深入研究的。5G 时代就要来临了，它会给各行各业带来怎样的影响，是否会像 4G 之于 3G 一样，带来难以想象的改变？我们能做的是接受变化、迅速响应变化，并且不断地提升自己。

3）当前行业的市场情况

了解行业市场的集中度以及竞争关系，从企业上下游的合作关系去理解业务交互以及盈利方式。

请同学们思考并学习整理有关行业的相关信息。

**知识点 4：专业认知**

**讲解要点**

（1）专业所属的专业群或学科体系，本专业与专业群或学科体系的关系和所处的位置。

（2）专业的技术特点与社会应用情况。

（3）专业就业岗位群和人才需求情况。

（4）专业课程体系介绍。

（5）专业学习整体安排介绍。

（6）专业证书获取要求。

（7）专业学习其他要求。

**知识点5:校企合作培养体系**

**互动空间**

| |
|---|
| 3=2+1=4 |
| **提问:**这个等式成立吗?<br>分析校企合作的培养模式是如何让这样看似不等的等式成立的。 |

**讲解要点**

(1)双主体教学贯穿始终:在学校学习期间,以学校为主,公司为辅。

企业实训期间,以公司为主,学校为辅。

校企相辅相成,共同培养学生。

(2)就业服务流程介绍。

(3)带薪顶岗实习介绍。

(4)总结等式成立的原因:3=2+1=4。

**知识点6:学期目标和内容**

**互动空间**

故事分享:《土拨鼠的故事》

有三只猎狗追一只土拨鼠,土拨鼠钻进了一个树洞。这个树洞只有一个出口,可不一会儿,从树洞里钻出了一只白色的兔子,兔子飞快地向前奔跑,三只猎狗围追堵截,兔子急了,"噌"的一下爬上了另一棵大树。兔子在树上,仓皇中没有站稳,一下子掉了下来,砸晕了正仰头看的三只猎狗,兔子乘机逃跑了。

配乐:《春天里》。

提问:这个故事有问题吗?

请大家认真思考,问题在哪里呢?可能有人会说:"兔子不会爬树。""一只兔子不可能同时砸晕三只猎狗。"…… 可是,还有一个问题,你们都没有提到:"土拨鼠哪去了?"

总结:目标的重要,引用刘易斯•卡罗尔的《爱丽丝漫游仙境》中爱丽丝与猫的对话,强调确立目标的重要性。

1）关于本学期技术目标

### 互动空间

视频观摩：《科技改变生活》

> （1）事先准备短片《科技改变生活》。
> （2）课堂组织学生观摩，时间为 10 分钟。
> 提问：同学们，看完短片我们每个人心里做何感想？
> 总结：未来的时代是互联网的时代，我们的发展空间是很大的，专业发展前景很好……所以我们应该树立学习信心，从学好基础的理论知识开始。

### 讲解要点

（1）本学期技术教师介绍。
（2）本学期专业内容介绍。
2）关于本学期职业素质目标

### 互动空间

视频观摩：《项目训练课程》视频剪辑

> （1）事先准备短片《项目训练课程》视频剪辑。
> （2）课堂组织学生观摩，时间为 3 分钟。
> 提问：同学们，看完短片大家是否对我们本学期的职业素质课程也很期待？
> 总结：素质训练和专业学习缺一不可。

### 讲解要点

（1）职业素质课程介绍。
（2）职业素质训练方式介绍。
（3）职业素质考核方式说明。
（4）本学期职业素质目标和学习内容：
①结合本学期职业素质安排讲授本学期的学期目标；
②结合学期职业素质安排介绍本学期的学习内容。

### 拓展学习

**知识点 1：行业人物探秘**

互联网行业的人物和故事，你知道哪些？

> 提问：互联网行业的人物你都认识谁？
> 你了解哪些关于他们的事迹？

## 阅读资料

1）互联网未来几年的展望和发展前景

互联网是推动21世纪经济快速发展的核心引擎。互联网经济是这个时代不可或缺的经济模式。可以想象如果在没有互联网的大环境中，最快的信息交流方式是通过电话联系，新闻资讯只能通过光纤电视了解，消费购物也只能线下实体店进行。这样的生活对现在的我们来说恐怕难以适应，这也说明了互联网对我们的生活的改变有多巨大。不过很多学生对互联网的了解还不够全面。

那么什么是互联网？

互联网也就是网际网络，是网络与网络之间所串联成的庞大网络。互联网是全球性的，这就意味着这个网络不管是谁发明了它，是属于全人类的。

互联网简单来说即广域网、局域网以及单机按照一定的通信协议组成的国际计算机网络。1974年，以太网（大多数局域网“TCP/IP”协议）的出现，让互联网在20世纪70年代迅速发展起来。到了1983年，整个世界普遍采用了这个体系结构。不过直到20世纪90年代初商业行为在互联网上的应用，才真正让互联网进入高速发展期。与此同时，互联网也催生了一大批从事互联网商业活动的大企业，从而形成了互联网行业。如今由互联网延伸的互联网+以及物联网是互联网发展的新业态。互联网的多元化注定了其能应用在各行各业中，又因为其网络性质能给行业发展带来更多的发展可能性。在将来的生活中互联网将给我们带来更多和更巨大的变化。

未来几年的互联网发展前景到底是怎样的呢？

早已进入互联网的行业能看出发展的走势和方向，但是更多的传统行业不知道该转型还是该转行，这正是时下很多传统企业的“互联网焦虑”。

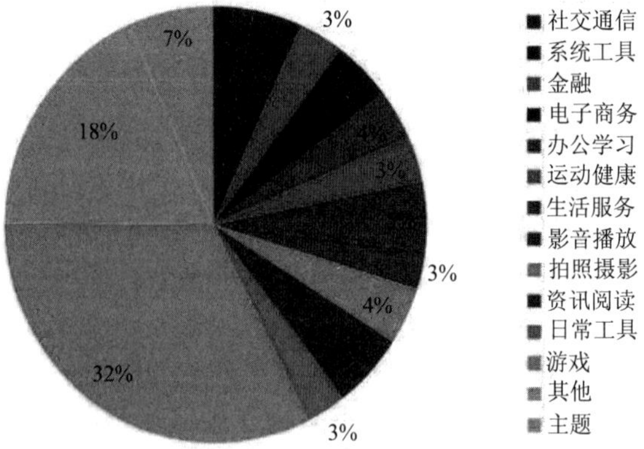


数据来源：中国信息通信研究院移动应用监测平台 CNMISC

**图3-5 各行业在互联网的占比**

互联网的重要性从我国的发展历史就能看出，立足于本土市场的创新将成为主流。从早期简单地将信息搬到互联网，到现在出现了很多完全基于互联网自身特点的互动形式，中国的互联网行业也正在创新转型。我国拥有庞大的网民数量和由此带来的巨大需求，这使互联网在国内得以迅速发展。但是电商行业似乎遇到了一个瓶颈，商家的传统模式已经不能满足用户的需求，但用户又习惯了这一种模式，导致电商平台的变革一度停滞，这也对新的电商带来了更大的考验。中国互联网行业的商业模式日渐成熟，网络广告、搜索引擎、电子商务、网络支付等业务渐渐被大众所接受，这都给中国互联网的发展展现了一个非常广阔的发展前景。此外由互联网衍生出的行业如电商、网络直播、短视频、网络文学、新零售等在未来存在广阔的发展空间。

互联网行业迅速发展是时代的必然性，也是社会走向科技便捷化的趋势，马云等互联网行业的领军人物首先认识到互联网时代发展的趋势，现在的他们很成功。未来的互联网环境下的我们也能抓住机会，把握自己的青春年华，成功离奋斗的我们并不遥远。

2）互联网的黄金时代

中国是世界上手机支付最方便的国家，生活方方面面的消费都可以用手机微信和支付宝结账，互联网迅速改变着每个人的生活方式，也改变着整个世界。

无论是吴晓波眼里的激荡四十年，还是罗振宇嘴里的六个脑洞，无非都是在讲认知与趋势。几年前的互联网行业是流量、注意力过剩的时代，“在用户的大池子里插根扁担也能开花”。近年来，虽然市场成熟度日趋饱和，但互联网领域仍热闹非凡。人工智能、共享经济、新零售、短视频、5G……快速发展，一系列产品纷至沓来，互联网从业者站在风口，高歌猛进。

回看历史，从王者荣耀注册用户突破 2 亿，到吃鸡游戏的迅速蹿红；从阿里“双十一”交易额突破 1 682 亿元到腾讯成为亚洲市值最高的公司；从搜狗上市，到王小川在纽交所实现“敲钟梦”……无数成功的案例都昭示着，互联网这块大蛋糕远未切分完，你若希望分一杯羹，就要跟上趋势。

现在是一个能够让人施展才华的绝佳时代。

（1）新零售攻坚战，进入打通和整合环节。

无论是做实体的还是搞电商的，新零售都是 2017 年最热话题，各种眼花缭乱的收购、并购应接不暇。而 2019 年新零售则进入真正的攻坚克难和整合阶段，将全方位提升用户体验和商业效能，以消费升级为大背景，继续用新技术引发整个零售业产业链的创新革命。

（2）泛娱乐产业融合，电竞成新风口。

随着移动互联网快速发展，数字娱乐产业增长惊人，2017—2018 年王者荣耀注册用户突破 2 亿，全民陷入“竖屏手机，横屏农药”的现象级手游日常中，下半年“吃鸡”接棒，随之产生的移动端产品也势头正猛。

可以预见在不断互动、融合与更新中，电竞也将是互联网快速发展的新风口。

（3）从 AI 到“+AI”，人工智能将渗透方方面面。

柯洁与 AlphaGo 的人机大战、智能音箱的“百箱争鸣”、iPhoneX 的刷脸解锁，人工智能毫无疑问是最热话题。未来离不开人工智能。AI 会迅速地与各行各业发展相结合，比如零售、驾驶、手机、社交等，都有很多创造性的发展潜力，AI 大潮逐步袭来。

（4）阿里 VS 腾讯，双雄争霸竞争愈发激烈。

互联网的大格局，从百度、阿里、腾讯三足鼎立到阿里和腾讯双雄争霸，趋势已经越发明朗，整个互联网领域基本形成了阿里与腾讯双雄争霸的局面。

（5）共享经济仍然走红。

2017 年摩拜接入微信，ofo 连入支付宝，共享单车超 170 亿元融资总额刷新纪录；共享充电宝 40 天 11 笔融资，近 35 家机构入局，融资总额 12 亿元。一个“万物可共享”的时代已然到来，共享经济热度仍将持续。

（6）To B 商业模式迎来爆发期。

过去几年，所有互联网创新的商业模式，凡是能做到 10 亿美元估值以上的几乎都是 To C 的模式，而 To B 的企业级互联网市场往往由于成长周期长，爆发力弱，且受长的产业链条束缚，并不被资本方所看好。但随着用户流量增长红利的结束，精细化运营、超级用户会成为竞争的焦点，To B 商业模式迎来爆发期。

（7）人联网重要性日趋凸显。

从互联网到物联网，再到人联网，行业认知力在显著提升。互联网，能提供人人都可上网交流信息的虚拟空间，是信息技术的第一次革命。物联网，能把虚拟世界与现实世界结合起来，使之形成一个交互利用的立体平台，是信息技术的第二次革命。人联网，以人为核心，移动互联网为主宰，强调人的实时、互动、体验，融合虚拟世界与现实世界，荟萃所有人的智慧与思想，提供综合一体化的解决方案，是信息技术领域的第三次革命。

人联网是最高级的互联——人的能力、才华与知识是无形财富，将其贡献给大众，我们的社会将会加快发展。互联网正处于一个新的变革节点，新一轮洗牌即将开启，同时孕育着许多机遇和创新。这些不断增长的互联网数据，向我们展示了这个领域欣欣向荣的蓬勃生命力。站在新拐点上，把握趋势以及升级认知，会变得更加重要。

3）行业科普：什么是物联网？全都联网就对了

用一句话理解：把物体连上网，就是物联网。

物联网听起来就像人工智能或者半导体一样，都是比较前沿的科技类新名词，听起来可能比较难以理解。说的简单和通俗一点，就是把你看得见的、摸得着的甚至看不见摸不着的任何存在的东西，统统都连上互联网。一旦这个“东西”连上了互联网，那么就可以称作为物联网的一部分。

物联网的英文是 Internet of Things（IOT），任何事物都可以上网，一张桌子，一把椅子，都可以是物联网的一部分。

那么可能会有人问了，手机和电脑，这两个最早连上网的东西，是不是也是物联网呢？答案是肯定的，手机和电脑也是物联网。

（1）物联网的定义。

国际电信联盟（ITU）对物联网的定义：通过二维码识读设备、射频识别（RFID）装置、红外感应器、全球定位系统和激光扫描器等信息传感设备，按约定的协议，把任何物品与互联网相连接，进行信息交换和通信，以实现智能化识别、定位、跟踪、监控和管理的一种网络。

（2）物联网的特点。

核心和基础仍然是互联网，所有连上网的东西还是在互联网上。

整体上的趋势是万物互联、万物可控、万物智能，这是一条物联网未来发展的路径。

（3）物联网的架构。

物联网分为四层架构，从传感器开始感知，再通过通信协议进行通信，再到平台进行上下串联和分析，提供接口，最后再输出到应用端来管理和应用。

感知：通过摄像头或者各类传感器感知周围的环境，采集需要的数据。

通信：将感知的数据通过通信上传。

分析：根据产品的需求，将收集到的数据在平台进行归类和分析。

应用：将结果输出到设计好的产品中，比如软件、APP 等。

这样一个物联网就实现了。只要加装传感器和通信设备，任何事物都可以联网，当然联网以后的用途就是各取所需。

（4）物联网的产业链。

物联网的产业链主要可以从横向（传统实体产业链）和纵向（物联网四层产业链）来进行区分和整合。

纵向：物联网的四层架构可以是由一家供应商（巨头）提供全部四层服务，也可以由最上层的应用服务供应商向不同的供应商（初创企业）采购后整合提供服务。

横向：横向产业链主要包括传统的硬件制造、软件研发等。

物联网产业链条较长，且会随着新的应用场景的出现逐渐延伸。国内外大量知名企业都是物联网产业的参与者。

（5）物联网的行业规模。

2018 年 9 月，中国经济信息社发布《2017—2018 年中国物联网发展年度报告》，指出全球物联网市场规模逐步扩大，行业应用渗透率提升明显。2017—2022 年，全球物联网整体市场规模将从 2017 年的 0.9 万亿美元，上升至 2022 年的 2.3 万亿美元，年复合增长率达到 20%，全球物联网市场规模将实现持续稳步增长。

根据中国经济信息社发布的近几年中国物联网发展年度报告显示，我国已部署的机器到机器终端数量突破 1 亿台，2016 年物联网产业规模已超过 9400 亿元，2017 年物联网产业规模已超过 1.15 万亿元，年复合增长率超过 20%。2020 年，我国物联网产业规模突破 1.8 万亿元。

小结：

物联网产业现在规模就很大了，未来的发展空间更加巨大。试想一下，将来我们周围所有的物体都是连接互联网的，在互联网世界中，我们虚拟了一个现实世界，就像科幻小说中所描写的现实和虚拟双重世界。

当下对物联网最核心的应用还是在实时的检测物体状态以及物体周围的环境状态的变化上，在工业和生活中的应用也让我们的生活越来越便利。

物联网更像是一个融合行业，将传感、通信和互联网结合在一起。因此，物联网的发展是必然的，是传感、通信和互联网三项技术全部成熟以后必然的走向。

## 任务实施

| 第一步 课前认知 | |
|---|---|
| 主要内容 | 教师评价 |
| 回答以下问题：<br>1. 你的专业是什么？为什么选择这个专业？你主要参考了哪里的意见？<br>2. 入学后对所学专业有进一步的认识吗？你都做了哪些方面的了解？ | |
| 3. 学校安排了哪些课程？你打算如何学好专业课程？<br>4. 毕业后想先参加工作还是深造？这个专业能干什么？前景怎么样？<br>5. 你想从事的职业需要考取哪些证书？大学期间你想考哪些证书？应该往哪些方面努力？ | |

| 第二步　课堂学习 | |
|---|---|
| 主要内容 | 教师评价 |
| 1. 本堂课你的状态如何？参与了哪些互动？<br>2. 其他同学有什么不同的学习和提升思路？对你有什么启发？ | |

| 第三步 课后拓展 | |
|---|---|
| 主要内容 | 教师评价 |
| 1. 你如何看待学校的行业与专业认知教育？认知的途径有哪些？<br>2. 你认为自己拥有的哪些素质和特质有助于更好地学习本专业相关技能？ | |

## 任务总结

| | |
|---|---|
| 1. 请总结：通过课堂学习、课下自学、小组交流、同学分享，你了解了哪些行业知识？<br><br>2. 通过本项目的实施你有哪些感想、收获和成长？ | |
| 签名： | 日期： |
| 本团队成员对你的评价： | |
| 签名： | 日期： |
| 其他团队对你的评价： | |
| 签名： | 日期： |
| 教师对你的评价： | |
| 签名： | 日期： |

## 任务习题

请同学们思考并学习整理如下内容。

1. 请各小组结合对项目相关内容的学习，整理并制作行业认知主题分享 PPT。

2. 了解专业内容与发展方向、专业学习路径与学习方法等，按项目要求撰写专业认知报告。

3. 了解行业中的名企文化、名人轶事。

# 项目 04　独立生活与健康管理

## 学习目标

独立生活能力关系到人一生的发展和成功，从对他人的依赖到独立生活，这是大学生人生发展的必由之路，也是健康、成熟的具体体现。一个国家、一个民族要自立自强靠的是人才，靠的是青年。人们常说：一屋不扫何以扫天下？四体不勤，没有自理能力还谈什么为国效力？所以我们当代的大学生应当自强自立，从培养独立生活的能力开始。

当然人的成功绝非用金钱、事业、爱情等某一个因素就可以完全衡量，它应该是一个综合体。只有了解成功真正的内涵是什么，才能使自己有一个更大格局的成功理念，并挖掘一些更有潜力的发展空间。而毋庸置疑，健康是成功的前提。人的健康是心理与生理的完美结合，通过本项目的实践你将了解一些独立生活技巧以及自我调理身体的方法，逐渐养成个人良好的生活习惯。

通过本项目的实践，我们将达到如下目标。

- 培养独立生活的意识。
- 掌握独立生活技巧。
- 明确生活方式对健康的影响，认识到健康管理的重要性。
- 认识到不良生活方式的危害，树立正确健康生活观。
- 发现不良生活方式，找出应对策略。
- 掌握健康管理方法和要点。

课程思政

## 任务描述

### 1. 情景导入

图 4-1　情景导入

### 2. 项目说明

本项目是通过讲解独立生活和健康管理相关内容，引导同学们明确生活方式对健康的影响，认识到健康管理和养成良好生活习惯的重要性；掌握健康管理的有效方法，认识到身边的不良生活方式，找出应对策略加以改正；从改变微小的具体行为做起，学会独立，养成良好的个人生活习惯。项目以小组为单位，同学们需要提前收集和学习大量有关独立生活和健康管理方面的素材，经理解、消化后制定本组的提升目标和任务计划，并在课后的时间里认真实施。

## 任务技能

### 1. 项目相关知识结构图

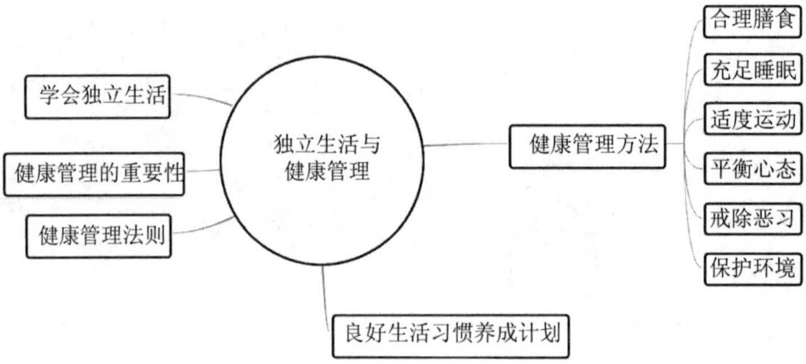


图 4-2 课堂知识结构

### 2. 相关知识点

**知识点 1:学会独立生活**

**互动空间**

提问:刚刚进入陌生的校园你会遇到下面的事情吗?

衣服邮寄回家去洗或送去干洗?

作息无规律?

花钱大手大脚?

不按时吃饭?

同室友关系不和睦?

思考:请问同学们,你觉得自己成熟吗?我们为什么需要独立生活?你的生活习惯科学吗,有利于健康吗,让家人放心吗?

______________________________

______________________________

**讲解要点**

有人说:“独立是一个人成熟的证明,是一种长大的标志。”所以,人要学会独立生活,需要信心和勇气。同时还要具备面对挫折的心理素质、适应环境的能力、吃苦耐劳的精神、承担家庭负担的责任。生活从独立开始,成功从独立开始,独立代表负责,同时代表自由。

(1)树立独立生活的意识。

(2)适应校园生活。

(3)适应校园中的人际环境。

（4）培养生活自理能力：衣、食、住、行。

**知识点 2:健康管理的重要性**

**互动空间**

视频分享:《健康危机》

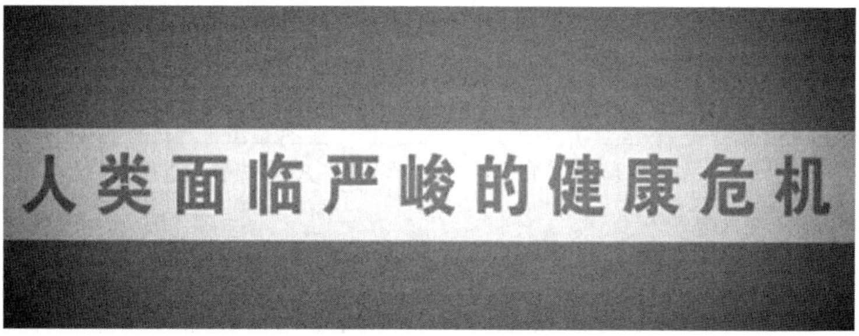


图 4-3 《健康危机》

目前很多疾病都是吃出来的,例如:糖尿病、高血压、冠心病、脑血栓、脂肪肝、胆结石、肾结石、肠胃疾病、前列腺疾病、肥胖症、神经衰弱等。据专家统计,这些疾病的发病率在不到 20 年的时间里增长了 8 倍！形象一点说就是,这些疾病和亚健康问题都是因为不良生活习惯而导致的。

提问:健康管理是离我们每个人很遥远的事情吗?

年轻的我们真的处于健康状态吗?

你的饮食、睡眠等生活习惯是科学的吗?

……

**讲解要点**

有人曾经比喻,健康是 1,你一生的成就都是那个 1 后面的 0。后面的 0 越多,你所拥有的财富越多。但是当前面的 1 没有了,则一切都没有了。为了工作、为了友谊、为了家庭,你都需要付出精力,而这需要健康作基础。

人生犹如在玩几个球,工作很重要,但它掉了会弹回来,它会来重新找你。而健康、家庭、朋友、灵魂这几个球经常是没有弹性的,丢掉了就没有了,或者很难挽回。学习、工作只是你人生的一部分,并不是人生的全部。

健康不是一切,但是没有健康就没有一切。

——吴阶平

著名演员傅彪去世之前和朋友们讲过几句动情的话:第一句话是哥儿们好好演戏;第二句是哥儿们要幸福地生活;第三句是哥儿们要健康地生活。的确,许多人是不到得病的时候,不知道健康的重要;不到死亡的时刻,不知道生命的可贵。

健康才是一切的基石,要早早地关注“健康管理”。

### 知识点 3:健康管理原则

#### 互动空间

健康标准自查

世界卫生组织在总结以往实践经验的基础上,于 1999 年提出了“五快”“三良好”的健康标准,见表 4-1,同学们可以此来衡量一下自己的健康状况。

表 4-1 世界卫生组织的健康标准

| | | |
|---|---|---|
| 五快 | 吃得快 | 胃口好,不挑食、不贪食、不饱食,吃得平衡、适量、迅速,这些都表明内脏功能正常 |
| | 便得快 | 大、小便通畅,反映胃肠消化功能良好,既能吸收营养,又能排泄废物 |
| | 睡得快 | 上床后入睡快、睡得深,醒后精力充沛、头脑清醒、精神饱满、记忆良好 |
| | 说得快 | 语言表达清晰、流畅、准确,对别人讲的话能领会理解,掌握精神实质,说明头脑清醒、思维敏捷、大脑及心肺功能良好 |
| | 走得快 | 行走自如,肢体灵活,轻松有力,反映中枢神经系统正常、心脏功能良好 |
| 三良好 | 良好的社会适应能力 | 人是社会的人,要能够对生活中发生的各种问题,保持稳定的情绪,有自我控制能力,敢于面对现实 |
| | 良好的人际关系 | 待人宽厚,与人为善,不讲得失,助人为乐。人的心理适应最主要的是人际关系的适应,建立良好的人际关系关键是尊重别人、关心别人、理解别人、宽容别人 |
| | 良好的个性 | 性格温和,感情丰富,意志坚强,心境豁达 |

下面介绍三类主要疾病。

(1)生活方式病:由饮食习惯不良,体力活动过少,吸烟酗酒,睡眠不足,情绪紧张,心理压力大等不健康的生活方式和习惯引起的疾病。

(2)心理疾病:世界卫生组织认为 21 世纪是精神疾病暴发的时期,是心理疾病大发展的时期。现代人们的生活节奏越来越快,竞争越来越激烈,因此产生情绪波动乃至产生心理疾病的概率越来越高。

(3)性传播疾病:目前性病的流行速度明显加快,流行区域不断扩大。

如果在上面的自查中发现自己或多或少有一些不够健康,那么是什么导致的呢?

针对以上“五快”“三良好”,对自己的状态打分。看看自己还存在哪方面的不足。

______________________________

______________________________

#### 讲解要点

朱元璋的一个问话引出一个健康管理的原则。

明太祖朱元璋在一天早朝时突然问大臣们:“天下何人最快活?”大臣们面面相觑,众说纷纭，有说功成名就的，有说金榜题名的，还有说富甲天下的……这时，一位名叫万纲的大臣答曰："畏法度者快活！"

人的生命规律就是一种法度，只有很好地把握，你才有自由可言，才有"快乐生活"可以享受。现在大家的生活富裕，吃的东西丰富了，可是肥胖却使"好生活"反而成了一种负担……"畏法度者"就是那些遵守规律的人，他们知道什么时候"止"，于是幸福与快乐就在他们的掌握之中，而不是在别人的掌握之中。

根据医学专家们的不完全统计，人类可能得的疾病有 70 多万种，而且还在不断产生新的疾病，如非典、禽流感等。在这 70 多万种疾病中，只有 3 000 多种人类研究得比较清楚。但是，生命规律之法度只要遵守得当，就可以最大限度远离那几十万种疾病。

**知识点 4：健康管理方法——合理膳食**

**互动空间**

小测试：你的早餐及格吗？

你每天几点起床？能有规律地吃早餐吗？每天你都是怎么吃早餐呢？热热剩菜剩饭凑合吃？边走边吃节约时间？豆浆、油条经典搭配？已经忘了多久没吃?……早餐这么随便，还想要健康和好身体？而早餐绝不能将就，更不能不吃！那么一份合格的早餐该具备哪些条件呢？

人体每日所需能量的 30% 左右来自早餐，需要丰富的营养支持才能给一天带来活力。想让营养一步到位，优质早餐最好包含以下 4 大类食物。

（1）谷薯类主食。

很多人觉得碳水化合物会让人发胖，所以早餐不爱吃主食。其实可以选择富含膳食纤维的全谷物、薯类等对血糖影响较缓的主食，它们可以帮助提供持久的饱腹感。

（2）肉、蛋、奶、豆类（任选其二）。

肉、蛋、奶、豆，都是高蛋白食物，且蛋白质分子量较大，在体内代谢时间也相对较长，能起到延缓胃排空的速度、增强饱腹感的作用。另外，充足的蛋白质可以帮助减少肌肉的流失，避免基础代谢下降。

（3）蔬菜水果。

蔬菜水果中的膳食纤维和多种微量元素，不仅能够增强饱腹感，维持肠道正常功能，还会减少热量摄入。养成早餐进食适量蔬菜水果的习惯，可以帮助增强体质，还有助于减肥。

（4）适量坚果。

试着把闲暇时吃的坚果放到早餐来食用，如核桃、腰果、巴旦木、松子等，能进一步提高早餐质量。坚果富含优质的不饱和脂肪酸，可帮助清除饱和脂肪酸，有降血脂功效。它不易被肠胃吸收、消化慢，还有很强的饱腹感。

集齐以上 4 大类食物，你的早餐就已经达到营养的标准线了，但不同人群也有相应的选择标准，可以对应添加食材，打造适合你的优质早餐。

## 讲解要点

1）关于饮食

合理营养是健康的物质基础，而平衡膳食是合理营养的唯一途径。中国居民平衡膳食宝塔是根据中国居民膳食指南结合中国居民的膳食结构特点设计的。它把平衡膳食的原则转化成各类食物的重量，并以直观的宝塔形式表现出来，便于群众理解和在日常生活中实行。

平衡膳食宝塔提出了一个营养上比较理想的膳食模式。根据膳食指南的原则并参照平衡膳食宝塔的搭配来安排日常饮食是通往健康的光明之路。

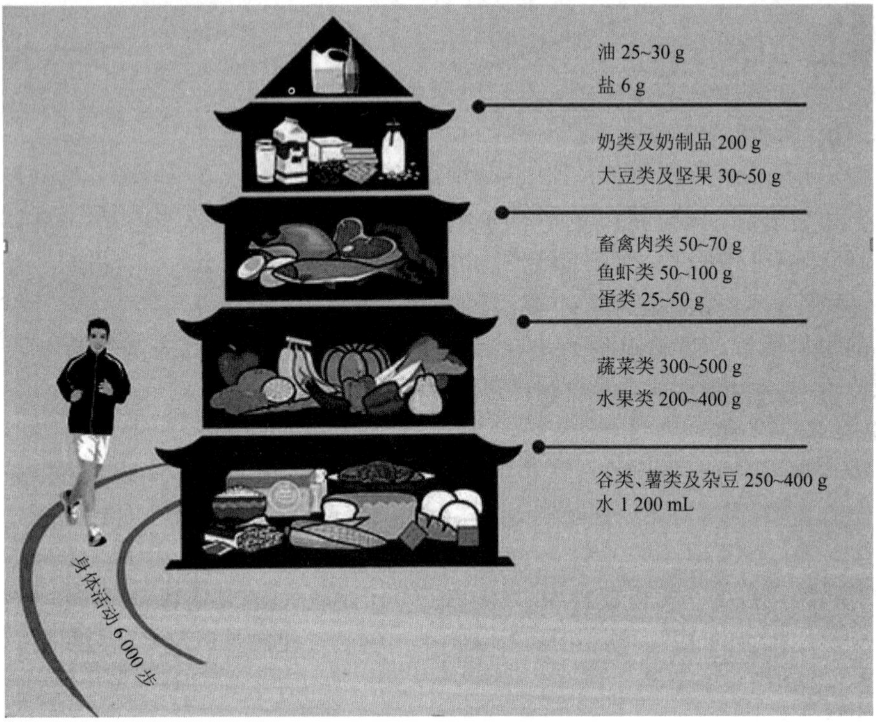


**图 4-4 中国居民平衡膳食宝塔**

平衡膳食宝塔共分五层，包含我们每天应吃的主要食物种类。膳食宝塔各层位置和面积反映出各类食物在膳食中的地位和应占的比重。谷类食物位居底层，每人每天应该吃 250~400 g；蔬菜和水果居第二层，每天应吃 300~500 g 和 200~400 g；鱼、禽、肉、蛋等动物性食物位于第三层，每天应该吃 125~220 g（鱼虾类 50~100 g，畜禽肉类 50~70 g，蛋类 25~50 g）；奶类和豆类及坚果食物合居第四层，每天应吃相当于鲜奶 200 g 的奶类及奶制品和相当于干豆 30~50 g 的大豆及坚果。塔顶是烹调油和食盐，每天烹调油不超过 25~30 g，食盐不超过 6 g。膳食宝塔没有建议糖的摄入量，主要是我国居民平均吃糖的量还不多，对健康的影响还不大。但多吃糖有增加龋齿的危险，尤其是儿童、青少年不应摄入太多的糖和含糖高的食品及饮料。

膳食对健康的影响是长期作用的结果。应用平衡膳食宝塔需要养成习惯，并坚持不懈，才能充分体现其对健康的重大促进作用。

粗细搭配对身体更好：一是要适当多吃一些传统上的粗粮，即大米、白面这些细粮以外的谷类及杂豆，包括小米、糙米、高粱、玉米、荞麦、燕麦、薏米、红小豆、绿豆、芸豆等；二是要适当增加一些加工环节少、精度低的米面。

总之，饮食方面应做到食物多样，谷类为主；多吃蔬菜、水果和薯类；常吃奶类、豆类或其制品；经常吃适量鱼、禽、蛋、瘦肉，少吃肥肉和荤油；膳食要清淡少盐；饮酒应限量；食量与体力活动要平衡，保持适宜体重；食物应清洁卫生，不变质。

2）关于饮水

水是生命的源泉，地球表面呈蓝色是因为地球的 71% 覆盖着水，包括海洋、河流、湖泊、沼泽、冰川、积雪，其中海洋约占 97%，而我们能喝的淡水不足 3%。地球上的生命最初是在水中出现的。水是所有生物体的重要组成部分，人体的 70%~80% 由水构成，大脑 80% 的成分是水。生命在水中诞生，在水中进化，在水的孕育下逐渐成长。可是人类对水的理解远远没有水对我们人类的培育多。

新的膳食宝塔图增加了水和身体活动，强调足量饮水和增加身体活动的重要性。水是膳食的重要组成部分，是一切生命必需的物质，其需要量主要受年龄、环境温度、身体活动等因素的影响。在温和气候条件下生活的轻体力活动的成年人每日至少饮水 1 200 mL（约 6 杯）。在高温或强体力劳动的条件下，应适当增加。饮水不足或过多都会给人体健康带来危害。饮水应少量多次，要主动，不要感到口渴时才喝水。如果没有足够的水，人体就不能进行正常的新陈代谢，废物就不会被完全地排出，可能结成肾结石。水通过血液运载营养物质和氧到细胞，排汗使身体凉快。

科学喝水的方法详见下表。

**表 4-2 科学喝水的方法**

| 喝水时间 | 喝水方法 |
|---|---|
| 7：00 | 早晨起来喝一杯，可以补充夜晚流失的水分，清肠排毒。半小时之后，再用早餐 |
| 8：30 | 大课间喝 250 mL 水，清晨的忙碌使水分在不知不觉中流失了很多，这时候补水特别重要 |
| 11：30 | 午餐前适当喝点水有助于激活消化系统活力，但也不要喝完后马上就进餐 |
| 12：30 | 午餐半小时后，可以少量喝些水 |
| 14：30 | 上课前喝杯清茶消除疲劳，给身体充电，这一杯水很重要 |
| 17：30 | 下课后喝点水，忙了一天，身体里的水分也消耗得差不多了，这时候补水还能带来肠胃的饱胀感，减少晚餐食量，特别适用于想减肥的人士 |
| 22：30 | 临睡前一至半小时喝一些水，但不宜喝得太多 |

## 知识点5:健康管理方法——充足睡眠

### 互动空间

健康时间表

根据《黄帝内经》，人体经络器官的运转与互动规律部分如下。

表4-3 健康时间表

| 时辰 | 时间 | 器官 | 说明 |
| --- | --- | --- | --- |
| 子时 | 23：00—1：00 | 胆经 | 子时是一天中最黑暗的时候，阳气开始生发，胆气生发起来，全身气血才能随之而起。子时要进入睡眠，这对一天至关重要 |
| 丑时 | 1：00—3：00 | 肝经 | 丑时阳气虽然生发起来，但你一定要有所收敛，有所控制，就是说升中要有降。所以要想养好肝血，1点到3点要睡好 |
| 寅时 | 3：00—5：00 | 肺经 | 这个时间是人从静变为动的开始，是转化的过程，这就需要有一个深度的睡眠。人睡得最熟的时候应该是3点到5点 |
| 卯时 | 5：00—7：00 | 大肠经 | 这个时候，天基本亮了，5点醒是正常的。5点到7点，我们应该正常地排便，把垃圾毒素排出来。这个时候代表地户开，所以要养成早上排便的习惯 |
| 辰时 | 7：00—9：00 | 胃经 | 这时候吃早饭，就是要补充营养。这个时候是天地阳气最旺的时候，吃早饭最容易消化，早饭吃多了是不会发胖的。因为有脾经和胃经在运化，所以早饭一定要吃多、吃好 |
| 巳时 | 9：00—11：00 | 脾经 | 脾是主运化的，早上吃的饭在这个时候开始运化。脾字的右边是一个卑，就像古代的一个烧火的丫头，在旁边加点柴，扇点风什么的。在五脏六腑里，脾就像个忙忙碌碌的小丫鬟，但如果她病了，我们五脏六腑这个大宅门就都不舒服了，就会得所谓的富贵病，例如糖尿病什么的。如果人体出现消瘦、流口水、湿肿等问题，都属于脾病 |
| 午时 | 11：00—13：00 | 心经 | 子时和午时是天地气机的转换点，人体也要注重这种天地之气的转换点。对于普通人来说，睡子午觉最为重要，即使睡不着闭一会儿眼睛都有好处 |
| 未时 | 13：00—15：00 | 小肠经 | 小肠是主吸收的，它的功能是吸收被脾胃腐熟后的食物精华，然后把它分配给各个脏器。午饭要吃好，营养价值要丰富一些 |

**提问：**同学们对照时间表看看自己的睡眠科学吗？

你每天几点熄灯睡觉呢？

每天能保证多长的睡眠时间？

睡眠质量好吗？第二天上课是否精力充沛呢？

### 讲解要点

睡眠是生命的自然规律，一要充足，二要规律。常言说“早睡早起身体好”，就说明了充足且有规律的睡眠对人体健康的意义。尤其是在当今高速度、快节奏、高效率的社会竞争中，人们应注意提高对机体的自我保护意识和自我保护能力，其中睡眠最为重要。体力劳动者，往往很容易入睡；而脑力劳动者，往往精神紧张、兴奋，很难入睡。即使入睡，也常是多梦易醒。这时，就应当采取积极有效的方法，进行放松式调节或进行紧张转移，如集中注意力的闭目深呼吸，或在睡前跳一套轻松愉快的健美操等，可以达到调节和催眠的作用。

**知识点 6：健康管理方法——适度运动**

### 互动空间

视频分享：健康杀手，科普短片《久坐的危害》

图 4-5 《久坐的危害》

你知道垃圾食品的危害和熬夜的恶果，可久坐这件事却常常被忽略。现代人早就不需要像远古时代一样靠打猎为生，农事也不再需要大量劳动力，在办公室里坐的时间越来越长。远古时代充满“运动”的生活依然是身体所期盼的理想状态。久坐不动的危害，短期内或许是腿麻和肌肉僵硬，长远看来却有更大的隐患。看完这部短片，记得起来走一走。

### 讲解要点

古语有云：流水不腐，户枢不蠹，动也，动则不衰。一个健康的人的标志，首先是心脏和循环系统功能良好。一个人安静的时候，一平方厘米的肌肉微血管仅张开约 80 条，一旦活动可以张开 1 000~2 000 条，整个循环系统代谢旺盛，大量吸收营养与氧气，生命力就强。

相对来说，运动比膳食更重要。这是因为，人体内的胆固醇 30% 来自食物，70% 来自体内自身合成，也就是说胆固醇高不高，饮食不起决定性的作用，只有通过运动才能消耗多余的胆固醇。

当然运动需要有规律而科学地进行，有种说法是“偶尔运动相当于暴食暴饮”。规律、科学的运动要遵循以下原则。

➢ 循序渐进原则:运动量要由小到大、由易到难、由简到繁,逐渐进行。

➢ 全面发展原则:在体育锻炼时,要注意活动内容的多样性和身体机能的全面提高。

➢ 区别对待原则:锻炼时要根据自己的年龄、性别、爱好、身体条件、职业特点、锻炼基础等不同情况做到区别对待,使体育锻炼更具有针对性。

➢ 经常性原则:经常参加体育活动,锻炼的效果才明显,所以体育锻炼要经常化,不能三天打鱼两天晒网。虽然短时间的锻炼也能对身体机能产生一定的影响,但一旦停止体育锻炼,这种良好的影响作用会很快消失。

日常可以多争取一些锻炼的机会:多爬楼梯,少乘电梯;多走路,少乘汽车;看电视时,可在广告时间做一些伸展运动,如弯腰、踢脚等;与同学或朋友做定期运动,如慢跑、打羽毛球、游泳等,并培养自己对个别运动的兴趣,养成有规律的运动习惯。当规律的锻炼成为一种习惯时,其益处将是不可估量的,你会变得更有精力和效率。

"文武之道,一张一弛。"对于我们学生而言,学习之余参加一些文体活动,增强锻炼,不但可以缓解刻板紧张的生活,还可以放松心情、增加生活乐趣,有助于提高学习效率。

**知识点 7:健康管理方法——平衡心态**

**互动空间**

视频分享:《保持平衡》

图 4-6 《保持平衡》

德妮丝是一位来自维也纳的 20 岁女孩,她几乎每天都要去普拉特游乐场坐"翻转风火轮",因为这能帮助她走出自己并不愉快的过去。这部短片告诉大家,无论发生什么,生活中总会有种方法让你重新找回平衡。

**讲解要点**

社会发展速度不断提高,随之而来的就是各方面的竞争越来越激烈,所以现代人生活节奏变得越来越快,好像你走得稍微慢一点,有些东西就会在你身边悄悄溜走。在这样的大环境下,人的心理压力很大,身体疲劳,心理紧张,长时间处于亚健康状态,久而久之会积劳成疾。保持好的心态和心情也是调节亚健康状态的重要方法之一。

保持平和的心态，每天都要计划好做一些积极的事情，让自己充满活力。每天都有很多事情让我们为之心存感激，同时也有很多人值得我们感谢，正视自己所拥有的东西。在现实生活中不如意的事总是难以避免，如果不能泰然处之，很容易引起心理不平衡，导致身体和精神上的疾病，而且坏情绪易破坏人体免疫功能，加速人体衰老过程。所以生活、工作中非原则问题无须过分坚持，要懂得欣赏自己所拥有的，时刻提醒自己要保持轻松愉悦的心情。

在学习、工作和生活中要注意让自己的思想跟上客观环境的变化，不断变换角色，调整心态。在与他人和社会的关系上要能够正确看待自己、正确看待他人、正确看待社会，保持良好的人际关系，适应社会。要树立适当的人生目标，控制自己的欲望，这样就会保持愉悦的心情。

**知识点 8：健康管理方法——戒除恶习**

**互动空间**

视频分享：《健康本该如此》

> 趁天空还明媚蔚蓝，趁花朵还鲜艳，趁眼睛还看得见一切美好，趁夜幕还没降临，去重度时光。健康，本该如此！
>
> 分析：我们身边的不良生活习惯都有哪些？
>
> 坏习惯对我们有什么影响？

**讲解要点**

现代的年轻人大多生活方式不健康，如晚睡晚起、不规律饮食、不吃早餐甚至一日一餐，这些习惯很容易带来胃病；嗜手机成瘾，很多年轻人沉溺于小说、游戏或者追剧，不仅严重影响了视力，也很容易养成熬夜晚睡的习惯，造成作息不规律。熬夜晚睡会影响我们身体的激素分泌，造成激素分泌紊乱，从而打破我们身体内原有系统的稳态平衡，我们就要付出相应的代价去维持其平衡，比如皮肤变干、脱发、皮肤暗沉、长斑长痘。更严重的是，熬夜对于我们的内脏有着很大伤害，内脏通常是在夜间工作，比如肝脏等，要完成一些排毒工作，毒素不能及时排出就会损害内脏。

通过对坏习惯及其影响的分析，我们要明白戒除恶习迫在眉睫，必须要改正不良行为。

## 知识点9:健康管理方法——保护环境

### 互动空间

视频分享:3分钟展示人类的兴衰之路《履》

图4-7 《履》

影片通过鞋子的变化和环境的变化的对比，鞋子在不断变好、变奢华，而环境在不断变坏、恶化。从原始森林中的赤脚到废墟残骸中的赤脚，人类到底要走多少年呢？看看脚下的鞋，我们还能走多远？人类再这样继续破坏环境，只会加快人类的灭亡。保护环境不只是说说而已。

### 讲解要点

大自然是人类赖以生存发展的基本条件。尊重自然、顺应自然、保护自然，是全面建设社会主义现代化国家的内在要求。必须牢固树立和践行绿水青山就是金山银山的理念，站在人与自然和谐共生的高度谋划发展。

我们要推进美丽中国建设，坚持山水林田湖草沙一体化保护和系统治理，统筹产业结构调整、污染治理、生态保护、应对气候变化，协同推进降碳、减污、扩绿、增长，推进生态优先、节约集约、绿色低碳发展。

（一）加快发展方式绿色转型。

（二）深入推进环境污染防治。

（三）提升生态系统多样性、稳定性、持续性。

（四）积极稳妥推进碳达峰碳中和。

人类生存的环境对人的健康十分重要，每个人都要遵守保护环境的法律法规，遵守社会公德，在日常生活中注意自觉养成保护环境的良好习惯。作为当代大学生，我们每个人能做到也该做到的有很多。比如：

（1）节约资源（水、电、纸张等）；

（2）不污染环境（不随地吐痰、不乱扔垃圾、分类回收垃圾、慎用洗涤剂等）；

（3）为保护环境贡献力量（植树造林、保护绿地、保护野生动物等）；

（4）勤劳动，勤动手，打扫好自己的房间，整理好自己的被子，做好自己的事情。

## 知识点 10：良好生活习惯养成计划

### 互动空间

视频分享：《来自你身体的一封信》

图 4-8 《来自你身体的一封信》

你有多久没有关注自己身体传递的信息了？你对自己的身体，有足够的重视吗？当胃开始“翻云覆雨”时，你才想起来曾经饥一顿饱一顿、一任性就不吃饭、一开心就深夜暴食的过去？当眼睛开始日日酸涩、肩颈痛到难耐，你才开始后悔没有注意休息？当每天的精力变得不够用、轻易就会感到疲惫时，你才决定要开始锻炼？这位伴随我们一生的朋友，很多时候却被我们忽略了。这部短片里，以你“身体”的口吻，传达出它长久以来被忽视的委屈，同时也用有说服力的事实，告诫我们每个人要珍惜这位朋友，保持健康。如果你把身体健康当作理所应当，那就会像在任何亲密关系中把对方视为自然的存在一样，关系会走向破裂，而那时你即便再悔恨也无从改变任何事。挽不回的恋人、失去的朋友、没好好孝顺的父母以及崩溃的健康状况，这每一样，都太沉重。

### 讲解要点

世界卫生组织研究表明，在影响健康的因素中有 60% 与生活方式和行为有关。良好卫生习惯和生活方式的养成是一项长期工程，需要持之以恒。通过各方面的努力，把形成的良好卫生习惯和生活方式长期坚持下去。

养成良好的行为习惯可提高正确的分析和判断能力，良好的行为习惯来自对行为的正确认识。知道哪些是对的哪些是错的，选择正确的行为方式，作为自己行为的准则。培养自己顽强的意志力，形成好的行为习惯要靠持之以恒的精神。意志力薄弱，控能力差的人很难建立良好的行为习惯。

养成好习惯说易行难，也绝非一日之功，关键是我们认知到位后必须立即行动，从当下开始做起！

## 拓展学习

### 知识点11：身体健康与心理

## 互动空间

心理因素与疾病之间是什么关系呢？以下有一些生活行为特征，请根据自己的真实情况做出“是”“否”的选择。

表4-4 心理健康测评

| 特征描述 | 是 | 否 |
|---|---|---|
| 你说话时会刻意加重关键字的语气吗？ | | |
| 你吃饭和走路时都很急促吗？ | | |
| 你认为孩子自幼就该养成与人竞争的习惯吗？ | | |
| 当别人慢条斯理做事时，你会感到不耐烦吗？ | | |
| 当别人向你解说事情时，你会催他们赶快说完吗？ | | |
| 在路上挤车或餐馆排队时，你会感到愤怒吗？ | | |
| 聆听别人谈话时，你会一直想你自己的问题吗？ | | |
| 你会一边吃饭一边写笔记或看报纸吗？ | | |
| 你会在休假之前先干完预定的一切工作吗？ | | |
| 与别人闲谈时，你总是提到自己关心的事吗？ | | |
| 让你停下来休息时，你会觉得浪费了时间吗？ | | |
| 你是否觉得全心投入工作而无暇欣赏周围的美景？ | | |
| 你是否觉得宁可务实而不愿从事创新或改革的事？ | | |
| 你是否尝试在限定时间内做出更多的事？ | | |
| 与别人有约时，你是否绝对遵守时间？ | | |
| 表达意见时你是否握紧拳头以加强语气？ | | |
| 你是否有信心再提升你的绩效？ | | |
| 你是否觉得有些事等着你立刻去完成？ | | |
| 你是否觉得对自己的学习效率一直不满？ | | |
| 你是否觉得与人竞争时非赢不可？ | | |
| 你是否经常打断别人的说话？ | | |
| 看见别人迟到时，你是否会生气？ | | |
| 用餐时，你是否一吃完就立刻离席？ | | |
| 你是否经常有匆匆忙忙的感觉？ | | |
| 你是否对自己近来的表现不满意？ | | |

以上 25 个问题中如果有半数以上题目填答的“是”，则说明有 A 型性格倾向。

## 讲解要点

1）A、B、C 型性格与健康

我们知道人得病是由于细菌、病毒、微生物、寄生虫等引起的，这时医学是一种生物医学模式。但是随着科学的发展，人们越来越发现，纯粹使用生物医学模式有时只治标而不治本。因此，慢慢发展出社会医学模式，人得病不仅是由于生物学因素导致的，心理、社会因素也能使人得病。

学者发现有一类人行动方式比较特别，最突出的一个表现就是“快”。他们把这种类型的人称为 A 型性格。后来发现，A 型性格就是冠心病型性格。

A 型性格的人有许多优点，如成就动机强、不甘落后、有上进心、追求完美、时间观念强、办事不拖拉。但是这种特点发展到极端就比较容易出问题，例如，强的上进心就爱和别人比；注意自己的形象，既怕人嫉妒，又容易嫉妒别人；时间观念强就容易紧张；所有这些特点都易使心脏加重负担。

B 型性格的人则个性随和，生活较为悠闲，对工作要求较为宽松，对成败得失的看法较为淡薄。

C 型性格的人往往对人生、事业、人际沟通过分焦虑，不善与人交往，对不幸之事内心体验深刻，过分忍耐，因而长期处于压抑状态，乃至不敢正视矛盾，郁郁寡欢。长期以往，难免使免疫功能下降，因而导致各种代谢机能发生障碍，诱发各种癌变，因此，C 型性格也称癌症性格。心理学家斯宾诺莎认为，C 型性格的心理活动特色，反映了不良心态得不到合情合理的宣泄，由于封闭、压抑，身体的生理活动也会是消极的，从而导致癌症。

从上面 ABC 三种性格类型与身体疾病之间的关系，可以看出“心理—社会—医学模式”能够比较全面地解释、维护人的健康状态。心理是脑的机能，是脑对客观现实的反映，脑的活动直接影响生理的活动。不同类型性格人的心理，直接诱发了相应的生理活动。空气污染、社会环境是一样的，为什么有的人患上癌症，有的人则未发生癌变，60% 以上的因素是心理因素，而 C 型性格是主要诱因。

**表 4-5　C 型性格测定**

| 特征描述 | 是 | 否 |
|---|---|---|
| 你感到很强的愤怒时，是否能把它表达出来？ | | |
| 你是否不管出了什么事都尽可能把事情做好，连怨言也没有？ | | |
| 你是不是认为自己是个很可爱的、很好的人？ | | |
| 你是否在很多时候都觉得自己没有什么价值？是否常常感到孤独，被别人排斥和孤立？ | | |
| 你是不是正在全力做你想做的事？你满意你的社交关系吗？ | | |
| 如果现在有人告诉你，你只能活 6 个月，你会不会把正在做的事情继续下去？ | | |
| 如果有人告诉你，你的病已到了晚期，你是否有某种解脱感？ | | |

2)A 型性格的应对策略

➢ 制定一个符合自己实际能力的目标。

➢ 在时间安排上要预留回旋的余地。

➢ 严格划清工作与休息的界线。

➢ 培养业余爱好,增加生活情趣。

➢ 经常参加体育活动,提高身体承受能力。

其核心的原则,就是给自己划一个边界——成就的边界、责任的边界、工作的边界,然后在边界之外去丰富自己的生活,并能够在一定的时段里主动放慢自己的节奏。总之,这里的“应对”绝对不是说放弃成功的努力、放弃积极的工作,而是指要在现有优势、强势的基础上,给自己一个缓冲的空间与休整的时机。

3)C 型性格的应对策略

长期的压抑必然会引起免疫系统的衰退,这也是癌症的导火索。其实改变的方法就是表达,主动展示自己的想法与思考。

➢ 主动学会疏解或排泄不良情绪。特别是那些严重的焦虑、抑郁、愤怒、不满等,更要寻找合适的途径发泄,缓解情绪、平衡心理,绝不能一味地压抑、克制、折磨自己、为难自己。

➢ 学会转移心境。人是具有主观能动性的,所以,要有意识地培养锻炼自己从恶劣心境和无助绝望状态中走出来的能力。

➢ 不要过分畏惧权贵和他人的评价。人不能过分以自我为中心,但也不能没有独立人格,为人处事绝不能以扼杀自己的潜能为代价。

➢ 建立良好的人际关系网络。

➢ 输出爱:爱自己、爱家人、爱同事,从爱中寻求人生乐趣。

总之,C 型性格虽然可能是癌症的致病因素之一,但它必须通过各种神经、内分泌、免疫系统的参与才能最终发挥作用。因此,改善性格,改变你的为人处事方式和态度,就会不同程度地调节你的神经、内分泌及免疫功能,提高机体抵制疾病的能力,从而降低或避免疾病的发生,获得一个健康的心态和体魄。

## 阅读资料

1)针对不同人群的优质早餐

●学生:粗粮。

很多人觉得碳水化合物会让人发胖,所以早餐不爱吃主食。但其实可以选择富含膳食纤维的全谷物、薯类等对血糖影响较小的主食,可以帮助提供持久的饱腹感,有利于减肥。

●老年人:多补钙。

在早上,老年人不宜进食一些干硬或刺激性食物,否则会伤害脾胃,还会导致消化不良,应该选择一些容易消化的温热柔软食物。除此之外,还要注意钙的补充,比如在早餐时喝一杯鲜牛奶,它的含钙量较高,能更好地满足老年人补钙需求,以防骨质疏松。

●上班族:低脂早餐。

上班族通常一坐就是一天,非常容易囤积脂肪,所以要尽量选择低脂类食物,比如牛奶燕麦 + 白煮蛋 + 水果,或是自制全麦三明治等。另外,由于上班族一天都对着电脑屏幕,所以保护眼睛也十分重要，可以在早餐中搭配一杯樱桃汁来保护视力。人人都知道维生素 A 能保护视力，樱桃的效果不错，尤其适合素食者。每 100 克樱桃维生素 A 的含量要比葡萄、苹果等水果高 4~5 倍，常吃有助改善因缺乏维生素 A 导致的眼痛、视力下降、怕光等症。

用心吃好每一顿早餐是一种生活态度，别因忙碌的工作而忽略了早餐的营养，毕竟这是人体开启一天的宝贵“燃料”，从今天开始，请用心对待每一顿早餐吧！

2）加快入睡的方法

（1）一种心理放松法：数息法。

古人称呼吸为“息”，一呼一吸，就是一息。呼气叫出息，吸气叫入息。所谓数息法，就是通过计数自己的呼吸，来达到心理放松、平静入睡之目的。 方法很简单，躺在床上后，全身放松，先深呼吸几次，然后开始数息，可以计数入息，也可计数出息，从第一息数至第十息，然后再从第一息数起，常常不能数到十或者数过十，这是因为脑子里就已经想股票市场或其他诸如此类的事了，这是正常现象，这时候，只好再从一数起。如此循环，不知不觉，已进入梦乡。

（2）自我放松训练。

卧床上，闭眼，自然呼吸。然后把注意力集中在双手或双脚上，全身肌肉极度放松，用沉重感来体验肌肉的松弛程度。默念自我暗示的语句：“我的脚越来越沉重了”“我的下肢越来越沉重了”“我的全身都越来越沉重了”。当意识到与四肢沉重感无关的意念，应立即停止，把注意力集中到对手脚沉重感的体验上，一般都能在练习过程中放松入睡。坚持一段时间训练此法，有良好效果。

（3）音乐疗法。

听到好的音乐，让人放松，感觉有一种家的温暖。临睡前，来一段柔和、单调的音乐会有一定的效果。

## 任务实施

| 第一步 课前认知 | |
|---|---|
| 主要内容 | 教师评价 |
| 回答以下问题：<br>1. 你觉得自己成熟独立吗，你觉得自己在哪些方面做得比较好？<br><br><br>2. 谈谈你对良好生活习惯养成的看法吧！ | |

| 第二步 课后拓展 | |
|---|---|
| 主要内容 | 教师评价 |
| 从今天起，我们将通过 21 天的训练，帮助大家将意识转变为行动，将行为固化成习惯。可以参考模板任务列表，通过个人思考以及小组研讨，确定有利于良好生活习惯养成的更高效的任务。请把 21 天任务清单写在下面。 | |

## 任务总结

| | |
|---|---|
| 1. 请总结：通过行为固化训练，你哪些方面的能力有所提升？请举例具体描述。<br><br>2. 通过本项目的实施你有哪些感想、收获和成长？ | |
| 签名： | 日期： |
| 本团队成员对你的评价： | |
| 签名： | 日期： |
| 其他团队对你的评价： | |
| 签名： | 日期： |
| 教师对你的评价： | |
| 签名： | 日期： |

## 任务习题

学有余力的同学思考并学习整理如下内容。

1. 关于独立生活，你觉得自己哪些方面做得比较好，哪些方面需要提升？
2. 你准备如何提升自己的独立生活能力？
3. 现在你对健康如何理解？你如何评价自己的健康状态？
4. 你准备做些什么改变？主动为自己的健康制订改进计划吧。
5. 关于健康维护的规律与方法，你了解多少？

# 项目 05　习惯的力量

## 学习目标

我们每个人都是由我们自己一再重复的行为所铸造的。因而优秀不是一种行为，而是一种习惯。

——亚里士多德

叶圣陶曾说："教育就是培养习惯。"培根有言："习惯是人生的主宰。"习惯即命运，成功从培养习惯开始。成功，就是简单的事情反复地做。之所以有人不成功，不是他做不到，而是他不愿意去做那些简单而又重复的事情。所以，只要你开始做，并一天天地坚持下去，你就会取得意想不到的效果。

不要疑惑，马上开始行动吧！

通过本项目的实践，我们将达到如下目标：

●意识到培养好习惯的重要性。

●懂得培养好习惯的原理和方法。

●发现自己的坏习惯，找出应对策略。

●从小习惯做起，改变自己，改变自身缺陷，在将来遇到一个不一样的自己。

## 任务描述

本项目是通过课堂学习让学生充分意识到习惯的力量。通过学生自身有意识的自我分析，认识到自身存在的好习惯与坏习惯，项目运用有效的习惯养成方法引领学生从改变微小的具体行为做起，坚持训练至少 21 天，最终养成个人良好习惯。项目以小组为单位，一起研讨、分析、制订计划、相互监督执行，并辅以阶段分享和反馈，组织小组内相互学习，见证彼此成长，最后进行项目总结。

## 任务技能

### 1. 项目相关知识结构图

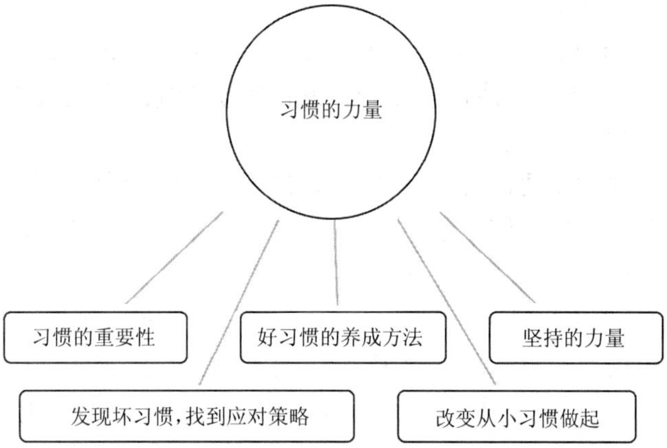


图 5-1　课堂知识结构

### 2. 相关知识点

#### 知识点 1：习惯的重要性

**互动空间**

活动：反穿衣

> 活动流程：
>
> （1）每个小组准备开衫一件、白纸一张、签字笔一支。
>
> （2）选出一位小组成员，在讲台上将开衫穿在身上。同组成员记录下他先穿哪一只袖子，后穿哪一只袖子。
>
> （3）该成员再将开衫脱下来，同组成员记录下他先脱哪一只袖子，后脱哪一只袖子。
>
> （4）该成员重新穿上衣服，要求他反其道而行之。例如，上次先穿的左边袖子，这次就要先穿右边的袖子，如果上次先穿的是右边的袖子，这次就要先穿左边的袖子。
>
> （5）活动完毕之后，每组派出 1~2 名学员分享活动感受。
>
> （6）教师进行点评和总结。
>
> 活动要求：
>
> （1）活动过程中认真参与活动。
>
> （2）活动后仔细体会习惯产生的后果。

## 讲解要点

习惯：在长时期里逐渐养成的、一时不容易改变的行为、倾向或社会风尚。

——《现代汉语词典（第6版）》

在上面的游戏中，我们做了一个非常小的改变，但即使是这样微小的改变，也会引起我们强烈的不适应感。这就是习惯的力量。

习惯仿佛一根缆绳，只要我们每天给它缠上新的一股，要不了多长时间，它就会变得无比坚固。据说，一个好习惯的养成需要21天，也有比较悲观的说法，说需要1年。不管悲观还是乐观，只要坚持就会有收获。

养成良好的习惯非常重要，习惯成就未来。在生命的路途中，每个人都会遇到各种各样的困难，有些人徘徊于岔路口，停在原地，不知所措。而那些具有良好习惯的人，在困难面前从容不迫，应付自如，所以他们能够脱颖而出。

习惯具有强大的力量。有调查表明，人们日常活动的90%源自习惯和惯性，大多数的日常活动都只是习惯而已。从几点钟起床、怎么洗澡、刷牙、穿衣、读报、吃早餐、上班到如何思考处理问题等，一天之内上演着几百种习惯。然而，习惯并不仅仅是日常惯例那么简单，它的影响十分深远。如果不加以控制，习惯将影响我们生活的各个方面。有人说："性格其实就是习惯的总和，就是你习惯性的表现。"关于习惯成就性格的说法并不是最近才提出来的。古希腊哲学家亚里士多德早在公元前350年便宣称："正是一些长期的好习惯加上临时的行动才构成了美德。"古印度有一句谚语："播种行为，收获习惯；播种习惯，收获性格；播种性格，收获命运。"可见习惯的影响之大。

心理学家认为，人的思维由两个相互独立的部分构成：显意识和潜意识。显意识便是知觉和思维，它负责思考、推理、计算、计划或设定目标。潜意识则是各种事物的仓库，过去的经历和经验便在此存放。记忆、情感、信仰、价值观和习惯，统统构成了潜意识。显意识的活动仅在人们警觉时起作用，在人们清醒和防备时能够战胜潜意识。显意识就像是一位值勤的哨兵，夜深时哨兵开始打盹儿，潜意识就开始占主导地位了。因为，潜意识从不入睡，它永远存在，静静地等待显意识哨兵开小差。习惯的力量为何如此大、为什么如此难以改变呢？就因为它们深深植根于我们的潜意识当中。这便是人们仅用显意识几乎无法改变习惯的根本原因。

习惯实际上不仅仅影响人们的个人生活，许多心理学家一致认为，实际上正是习惯引导着整个社会结构的心理机制的改变。所有成功人士都有一个共性，那就是基于良好习惯构造的日常行为规律。各个领域中的杰出人士——成功的运动员、律师、医生、企业家、音乐家、教育家、销售员以及其他专业领域中的佼佼者，在他们的身上都有一个共性，那就是良好的习惯。正是这些好习惯，帮助他们开发出更多的与生俱来的潜能。习惯的力量是如此之大，所以我们要养成良好的习惯以有助于成功。

一只木桶盛水的多少，主要取决于最短的木板，而不取决于最长的木板。人的失败往往由于自己的某种缺陷所致。那么，好的习惯就是人们走向成功的钥匙，而坏的习惯是通向失败的大门。

健康人生的基础是良好行为习惯的培养，不管是美好的品德，还是较强的学习能力，一切都是基于良好习惯的培养。

养成好习惯说易行难，但关键是我们认知到位后必须从行为方面也跟上，立即行动，从当下开始做起！

**知识点 2：好习惯的养成方法**

**互动空间**

小组讨论

| |
|---|
| （1）有哪些好习惯是让人终身受益的？<br>（2）你想不想拥有这些好习惯？<br>（3）你身上有没有这些好习惯呢？<br>（4）请思考你不具备这些好习惯的原因是什么？ |

**讲解要点**

有一句流行非常广的名言，“有什么样的思想，就有什么样的行为；有什么样的行为，就有什么样的习惯；有什么样的习惯，就有什么样的性格；有什么样的性格，就有什么样的命运。”

心理学家研究指出，一项看似简单的行动，如果你能坚持重复 21 天以上，就会形成习惯；如果坚持重复 90 天以上，就会形成稳定习惯，基本上可以固化为人的潜意识活动；如果能坚持重复 365 天以上，你想改变都很困难。

习惯的形成大致分为三个阶段：

第一阶段：1~7 天左右。此阶段的特征是“刻意，不自然”。你需要十分刻意提醒自己改变，而你也会觉得有些不自然，不舒服。

第二阶段：7~21 天左右。不要放弃第一阶段的努力，继续重复，跨入第二阶段。此阶段的特征是“刻意，自然”。你已经觉得比较自然，比较舒服了，但是一不留意，你还会恢复到从前，因此，你还需要刻意提醒自己改变。

第三阶段：21~90 天左右。此阶段的特征是“不经意，自然”，其实这就是习惯。这一阶段被称为“习惯的稳定期”。一旦跨入此阶段，你已经完成了自我改造，这项习惯已经成为你生命中的一个有机组成部分，它会自然而然地为你“效劳”。

将优秀人士所具备的优良的行为习惯和品质进行提炼和总结，这些好习惯让我们能够在正确的引领下去规范和塑造自己，以期获得人格的成长。训练 21 天后基本上可以形成一个良好的行为习惯，这样一个一个的好习惯便树立起来。其具体要点如下。

①坚持这个习惯 21 天。

②让自己清楚地了解到新习惯带来的好处，因为感性的接受远远比理性的强迫更有动力。

③把它当作一个试验。像一位科学家一样，把培养习惯当作一次尝试，而非一个心理斗争。这将有助于随时调整和正确对待结果。

④远离危险区，远离那些可能再次触发你旧习惯的地方。

⑤用更好的东西替代你失去的东西，如果你戒掉了烟，虽然你失去了香烟的享受，但是你却得到了无价的健康。

⑥将计划写在纸上，并告诉你的朋友，给自己一种压力。

⑦保持简单。建立习惯的要求只需要几条就可以了，保持简单，从而更容易坚持。

⑧不要追求完美。一步一步地做起，不要期望一次就能全部改变。

成功，就是简单的事情反复地做。只要你开始做，并一天一天地坚持下去，你就会取得成功。

**知识点3:发现坏习惯，找出应对策略**

**互动空间**

自我评估

我现在是什么样的人？我希望成为什么样的人？我的哪些习惯在阻碍我的进步？我注意过它们吗？

我们通常都能够随口说出几个阻碍自己进步的坏习惯以及一些有助于自己发挥潜能的好习惯。不过，我们也往往不能完全列出所有相关的习惯，因此，总有一些我们察觉不到的习惯在阻碍我们的进步。说到这里，我们不得不提到“自知之明”了。你必须确切知道你希望培养的好习惯以及你必须改掉的坏习惯究竟是什么。这一阶段的工作势必涉及你的同事和亲人，他们将帮助你找出那些你尚未意识到的坏习惯。这看起来似乎只是常识，不言而喻，但是，这一阶段却至关重要，值得我们深入探讨。

思考：请列举自己的好习惯。

思考：请列举自己的坏习惯。

小组讨论：他人如何看待自己的习惯？其中有哪些是好习惯，哪些是坏习惯？

**讲解要点**

1）我们培养好习惯和构建富有成效的日常行为规律的第一个步骤便是自我评估

了解自己的途径其实很多，包括向同事和亲人虚心地请教等。我们收到的关于他人如何看待自己的信息，或许和事实情况有所偏差，但是，不管怎样，当我们下决心去做这项必要的调查时，我们就已经走出了完善自知之明的第一步。

2）好习惯替换坏习惯

人们通常说，习惯很难根除，其实，这种说法并不准确。习惯不可能根除，只能够被替换。换句话说，你只能够替换坏习惯，而不是抹去一个坏习惯。替换，而非抹去，二者之间的区别很大。因此，我们在着手改掉坏习惯之前，必须仔细地思考究竟应该选取哪些好习惯来替换它们。

在改掉某种习惯之后，必然会产生某种必须填补的空白。因此有目的地选取好习惯来取代坏习惯是至关重要的，只有这样，才能够避免一个坏习惯刚离开，另一个坏习惯又接踵而至。

3）一天中两个重要的时刻

一日之计在于晨。每一天的开始，将为一天中余下的时间搭起一个大舞台。如何度过每一天的早晨，正是我们自我检验控制能力的试剂。如何度过早晨，决定了我们的日常行为是否能发挥它潜在的威力。它究竟是由好习惯构成，还是被坏习惯充斥，早晨的时光将彻底揭示问题的答案。如果我们希望自己不致于一生碌碌无为，并能够最大限度地发挥潜能，那么，养成有效利用早晨时光的良好习惯将至关重要。造成早晨效率低下的一个原因是，早晨时间过于紧张。我们往往没有留出足够的时间，这样我们就会觉得压力很大，时间的利用也不见效果。我们的每一天，都在忙碌处理无数事务中度过，以至于我们不得不经常牺牲充足的睡眠时间。这却形成了一个恶性循环：由于缺少睡眠，我们整天精力匮乏，精神无法集中，进而影响了我们的效率，同样的任务我们需要更多的时间来完成。

那么，我们该如何打破这种疲惫、懒惰、效率低下的恶性循环呢？答案在于一天中的第二个重要时刻——晚上。一天中的第二个关键时刻出现在晚上。如何度过晚上的时光，也是决定你如何度过早晨时光的因素之一。在心中默默整理和评价一下自己一天中完成的事情，并规划好自己第二天应该做的事情，这对于第二天早晨是否能够正确做好计划，以及是否能够拥有一个良好的开端至关重要。制定一天的计划，并坚持执行计划，将让你的工作变得效率更高、成绩更大。如果，每一天你都无法完成自己希望完成的事情，那么，你应该自问一下，症结或许就在于缺乏计划。

思考：在早上和晚上，你有哪些坏习惯和好习惯？

4）计划，并坚持实施

研究机构的研究结果表明，制订计划将极大地提高目标实现的成功概率，制订计划的人的成功概率是从来不制订计划的 3.5 倍。在成功实现目标的人群中，事先制订计划者高达 78%，事先没有制订计划者仅为 22%。除了制订计划外，坚持计划也是最终成功的一个关键要素。根据调查结果，那些坚持计划的人，比那些中途改变计划的人的成功概率高出许多，具体来说，前者的成功概率是后者的成功概率的 5 倍多。坚持计划的人实现目标的成功概率为 84%；中途改变计划的人实现目标的成功概率为 16%。

5）记录前进的步伐

研究发现，把自己的计划记录下来，将有助于我们坚持实现自己的目标，无数的研究结果表明，一旦我们将自己的目标和抱负变成书面的东西，我们将它们变成现实的机会便会大大增加。书面记录自己的计划还将因为它具有很强的确定性，而显示出更大的威力。这样，当我们以文字的形式书面记录下自己的计划之后，它便成了一份长期存在的证据。它的存在无时无刻不在提醒我们，向着目标努力是自己无法推卸的责任。不仅书面记录下自己的计划很重要，跟踪自己实现目标的进程也同样至关重要。

思考：如何能够有效记录习惯的养成情况？

### 知识点 4:改变从小习惯做起

**互动空间**

视频分享:30 天挑战《改变生活的 12 个习惯》

图 5-2 《改变生活的 12 个习惯》

生活方式达人短片中,介绍了 12 个可以改变生活的好习惯,他建议大家以 30 天为单位进行挑战,你可以在此基础上给自己增加或减小难度。很重要的一点是,不要拒绝开始,也不要因目标太高而半途而废,选择更舒服而有效的方式,持之以恒。

第一、每天拿出 10~15 分钟进行体育锻炼,跑步或者仰卧起坐,对于舒展身体、锻炼背部肌肉都有益处。

第二、多吃蔬菜,保持健康。

第三、每天坚持阅读,听有声读物或者看些易读的书本都是不错的选择,它会给人的精神以充实的满足感。

第四、多喝水,每天至少 2 升。

第五、停止买新东西,拒绝为了刺激多巴胺而非理性购物,这样会帮助你省下一大笔钱。

第六、冥想,找到合适的软件,帮助你控制情绪,减轻压力。

第七、在早上和晚上分别建立三个好习惯,慢慢就会形成良性循环。

第八、做一件让你很新鲜和享受的事情,写博客或者学摄影,去享受时光。

第九、花上一个月的时间做断舍离,可以玩一个"极简主义者游戏",第一天扔一件东西,第二天两件,第三天三件,把无用的东西清理出你的生活。

第十、写日记,记录情绪,梳理目标。

第十一、早起,建立积极的工作循环,可以提高效率,且能节省出很多时间陪伴父母和朋友。

第十二、戒掉社交媒体,夺回被它偷走的时间,避免陷入攀比的陷阱。

## 讲解要点

不要想着自己能够马上做好所有自己想做的事情，就像一个从来没锻炼过的人，突然要去跑马拉松，这是不现实的。如果想要坚持做好一件事，就把目标变小。比如你想拥有强健的身体，可以先设立一个目标：每天做一个俯卧撑。这个目标简单易行，每天只需要做一个俯卧撑，你就能养成锻炼的习惯！因为当你开始做了，你的大脑就会催促你往前走，往往你不会只做一个俯卧撑。其他的事情也是一样的，比如你想要练就一手好文笔，你可以这样设立目标：每天写三句话。当你开始写了，只要你写的时候是一个放松的状态，一般你就不会只写三句话。当然如果当天确实没多少时间，你也只需要写三句话就行了，这样你就能够长久地坚持下去。你每天要写 50 个单词，这时候最应该定的目标是 1 个单词。结果就是这样一个复杂的事情变得每天都可以做得到。你背 1 个单词之后，尚有余力，又会多背几个，累了就停下来。这个方法就是这么简单，贵在你每天都能坚持下去，效果会逐渐显著。

人的意志力和坚持都有技巧，掌握了方法，你就能脱胎换骨。古语有云“千里之行，始于足下”“不积跬步，无以至千里”。古人告诉我们：走一千里路也要从第一步开始，不积累每一步，永远达不到千里的地方。前路的山看着很近，总是用超出预计很多的时间才能到达。人总是习惯高估自己的能力，喜欢把目标定到刚好自己能达到的高度，殊不知积“跬步”才是做事情坚持下去的秘诀。

行动者并不一定比别人更聪明、更勤奋或者更有恒心毅力。他们只不过是养成了一些良好的小习惯，正是这些小习惯，不仅让他们着眼于行动，也让他们有机会获得更多的知识，变得更有毅力。

闭上眼睛，憧憬一下，我们改掉小的坏习惯，养成小的好习惯，我们也因此变得更有效率。然而，这个愿望该如何去实现呢？这里列出了一些好习惯，你不妨再把自己的不良习惯一一列出。然后，让好习惯取代你自己清单中的坏习惯，那些好习惯将影响你的一生。

- 不迟到。
- 明确告知他人自己将要做什么以及日期安排。
- 永远不要等到最后一刻才做计划。
- 与人交谈时，保持良好的眼神接触。
- 保证每天的饮食健康。
- 定期锻炼身体。
- 少看电视，少上网。
- 多读书。
- 常与家人共进晚餐。
- 控制情绪和脾气。

是的，这样点点滴滴的好习惯将会改变你的一生！小习惯带来小成果，也将逐渐变成你的日常习惯，并取得更大、更有意义的成果。

思考：请列举可以改变你一生的小习惯。

### 知识点 5:坚持的力量

#### 互动空间

视频分享:热血坚持! 就要《唤醒你的梦想》

> 人生最精彩的不是实现梦想的瞬间,而是坚持梦想的过程,你的痛苦,你的牺牲,都是你向着梦想前进的标志,无论你多么沮丧懊恼,不管你一天之中有多少次想要放弃,重要的是你现在每天都在做你需要去做的事情。你的父母朋友不会告诉你的,就由这部短片来告诉你。

#### 讲解要点

要多去感受目标完成后的感觉。比如健身,世界著名的财富管理专家李·布劳尔说过:我不会去为自己设定一些繁重的任务,而是每天设定一些小目标,然后思考:为什么要这么干? 我每天都花时间想象如果自己身体健壮,会感觉如何? 外在气质看上去怎样? 能做些什么? 在实现愿景的过程中,我也获得了自信。

有了自信,我们的坚持能变得更长久。

#### 拓展学习

### 知识点 1:习惯养成过程艰难,它为什么总是失败呢?

1)太难了,无法坚持

如果你真正地制订了计划,并且严格连续地执行了十多天。可是你发现这太难了,或者无法达到满意的效果,你又一时想不出解决方法,于是决定放弃。无论如何,你能走到这一步,已经是很大的成功了。可是,习惯的效果也是不能马上就体现的,但你一定已经感觉到其中带来的好处,所以你只需要再鼓励自己坚持几天,你就可以再继续了。

2)没有目标,找不到自己想培养的习惯

这也是最常见的问题之一,有了决心与动力,可是找不到自己想要培养的习惯。这表明你对自己并不了解,其实好习惯何其多,“每天早起 10 分钟”“少看手机 5 分钟”“每天阅读 10 分钟”“每天去图书馆”等。仔细想想,你绝对可以找到的。

3)错误的目标

一个没有明确目标的任务,是无法完成的。

4)我下个月就开始培养

没有人规定一定要从每个月的第一天才能开始培养习惯。不要犹豫,马上开始。你拖延的越久,就越容易给自己找各种理由使自己放弃。希望你能明白:“明日复明日,明日何其多。我生待明日,万事成蹉跎。”

5)断断续续导致流产

也许你不是故意的,可是学习实在是太忙了,或者今天玩得太开心了,想偷偷懒,所以就隔上一天吧。于是,十多天下来,就培养了几天。接着你会觉得这多无聊啊,反正就培养了几天,也没什么效果(你还没有真正开始培养!),下个月再说吧,或者就直接放弃了。

6）没有计划

没有计划就会瞎忙，干一天是一天，说不定某天就放弃了，反正也没有后果。没有计划，也给你一个借口去逃离，所以制订计划是非常重要的。

7）没有开始就已经放弃

很多人还没有尝试就已经放弃了，或许在受鼓舞后的某一刻，你确实想要去培养一个习惯。可你刚刚决定了一个要培养的习惯，就开始做白日梦，或者出现消极的想法。无论是哪种，基本上，你会马上就放弃。“培养这个习惯好是好，可我是个懒虫，而且为了培养一个习惯搞的这样，多麻烦啊！”，所以你还没有开始就已经放弃了！

好的习惯和生活方式的培养的确很困难，但是如果从一开始就重视起来，下定决心，认真地培养可能就不会那么难。

**知识点 2：养成良好的习惯**

要成功，就马上准备有所付出吧！这就是每天你应该养成的习惯。

- 不说“不可能”。
- 凡事第一反应：找方法，不找借口。
- 遇到挫折对自己说声：太好了，机会来了。
- 不说消极的话，不落入消极的情绪，一旦发生情况立即正面处理。
- 凡事先订立目标。
- 行动前，预先做计划。
- 上课时间，每一分、每一秒都做有利于学习的事情。
- 随时用零碎的时间做零碎的事情。
- 守时。
- 写点笔记，不要太依靠记忆。
- 随时记录想到的灵感。
- 把重要的观念、方法写下来，随时提示自己。
- 走路比平时快 30%，肢体语言健康有力，不懒散，不萎靡。
- 每天出门照镜子，给自己一个自信的微笑。
- 每天自我反省 次。
- 每天坚持一次运动。
- 上课坐前排。
- 微笑。
- 用心倾听，不打断对方的话。
- 说话有力，感觉自己的声音能产生富有感染力的磁场。
- 说话之前，先考虑一下对方的感受。
- 每天有意识地赞美别人三次以上。
- 如果别人帮助了你的话，及时表示感谢。
- 控制住不要让自己有为自己辩护的第一反应。
- 不用训斥、指责的口吻与别人说话。
- 每天做一件“分外事”。
- 不管任何方面，每天必须坚持“进步一点点”，并且有意识地提高。

- 每天提前 15 分钟上课，推迟 30 分钟回宿舍。
- 每天下课回宿舍前 5 分钟做一下今天的整理工作。
- 节俭。
- 时常运用“头脑风暴”，提升自己的创新能力。
- 恪守诚信。
- 学会原谅。

## 阅读资料

1）案例 1

大学第一学期的期末考试，张兵多门课程不及格，到了差点被开除的地步。张兵逃课，几乎读不进去任何书，作业也一拖再拖，直到超过最后期限。他尝试过努力和改变，但是收效甚微。直到最后，他的祖父把张兵叫到了面前，给了他一番语重心长的忠告，正是祖父的告诫，改变了张兵的一生。祖父的语气似乎在表明，他所说的每一个字都禁得起科学的验证和时间的考验，都是无可置疑的确凿的事实。“世界上有两种人：空想家和行动者。”祖父解释道，“空想家们善于谈论、想象、渴望，甚至没想去做事情；而行动者是去做！你现在就是一位空想家，似乎不管你怎样努力，你都无法让自己去完成那些你知道自己应该完成并且可以完成的事情。不过，不要紧，你还是可以把自己变成行动者的。”

什么是空想家，什么是行动者，两者又有怎样的区别？

行动者比空想家做得成功，是因为行动者一贯采取持久的、有目的的行动，而空想家很少去着手行动，或是刚开始行动便很快懈怠了。行动者具备有目的地改变生活的能力。他们能够完成非凡的事业，不论是开创一家自己的公司、写作一本书，还是参加马拉松比赛以及其他事业。而与此形成鲜明对比的是，空想家只会站到一边，仅仅是梦想这些而已。

是什么阻碍了空想家成就事业？难道只是因为对“开始”的畏惧？或是对失败的担忧？或者是因为空想家不够聪明，缺乏智慧，能力欠缺，运气不佳？而究竟又是什么使得行动者能够去做，从而成就了令人满意的事业？

给予行动者动力的，同时也是阻碍空想家进步的，那都是同样一件事物：习惯！

2）案例 2：习惯的自述

我是谁？

我是你的终身伴侣，我是你最好的帮手，我也可能成为你最大的负担。我会推着你前进，也可以拖累你直至失败。我完全听命于你，而你做的事情中，也会有一半要交给我，因为，我总是能快速而正确地完成任务。我很容易管理——只要你严加管教。请准确地告诉我你希望如何去做，几次实习之后，我便会自动完成任务。我是所有伟人们的奴仆，唉，我也是所有失败者的帮凶。伟人之所以伟大，得益于我的鼎力相助；失败者之所以失败，我的罪责同样不可推卸。我不是机器，除了像机器那样精确工作外，我还具备人的智慧。你可以利用我获取财富，也可能由于我而遭到毁灭——对于我而言，二者毫无区别。抓住我吧，训练我吧，对我严格管教吧，我将把整个世界呈现在你的脚下。千万别放纵我，那样，我会将你毁灭。

我是谁？

我就是习惯。古罗马诗人奥维德说过，没有什么比习惯的力量更强大。无论我们是否愿意，习惯总是无孔不入，渗透在我们生活的方方面面。很少有人能够意识到，习惯的影响力竟如此之大。有调查表明，人们日常活动的 90% 源自习惯和惯性。想想看，我们大多数的日常活动都只是习惯而已！我们几点钟起床，怎样洗澡、刷牙、穿衣、读报、吃早餐、上课等，一天之内上演着几百种习惯。然而，习惯还并不仅仅是日常惯例那么简单，它的影响十分深远。如果不加控制，习惯将影响我们生活的方方面面。甚至我们与朋友交往，与家人和同事相处都是基于我们的习惯，甚至连我们的性格都是习惯使然。

## 任务实施

| 第一步 课前认知 | |
|---|---|
| 主要内容 | 教师评价 |
| 回答以下问题：<br>1. 你认为什么是成功？什么是性格？这些都是由什么决定的？你觉得好习惯是可以培养的吗？<br><br>2. 你觉得自己有哪些好习惯？这些好习惯对你有什么帮助，请举例说明。<br><br>3. 你认为自己有哪些坏习惯阻碍了自己进步？你觉得它们可以被改变吗？该如何改变呢？<br><br>4. 你认为哪些习惯是让人受益终生的？谈谈你对好习惯养成的看法吧！ | |

| 第二步 课堂学习 | |
|---|---|
| 主要内容 | 教师评价 |
| 1. 本堂课学习笔记：<br><br><br>2. 请思考：在早上和晚上，你有哪些坏习惯和好习惯？<br><br><br>3. 请在下面列出本堂课小组讨论的好习惯培养目标。 | |

| 第三步 课后拓展 | |
|---|---|
| 主要内容 | 教师评价 |
| 1. 思考：如何能够有效记录习惯的养成情况？<br><br><br>2. 从今天起，将通过 21 天的行为跟踪，帮助我们将知识转化为技能，最终形成行为习惯。请通过个人思考以及小组研讨，确定有利于习惯养成的更高效的任务。把 21 天任务清单写在下面吧！ | |

## 任务总结

| | |
|---|---|
| 1. 请总结：通过课堂学习、课下自学、小组交流、同学的分享你了解了哪些具体知识？<br><br>2. 通过本项目的实施你有哪些感想、收获和进步？ | |
| 签名： | 日期： |
| 本团队成员对你的评价： | |
| 签名： | 日期： |
| 其他团队对你的评价： | |
| 签名： | 日期： |
| 教师对你的评价： | |
| 签名： | 日期： |

## 任务习题

学有余力的同学思考并学习整理如下内容。

1. 阅读书籍《高效能人士的七个习惯》。
2. 整理读书心得并在小组内分享。
3. 梳理你新养成的好习惯，并思考如何有效固化它们。

# 项目 06　安全教育

## 学习目标

学生安全，牵动万家。当今生活环境的千变万化，社会诸多的不确定因素，家庭的过多保护，使许多学生面对具体问题时显得束手无策。无论是教师，还是父母等，都不可能给任何孩子一生安全的承诺和保护，只有学生自身具备了安全意识和能力，方可一生平安。因此，安全教育的落脚点应是培养学生的安全意识，形成自救自护能力。

通过本项目的实践，我们将达到如下目标：

●帮助学生树立安全防范意识。

●提升学生的自我保护能力和自救能力。

●促进大学生身心健康发展。

●培养学生的安全行为习惯。

## 任务描述

本项目通过组织召开安全教育主题分享会，倡导同学们学习有关消防安全、用电安全、财产安全、交通安全、防盗防抢防诈骗、防传销、防溺水等相关安全常识，通过小组会议研讨确定主题，制作 PPT 并在班级进行分析，学习和分享的同时深化对安全教育知识的认知，提高安全防范意识，提升学生自我保护能力。

要求：PPT 图文并茂，案例丰富，互动形式多样。每个小组分享时间：10 分钟。

## 任务技能

### 1. 项目相关知识结构图

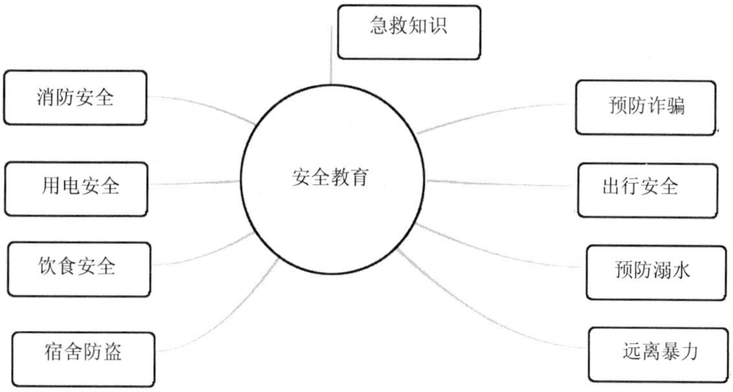


图 6-1　课堂知识结构

### 知识点 1:消防安全

#### 互动空间

视频:灭火器使用方法

每一场震撼人心的火灾背后,都有无数的理由,天灾还是人为?一直是人们争论的焦点,而带来巨大损失的火灾,往往是由一个不经意的疏忽引起……

大火四起,浓烟滚滚,如何逃生?

#### 讲解要点

第一诀:逃生预演,临危不乱。
第二诀:熟悉环境,暗记出口。
第三诀:通道出口,畅通无阻。
第四诀:扑灭小火,惠及他人。
第五诀:保持镇静,明辨方向,迅速撤离。
第六诀:不入险地,不贪财物。
第七诀:简易防护,蒙鼻匍匐。
第八诀:善用通道,莫入电梯。
第九诀:缓降逃生,滑绳自救。
第十诀:避难场所,固守待援。
第十一诀:缓晃轻抛,寻求援助。
第十二诀:火已及身,切勿惊跑。

第十三诀：跳楼有术，虽损求生。

**知识点2：用电安全**

**互动空间**

小组讨论

你知道哪些用电安全小常识？

______________________________

______________________________

总结：用电安全一直是安全问题中的重点，住在宿舍的同学们更应格外注意，为了更好地维护我们共同的生活和学习环境，大家应当了解宿舍安全用电注意事项，做到安全用电防患于未“燃”。

**讲解要点**

1）不要擅自动手

➢ 用电要申请，线路设备装好后经检验合格，方可通电，临时线路要严格控制，设专人负责管理，用后拆除。

➢ 采用合格的线路器材和用电设备。

➢ 线路和设备要由专业电工安装，一定要符合有关安全规定。

➢ 发现宿舍的电器设备损坏或失灵，不可擅自修理，要及时报告有关部门派专人修理。

2）如何防止由电力线路、电器引发的火灾

➢ 不乱接电源，防止因乱接电源使电流过载导致的火灾。

➢ 严禁使用破损的插头、插座、接线板，不购买和使用质量低劣的电器产品，一定要选用有国家认证标志的合格电器产品。

➢ 不使用老化、接头处无绝缘胶布包扎的电线，不使用无插头的接线。使用上述电线时，由于电阻过大，电线发热或接头处打火等原因都可引起可燃物着火。

➢ 不得私自安装床头灯、台灯，不得违章使用电炉、“热得快”、电热杯、电炒锅、电饭锅等电器。

➢ 防止宿舍中电器长期通电。电视机、收录机、电脑等发生火灾，绝大多数是因为通电时间过长，引起电器内部变压器发热、短路起火。应做到人走灯灭、关闭电源，节约能源，消除隐患。

3）看到有人触电怎么办

➢ 首先赶快关掉电源开关或拔掉电源插头，不可随便用手拉触电者的身体。因触电者身上有电，一定要尽快先脱离电源，才能进行抢救。

➢ 为了争取时间，可就地使用干燥的竹竿、扁担、木棍拨开触电者身上的电线或电器，绝不能使用铁器或潮湿的棍棒，以防触电。

➢ 救护者可站在干燥的木板上或穿上不带钉子的胶底鞋，用一只手（千万不能同时用两只手）去拉触电者干燥的衣服，使触电者脱离电源。

➢ 人在高处触电时，要防止脱离电源后从高处跌下摔伤。

### 知识点 3：饮食安全

**互动空间**

案例分享

姓名：陈小姐　　职业：学生　　年龄：17 岁

“以前我上学一直都有吃早餐的习惯，但自从发胖之后就开始尝试不吃早餐，以为少吃一餐应该会瘦点，谁知道不但没有减肥，反而胖了许多！”

专家分析：不吃早餐，按理应该会减少热量摄取，但其实为了健康，早餐不能不吃。不吃早餐只会令你整天没有精神应付学习，而且消耗热量的速度也较慢；加上肠胃处于饥饿状态，到中午时分就会感觉格外饥饿，午餐就不自觉地吃多了，甚至比吃足三餐时更多。而当肠胃处于饥饿状态，吃下的食物又会吸收得格外好，热量摄取多了，又会被身体储存，成为脂肪，实在得不偿失！所以，我们应该保持每日三餐定时，吃七成饱便好了，这样身体机能就会调整得最好。

姓名：Celia　　职业：文员　　年龄：21 岁

“我几个月前曾经尝试喝菜汤减肥，听说一星期可减十几磅，一日三餐只可以喝菜汤、吃汤渣，当肚子饿时也只可无限量喝菜汤，喝七日，体重下降七八磅，但一旦恢复正常三餐后，体重立刻就变回原形。”

专家分析：连续几日只喝菜汤、吃汤渣，只是吸取水分和小量营养素，热量和营养有限，体重当然会下降。但即使你能容忍只吃某几种食物的厌倦感，过少的分量也会令身体产生饥饿感，令你难以忍受，严重的更会引发暴食症或厌食症，后果不堪设想。由于过度节食，当停止喝汤吃正餐时，很可能会忍不住放肆大吃，这样就会前功尽弃。总体来看，喝菜汤不是长远的减肥方法，长期食用会缺乏营养，影响身体机能，因此采用前要三思！

**讲解要点**

民以食为天，食物为我们提供了每天必需的能量。只有良好的饮食习惯，合理的膳食搭配才能使我们有更加强健的身体。

对于饮食一定要注意以下几个方面。

➢ 不去卫生条件较差的马路摊位上买食品，尽量少吃油炸、烟熏、烧烤的食品，这类食品如果制作不当会产生有毒物质。

➢ 生吃的蔬菜、瓜果、梨桃之类的食物要去皮或洗净表皮上残留的农药，最好在清水里浸泡半小时后再食用，以免造成农药中毒。

➢ 在商店选购食品时，应注意有无生产厂家及生产日期，不食用无标签或非正规生产厂家生产的包装食品，不食用过期变质的食品和病死的禽、畜肉，不吃无卫生保障的生食食品，如生鱼片等。

➢ 食用鱼、虾、肉、蛋、奶等食品时必须保证选料新鲜、干净，不吃隔夜变味的饭菜，尽量少吃或不吃剩饭菜，如果吃剩饭菜，一定要彻底加热，防止细菌性食物中毒。

➢ 存放食品的容器要清洁无毒，食品特别是熟食要存放在清洁、干燥、通风条件好的地方，并要防止老鼠、蚊蝇、蟑螂等动物污染食品，避免化学药品与食物混放在一起。

➢ 要注意个人卫生，养成饭前便后洗手的良好习惯，尽量不要用手直接接触食物，预防肠道寄生虫病的传播。

➢ 坚持一日三餐，做到有规律进食，不暴饮暴食，尽可能根据气候特点和个人身体状况合理安排饮食，特别要注意患病期间的饮食卫生。

➢ 白开水是最好的饮料，一些饮料如可口可乐、芬达等含有防腐剂、色素，经常饮用不利于我们的身体健康。

除了以上需要注意的饮食习惯外，我们还要注意一些其他的饮食习惯。良好的饮食习惯可以更好地调节我们身体的机能，而不好的饮食习惯会损害我们的身体。下面是一些常见的饮食方面的问题，希望大家能够多加注意。

（1）应在日常饮食中补充钙质。

（2）暴饮暴食危害大。

（3）盲目提倡素食不好。

### 知识点4:宿舍防盗

#### 互动空间

视频分享:《偷》

> 这是一部法国情景喜剧短片，影片的幽默风格与周星驰无厘头风格有一丝相似，都是将普通的事情做到极致。我们在开心大笑之余，也不禁感慨，一旦被偷之后，无论怎么做都是枉然，唯一可以做的是提高防盗意识，防患于未然。

#### 讲解要点

我们来到学校，大多数学生都住在学校的宿舍。虽然，宿舍都会有门卫监控进出的学生，但还是有注意不到的时候，这就给一些居心叵测的人带来了“机会”。因此，我们在宿舍中要注意财产安全。

首先需要每位同学注意的是:宿舍内不宜存放贵重物品和大量现金，个人物品应自行妥善保管，学校不承担财产保险责任。

1）易发生被盗的宿舍类型

➢ 居住混杂，搬动频繁。

➢ 管理松懈，制度不严。

➢ 成员缺乏警惕性，互不关心。

➢ 门窗缺乏安全设施。

2）学生宿舍常见的盗窃方式

➢ 顺手牵羊。趁主人不备，将晾在走廊、阳台等处的衣物盗走。

➢ 乘虚而入。主人不在，房门不锁，入室盗窃。

➢ 撬门拧锁。此类盗窃分子手段毒辣，撬开门锁的方式有多种，进门后抽屉、箱子往往撬遍，满屋翻个底朝天，以偷价值高、易于携带的物品为主。

➢ 翻窗入室。没有结实护栏，却又易于翻越、攀登的窗户，包括门上气窗，窃贼都有可能翻入。

➢ 除上述四类外，还有偷配钥匙、预谋行窃的；也有以找人、卖东西等名义混入宿舍，伺机行窃的，等等。

3）容易发生盗窃的时间

➢ 刚入学，宿舍较乱时易发生盗窃。

➢ 放假前易发生盗窃。

➢ 假期，宿舍走空，易发生撬门拧锁盗窃。

➢ 学生都去上课时易发生盗窃，尤其是上午第一、二节课时。

➢ 上晚自习，如相连的几个宿舍人走空，熄了灯，也可能发生盗窃。

➢ 夏季开门多，易发生乘虚而入的盗窃。

➢ 学校举办大型文体活动，外来人员剧增时，发生盗窃的可能性也会增加。

➢ 学校开大会、运动会，考试、周末看电影等时，宿舍同学走空，易发生盗窃。

4）宿舍防止盗窃应注意的问题

➢ 最后离开宿舍的学员要锁门，不要怕麻烦，要养成随手关门、锁门的习惯。

➢ 不能随便留宿不知底细的人。

➢ 对形迹可疑的陌生人应提高警惕。

➢ 注意保管好自己的钥匙，不要随便借给他人。

➢ 对携带物品外出者，一律要问明情况，查验证件，进行记录。

5）其他注意事项

➢ 大量现金应及时存到银行，存折和储蓄卡要妥善保管，密码最好不要与生日、电话卡及上网密码相同，身份证与存折分开存放。存折号码应做好记录，以便挂失。

➢ 随身听、CD 机、照相机、笔记本电脑、贵重衣物等不用时要及时锁好，并妥善保管钥匙。

➢ 不让不熟悉的人或刚认识的人随便进入宿舍，不在宿舍内留宿其他人员。

➢ 洗澡前先将衣服内的现金、储蓄卡、手表、手机和钥匙等放在安全的地方。

➢ 不在众人面前显示自己的贵重物品和大量现金，开启密码箱时注意避开他人。

➢ 遇到陌生人进入宿舍或旁边的宿舍，应仔细询问，必要时将其送到值班室。

➢ 寒暑假期间，应带走个人贵重物品。

6）遇到盗窃的应付措施

➢ 必要的警惕性不可少。

➢ 要发挥学生的集体力量。

➢ 要随机应变、注意安全。

➢ 要头脑冷静、急而不乱。

➢ 抓获窃贼后，一面采取强制措施将其控制住，一面通知学校保卫部门或派出所。要注意，抓住窃贼后一是不能疏忽大意；二是强制程度要适当。

➢ 如遇上两个以上的盗窃分子结伙作案，在他们分头逃跑时要集中力量抓住一个。同时要注意，团伙作案被发现后行凶伤人的可能性更大，应随机应变，注意安全。

➢ 在无法当场抓获窃贼的情况下，应记住窃贼特征，包括年龄、性别、身高、体态、相貌、衣着、口音、动作习惯以及身上的各种明显特征，佩戴的戒指、手镯、项链、领花、耳环等各种饰物的情况，以便向公安部门提供线索。

7）发现宿舍被盗后的处理方法

➢ 发现宿舍门被撬，抽屉、箱子被撬坏或被翻动，应立即向保卫部门报告，并告知有关领导。

➢ 保护好现场。

➢ 如发现存折被盗或可能已经被盗，应尽快与相关银行联系，防止盗窃分子将存款取走。

➢ 如实回答前来勘验和调查的公安保卫干部提出的各种问题。

➢ 积极向负责侦察破案的公安干警提供线索，协助破案。

**知识点 5：预防诈骗**

**互动空间**

视频分享：《面孔》

> 现在电话诈骗的招数层出不穷，现在不仅有专门针对老人的套路，一些诈骗分子还专门“与时俱进”，利用新冠肺炎疫情做起了文章，很多人因为关心则乱而纷纷中招…这段视频将他们的罪恶面孔展现得淋漓尽致。

**讲解要点**

1）天上不会掉馅饼，他人骗局要当心

当前常见的诈骗方式有：利用外币兑换骗钱、易拉罐中奖、家传金器低价出售、路边扔“炸药包”平分低价卖、电脑元件低价卖、扑克牌猜大小、张贴路边高薪招聘广告、售卖假草药（何首乌、天然野人参等）等形式。提高自己的防范意识，相信天上不会掉馅饼，再狡猾的诈骗分子也没有可乘之机。学生如遇上此类骗局，要么不理他，要么打电话报警，犯罪分子一定会闻风丧胆，这样既保护了自己，也打击了犯罪分子的嚣张气焰。

“安全莫忘记，千万别大意，勿贪小便宜，时刻要警惕。”记住这首打油诗，提高警惕，避免上当。

2）生人提供的食物千万不要吃，谨防被麻醉抢劫

无功不受禄。对试图与自己表示亲近的陌生人，在无法确认其真实意图的情况下，不能随意接受其提供的饮料、茶水、香烟及食物等。

闲谈莫露富。在看管好自己财物的同时，不能轻易让对方获悉自己随身携带的钱财，一般情况下，作案人不会对一个没有“价值”的目标下手。

戒心不可无。对不知底细的陌生人，最好安排在自己选择的场所交谈，或者提前告诉家人、同学、老师自己的具体去向、事由、时间，或让人定时与自己联系，尽量不给有歹心的人以可乘之机。

3）使用自动取款机时的注意事项

防止密码泄露。学生使用 ATM 机时，一定要警惕周围是否有可疑人员或微型摄影机、

探头，输入密码时应用左手遮住密码键盘，不要将密码泄露给他人。

搞清真假吞卡。使用 ATM 机前应仔细查看插卡口有无异常。遇到吞卡现象，不要立即走开，一般正常吞卡，机器会吐出吞卡凭条，屏幕也会提示吞卡，应耐心等待数分钟，确定吞卡后再与银行联系解决。

留好取款凭条。对于 ATM 机吐出的取款凭条，不要轻易扔掉，凭条上有取款卡号、金额等信息，随意乱扔会影响存款安全。同时应对卡内资金余额定期进行核对，发现差错及时进行补救。

及时更换密码。银行卡密码设置不要过于简单，666、888、生日、电话号码等易被作案者破解。我们应不定期更换密码，以确保存款安全。

**知识点 6：出行安全**

**互动空间**

视频分享：《车祸前一刻》

图 6-2 《车祸前一刻》

车祸发生前一刻，转弯处加速疾行的两辆汽车，同学们想象一下，如果在相撞前时间被静止，当事人之间的对话将如何展开呢？

**讲解要点**

我们从四面八方走到一起，对于大多数人来说，学校是一个陌生的环境，对于这个新环境我们要快速地去熟悉，如哪里买日常用品，哪里有休闲场所，哪里可以改善伙食等。要想熟悉环境必须走出去，我们无论何时何地都要注意安全。下面，就来和大家分享一些日常出行时应注意的安全常识。

1）路上防抢

（1）眼观六路，耳听八方。

当携带贵重物品行走时，要边走边察看行走沿线的地形地貌、留意可疑人员，特别要注意与可疑的陌生人或障碍物保持必要的安全距离。书包能斜挎的就不要侧背，有手提包的注意握牢。骑车时，包在车筐里要把包带缠在车把上。

（2）瞻前望后，快速通过。

尽量不要孤身行走在僻静、人稀、地形复杂、照明条件不好、治安状况差的路段。一定要经过时，要瞻前望后、左顾右盼、快速通过。

（3）财不外露，躲避跟踪。

遇携带贵重物品特别是进出银行等金融场所的情况，要注意观察周围有无异常情况，注意躲避尾随跟踪、企图接近的可疑人员。

（4）临危不惧，沉着应对。

遇歹徒行凶抢劫时要冷静沉着，并紧急呼救，尽可能发动周围群众共同对付罪犯。一旦被抢，千万不要惊慌，立即打110报警。说明抢劫者的体貌特征、交通工具、逃跑方向、路线等，以利于警方追捕。

2）车上防扒

（1）慧眼识扒手。

➢ 看神色。扒窃者寻找行窃目标时，两眼总是注视顾客的衣兜、皮包、背包，特别留心外地人、妇女、中老年人，选准目标后，一般要环顾四周，若无他人注意便迅速下手，此时因精神比较紧张，往往有两眼发直、发呆、脸色时红时白等现象。

➢ 观举止。扒窃者选择侵害目标时，往往在人群中游动，选择目标后即咬住不放，紧紧尾随，趁人拥挤或者车体晃动的时候，用胳膊和手背试探“目标”的衣兜。

➢ 识衣着。扒窃者大多数衣着入时，那些三五成群作案的，衣着打扮往往相似。少数打扮平常，衣着朴素者，则是老扒手。

➢ 看动作。扒窃者在动手作案时，一般借车体晃动或乘客（顾客）拥挤的机会，紧贴被窃对象的身体，利用他人或同伙作掩护，或用自己的胳膊、提包、衣服、报纸等遮住被窃对象的视线，作案得手后，离开失主，快速逃离现场，有的扒手发现侦查员跟踪，便做一个“八”字手势或摸一下上唇胡须，暗示同伙停止作案。

（2）谨慎防扒手。

➢ 人多时看紧钱包。上下车时不要在门口处停留，在拥挤的人群中一定要对放钱的地方格外注意，在车上不要打瞌睡。

➢ 包抱在胸前最安全。不要把背包放在身后，不要把手提包过低地提在手中，不要把钱包、手机等放在外衣口袋里，手机最好不要别在腰上。

➢ 上车前备好零钱。上车前准备好购票零钱，以防在车上掏钱买票时暴露放钱的地方。

➢ 在购物、就餐、看电视、看风景时，应尽量避开人多拥挤的地方，以防被偷。

➢ 对个人随身的行李物品要放在视线之内的行李架上，并随时观察，特别是到站（码头）时，上下旅客人多拥挤以及夜间行车（船）时，更要注意自己的行李。

➢ 到洗脸室、洗澡间洗浴时，不可将手表、金银珠宝等饰品摘下乱放，以防遗忘而被别人拿走。

➢ 入睡时，切不可把装有现金的外衣盖在身上，要叠好放在头下枕着，或者把现金、皮夹放在内衣口袋里。

➢ 装有贵重物品的小型手提包要随身携带，切不可乱丢乱放，以防被别人拎走。

➢ 钱分两处放。随时需要用的小额现金放在取用方便的外衣兜里，大额现金放在贴身之处。

➢ 夏天坐火车或汽车时，不要把包放在离车窗很近的位置。因为夏天车窗往往开着，当车停在站点时，窗外的人很容易顺手牵羊把包偷走。

3）逛街防偷

➢ 逛街观看商品时，注意不要将包背在身后。

➢ 试衣时，一定要将包交给同伴看管，没有同伴时，一定要随时将包抓在手中。

➢ 遇有热闹，不能光顾看热闹而疏忽了照看包。

➢ 如果在街上不小心被人撞了一下，要及时查看自己的钱物。

➢ 出外就餐时，将包放在自己能看到的地方。

4）交通安全

（1）行人要走人行道，交通信号要看清。

过马路时须走人行横道；有交通信号灯控制的人行道，应做到红灯停、绿灯行；没有交通信号灯控制的，须注意车辆，不要追逐猛跑；有人行过街天桥或地道的须走人行过街天桥或地道。

➢ 不要在道路上强行拦车、追车、爬车或抛物击车。

➢ 不要在道路上玩耍、坐卧或进行其他妨碍交通的行为。

➢ 不要钻越、跨越人行护栏或道路隔离设施。

➢ 不要进入高速公路、高架道路或者有人行隔离设施的机动车专用道。

（2）骑车上路要小心，注意安全才放心。

➢ 不要闯红灯或推行、绕行闯越红灯。

➢ 不要在人行道上骑车。

➢ 不要在市区或城镇道路上骑车带人。

➢ 不要离把、攀扶其他车辆或手中持物。

➢ 不要牵引车辆或被其他车辆牵引。

➢ 不要争道抢行，急转猛弯。

➢ 不要擅自在非机动车上安装电动机、发动机。

（3）搭车坐船乘飞机，注意事项心间记。

➢ 不准携带易燃、易爆等危险物品，维护乘车（船）次序，不争先恐后。

➢ 汽车行驶途中，不要将头、手伸出窗外，不要编织毛线。车（船）未停稳不要急于上、下车（船）。

➢ 乘坐飞机、轮船时，应了解紧急疏散通道（门），熟悉救生衣的使用方法。

➢ 乘坐飞机时，要系好安全带，飞机起降时，不要使用无线电话。

➢ 不要站在火车的车辆连接处或坐在船舷栏杆上。

➢ 乘坐小客车时，前座乘客应系好安全带。

➢ 乘坐二轮摩托车必须头戴安全头盔，不准倒坐或侧坐。

## 知识点7:预防溺水

**互动空间**

视频分享:《爸爸爸爸,看看我》

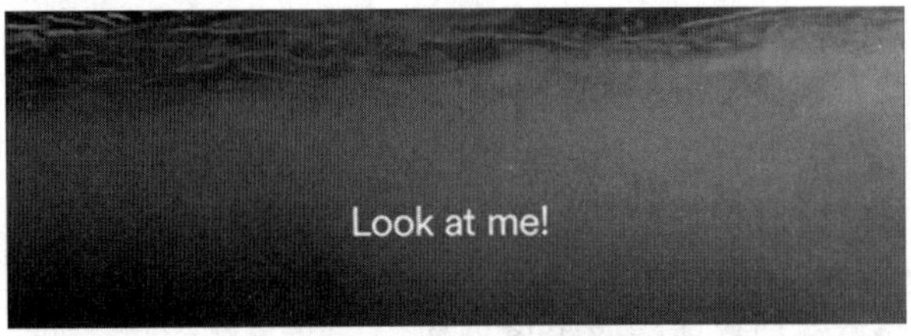


图6-3 《爸爸爸爸,看看我》

近日,广东惠州的一起儿童溺亡惨案引起了大家的注意,父亲下跪嘶吼的画面也让观者动容,我们心痛这一家的遭遇,但这样的悲剧本可以避免。爱尔兰游泳协会联合英国皇家救生协会共同发起了一次“溺水预防周”的活动,并创作了这支让人脊背发凉的宣传片。

**讲解要点**

1)预防溺水的措施,要重点做到“六不”

➢ 不私自下水游泳。

➢ 不擅自与他人结伴游泳。

➢ 不在无家长或教师带领的情况下游泳。

➢ 不到无安全设施、无救援人员的水域游泳。

➢ 不到不熟悉的水域游泳。

➢ 不熟悉水性的学生不擅自下水施救。

2)溺水时的自救方法

➢ 不要慌张,发现周围有人时立即呼救。

➢ 放松全身,让身体漂浮在水面上,将头部浮出水面,用脚踢水,防止体力丧失,等待救援。

➢ 身体下沉时,可将手掌向下压。

➢ 如果在水中突然抽筋,又无法靠岸时,立即求救。如周围无人,可深吸一口气潜入水中,伸直抽筋的那条腿,用手将脚趾向上扳,以解除抽筋。

3)发现有人溺水时的救护方法

➢ 可将救生圈、竹竿、木板等物抛给溺水者,再将其拖至岸边;若没有救护器材,可入水直接救护。接近溺水者时要转动他的髋部,使其背向自己然后拖运,拖运时通常采用侧泳或仰泳拖运法。

➢ 特别强调:未成年人发现有人溺水,不能贸然下水营救,应立即大声呼救,或利用救生器材施救,救人也要在自己能力范围之内。

4)同伴溺水后如何急救

➢ 万一同伴发生溺水的情况后,切莫贸然下水救人,应马上呼喊大人搭救。

➢ 将溺水者搭救上岸后，立刻撬开牙齿，清除口腔和鼻内的杂物，使呼吸道通畅；抢救者屈膝，将病人俯卧于大腿上，头朝下，按压腹部迫使呼吸道及胃内的水倒出，如溺水者呼吸和心跳均已停止，应头向上做胸外心脏复苏和人工呼吸，同时急速送医院抢救。

**知识点 8：远离暴力**

**互动空间**

视频分享：泰国反网络暴力广告《“感谢”分享》

> 有时候玩笑与伤害只有一线之隔。有时候一个人眼中的玩笑也可能成为扎在另一个人身上的刺，旁观者觉得无伤大雅，只不过是事情没有发生在自己身上罢了。
>
> 当你无意得到了一段熟人的“惊人”视频，怕是很难压抑想要分享的心思吧？就像所有的秘密一样，越不能说，越会有神奇的力量每时每刻调动着人散布的欲望。“我就告诉几个人，让他们不要传出去就好了。”这样想着，本就微弱的负罪感就会立马投降于爆料带来的满足感。然而，守住秘密的最好方式，不是监督着下一个得到消息的人守口如瓶，而是让秘密在你手里就被断绝去路。

**讲解要点**

“艾伦一说话我就烦！我好希望我变成聋子！”

……

有一个群体，他们藏在小小的荧光屏后面，指点江山激扬文字，语不惊人死不休。他们足不出户遍及全球，他们指尖透着杀气，杀人于无形。他们是生活中的路人甲，他们是网络江湖的键盘侠。你以为网络暴力只发生在网络上？网络中的恶意言论搬到现实生活中，所有的负面效应立竿见影。反对青少年暴力的公益组织曾经邀请几位孩子出镜，当众阅读网友在各种社交网站上对他们的攻击言论，其恶毒的措辞与愤怒的语气简直不堪入耳，有的孩子将这些丑恶的言论当成玩笑，坦然面对；而大部分孩子对那些叫嚣着让他们去死的言论伤心至极，观者可以直观清楚地看到孩子们在遭到网络匿名谩骂时的表情变化，震惊于网络暴力对孩子造成的巨大伤害。这些语言、文字对事件当事人进行人身攻击，恶意诋毁，不仅恶毒、尖酸、刻薄，甚至残忍程度已经超出了对于这些事件正常的评论范围。

80 多年前，25 岁的阮玲玉在悲愤中离开了人世，身后只留下“人言可畏”四个字。如今，随着互联网时代的到来，网络杀手或许就藏匿在你的身旁。

美国皮尤研究中心近日发布的报告显示，在美国社交媒体用户中，69% 的人表示“曾在社交媒体上看到有人用刻薄恶毒的语言攻击他人”，这一数字在青少年用户群体中高达 88%。法国教育部 2013 年的一项调查显示，有 18% 的初中生曾收到来自互联网、手机短信的侮辱性信息，这一数字在两年内增长了 5%。

无影无形的网络暴力不同于现实生活中拳脚相加的暴力行为，恶语一言可以轻易击穿人类的道德底线。语言不应该成为致命的利器，网络的诞生也不应该是为了制造困扰，而是为了让我们的生活变得更加美好。

### 知识点 9:急救知识

互动空间

视频分享:《史上最全急救知识》

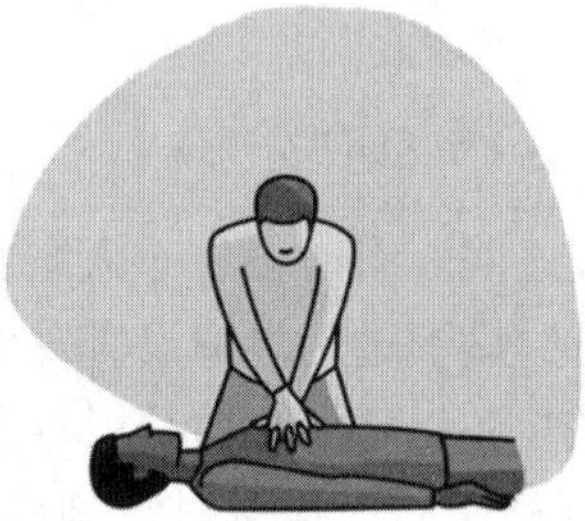

图 6-4 《史上最全急救知识》

意外伤害无时无刻不存在,掌握一定的急救知识和技能才能做到“防患于未然”,生命和健康才能得到尽可能的保护。

讲解要点

当灾害一步紧接一步,与其怨天尤人,我们更应该聚集众人的智慧,将灾害的威胁降到最小。或许你会觉得急救是医护人员的工作,但是谁都难免发生一些危急情况,甚至意外伤害。即使自己未受到病痛伤害,在工作和生活的环境中,在旅游出差的路上,有时也会遇到突发情况,需要你伸出援助之手。所以,学点急救知识实在是件重要而有意义的事情。学习常用的急救知识,掌握基本的急救技能和简单的日常护理方法,有可能在危急时刻帮助我们挽救自己和他人的生命。

任务实施

| 第一步 课前认知 | |
|---|---|
| 主要内容 | 教师评价 |
| 回答以下问题:<br>1. 火灾自救的方法你知道哪些? 你会正确使用灭火器吗? 你是否注意过建筑物内的疏散标志,明白它们的含义吗?<br><br>2. 单独出行有哪些注意事项?遭遇持械抢劫,你应该怎么办? | |

| 第一步 课前认知 | |
|---|---|
| 主要内容 | 教师评价 |
| 3. 食物中毒后该如何处理？ | |

| 第二步 课堂学习 | |
|---|---|
| 主要内容 | 教师评价 |
| 1. 回忆你是否有过被偷的惨痛经历，你应该注意在哪些方面？<br><br>2. 请列举你知道的网络诈骗伎俩都有哪些。<br><br>3. 你的身边发生过校园暴力吗？对于校园暴力你如何看待？ | |

| 第三步 课后拓展 | |
|---|---|
| 主要内容 | 教师评价 |
| 1. 思考：如何有效提高安全意识？<br><br>2. 请小组进行讨论，明确提高安全意识，日常应该从哪些方面做起？如何去做？（每个方面至少列出 3 项具体的行为） | |

## 任务总结

| | |
|---|---|
| 1. 请总结：通过课堂学习、课下自学、小组交流、同学的分享你了解了哪些具体知识？<br><br>2. 通过对提高安全意识具体行为的列举，你都养成了哪些可以保障安全的好习惯？请举例描述。 | |
| 签名： | 日期： |
| 本团队成员对你的评价： | |
| 签名： | 日期： |
| 其他团队对你的评价： | |
| 签名： | 日期： |
| 教师对你的评价： | |
| 签名： | 日期： |

## 任务习题

请同学们思考并学习整理如下内容。

1. 请各个小组制作安全教育主题分享 PPT。

2. 请各小组参照会议研讨列举出的安全习惯行为，制订执行计划并实施，21 天后总结心得。

# 项目 07　积极心态

## 学习目标

思维既是人失败和悲哀的根源，也是人持有异议的根源。——班杜拉

美国石油大王保罗·盖帝在他的自传中写过一个十分有趣的假设：如果将目前全世界所有的现金、所有的产业混合，然后平均分配给世界上的每个人，使每个人的财富都一样多，经过半小时之后，这些财富均等的人们，他们的经济状况就会开始发生显著改变——有的人已经丧失了他分得的那一份财富，有的人兴奋地把财富豪赌输光，有的人会盲目投资而所剩无几，有的人则因贪心而受到诈骗迅速破产……于是财富分配重新开始，有些人的钱会变少，有些人的钱又开始多起来，这种情形会随着时间而变得差别更大。经过三个月之后，所谓贫富悬殊的情况将会变得十分惊人。保罗·盖帝还强调说："我敢打赌，再经过一两年之后，全世界财富的分配情况，将会和没有均分之前没有两样：有钱的还是那些人，而贫困的人们依然不会有所转变。"

这再次说明了帕累托法则，即一般的格局还会保持 80% 的财富为 20% 的人所拥有。那么那富有的 20% 与余下的 80% 人之间到底差距是什么呢？大量研究表明，这两类人的智力并没有多大差别，其差距的根源在于心态与做事的态度与行为上。因此如果你能开始"积极地看待自己的未来"，也许你的未来真的就开始变得"积极"了。

通过本项目的实践，我们将达到如下目标：

● 理解自信的内涵与提升方法。
● 愿意在日常学习、生活中思考并为提高自己的自我效能感做些尝试。
● 掌握非理性信念鉴别的方法，知道 ABCDEF 方法的具体操作步骤。
● 能够使用非理性信念鉴别的方法，筛查出自己的不合理信念。
● 能够有效使用理性修正方法，使自己拥有更合理、更积极的心态。
● 培养体现自信乐观、积极心态的良好行为习惯。

课程思政

## 任务描述

本项目是通过学习自我效能感、心态调整等相关知识。使同学们掌握培养自信和改变非理性心态的方法，并充分理解行动的意义。项目以小组为单位，小组成员结合所学，围绕积极心态，一起研讨、分析，制订出具体的行为提升计划《21 天任务清单》，然后互相监督执

行，坚持训练至少 21 天，最终养成个人良好行为习惯。在项目总结环节，分享心得和收获，组织小组内相互学习，见证彼此成长。

## 任务技能

### 1. 项目相关知识结构图

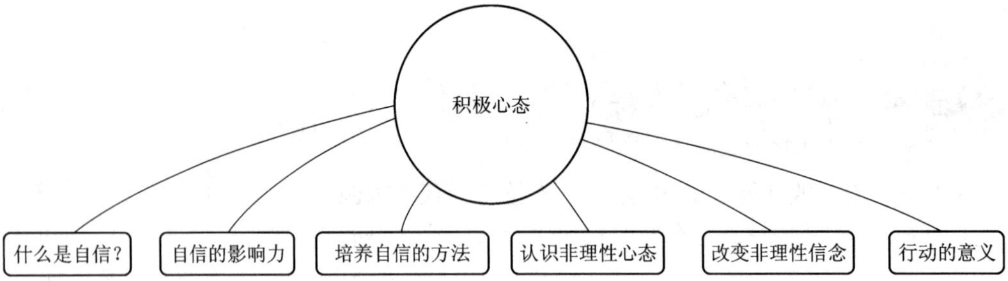


图 7-1 课堂知识结构

### 2. 相关知识点

### 知识点 1：什么是自信

**互动空间**

活动：戳土豆

工具：土豆 6 只、一般盒装牛奶用的吸管（没有弯头的那种）

1. 提问：谁能够用这根吸管把这只土豆戳穿？不能借助其他任何工具。

2. 请学生上来尝试。

3. 老师自己示范：拇指顶住吸管平整的一端（阻止空气流通），然后一手拿住土豆（避免不小心戳错位置，可以把土豆放在一个杯子上）。然后突然戳下去，就可以把土豆戳穿。

4. 请个别同学上来尝试。

5. 让那些戳穿成功的同学谈谈自己思维转变的过程以及自己受到的启发。

活动启示：

每个人做任何事情前，都会有大量的内心对话。如果这个对话的结果是消极的，那么行动的结果也可能就是消极的。每个人出生之初，都对世界充满探索与无畏。但是随着父母一而再，再而三地说“这孩子不爱说话”“这孩子腼腆”“这孩子就是懒”……慢慢我们每个人就越来越相信自己就是“那个样子”。在以后的生活、交往中，我们一再寻求“那个样子”的证据。不幸的是，这样的证据似乎并不少。于是，我们就更相信被定位的那个样子。

**讲解要点**

对在特定情景中从事某种行为并取得预期结果的能力进行推测与判断，被称之为自我效能感（self-efficacy）。也就是我们通常所说的自信程度，它一般指个体对自我有关能力的感觉。自我效能感也是指人们对自己实现特定领域行为目标所需能力的信心或信念，简单来说就是个体对自己能够取得成功的信念，即“我能行”。

一个人的自信程度决定了人们如何感受，如何思考，如何自我激励以及如何行为。自信程度决定了一个人对自己能力的判断。积极、适当的自信使人认为自己有能力胜任所承担的任务，由此将持有积极、进取的工作态度；而过低的自我效能感会让人感觉自己的能力比较差，无法胜任工作，那么他将会对工作有消极回避的想法，工作积极性将大打折扣。

**知识点 2：自信的影响力**

**互动空间**

故事分享：一个实验

一个心理学家做了一个实验。首先，他让 7 个人穿过一间黑暗的房子，在他的指引下，这 7 个人很快成功地穿了过去。然后，心理学家打开房内的一盏灯。在昏黄的灯光，这些人看清了房子的一切，都惊出一身冷汗。房子的地面是一个大水池，水池里有几条鳄鱼，水池上方搭着一座窄窄的小木桥，刚才他们就是从小木桥上走过来的。心理学家问：“现在，你们当中还有谁愿意再次穿过这间房子呢？”没有人回答。过了很久，有 3 个胆大地站了出来，其中一个小心翼翼地走了过去，速度比第一次慢了很多；另一个颤颤巍巍地踏上小木桥，走到一半时，竟趴在小木桥上爬了过去；第三个刚走几步就一下子趴下了，再也不敢向前移动半步。心理学家又打开了房内的另外九盏灯，灯光把房内照得如同白昼。这时，人们看见小木桥下方装有一张安全网，只是由于网线颜色极浅，他们根本就没有看见。“现在，谁还愿意通过这座小木桥呢？”心理学家问道。这次有 5 个人站了出来。“你们为何不愿意呢？”心理学家问剩下的两个人，“这张安全网牢固吗？”这两个人异口同声地反问。

总结：失败的原因往往不是能力低下，而是自信心不足。还没有上场，精神上首先就气馁了。坚定你的自信心，你就会成功地通过一座座险桥。

**讲解要点**

一个理性的人自然会回避超出自己能力范围的任务，而更愿意选择自己认为可以胜任的事情。自我效能感高的人会积极地尝试各种活动，通过实践使个人的能力得到不断的提升。相反，自我效能感低的人则避免挑战性的任务，最终也会丧失许多潜能开发的机会。

因此，自我效能感往往对人的行为有以下影响：

- 决定人们对活动的选择及对该活动的坚持性。
- 影响人们在困难面前的态度。

➢ 影响新行为的获得和习得行为的表现。

➢ 影响活动时的情绪。

自我效能感给你塑造了一个氛围——成功的或者失败的氛围，其实一切都是你自己“创造”的。

**知识点3：培养自信的方法**

1）开始成功

**互动空间**

案例分析：舒恩克的实验

> 舒恩克以算术成绩极差的小学高年级儿童为测试对象，对自我效能感进行了研究。他为这些差生安排了一个星期的训练，在每次训练中他先让儿童分别学习算术的自学教材，然后由榜样演示如何解题，榜样在解题时一面算一面大声地说出正确的解题过程，最后再让学生自己解题。在学生自己解题之前，他让儿童把所有的题看一遍，并判断一下他们能有多大把握来解出每一道题，以此来了解学生解题的自我效能感。结果发现，经过训练，儿童的自信心逐渐得到增强，与之相应，儿童解题的正确性和遇到难题时的坚持性也得到了提高。
>
> 总结：自我效能感受经验的影响，包括行为成败的经验、替代性经验。所有要想提升自信，提高自我效能感必须先成功，多看看别人的成功，多与成功者为伍。

**讲解要点**

嗑瓜子的时候你有没有想过，当你拿到第一颗时很容易，然后就会吃起第二颗、第三颗……停不下来。就是因为在吃瓜子的过程中，你需要做的事情、付出的努力很少，但是每嗑一颗瓜子你会马上享受到一种美味，而且还有看着一堆瓜子皮时的成就感。

其实人的行动就是在这一系列的结果强化中越来越完备、越来越丰富的。试想，如果你吃瓜子，第一颗是坏的，第二颗也是坏的，第三颗也是，你还会再吃第四颗吗？因此，为了使未来有更多成功，现在就开始做些可以成功的事情。其实最终的成功，都是由许多个小成功累积而成的。

行为的成败经验对自我效能的形成影响最大。一个人主要是通过亲身经历来获得关于自身能力的认识，因为靠自己的经历得到的关于自身的认识最可靠，所以它成为自我效能最强有力的信息源。成功的经验可以提高自我效能感，使个体对自己的能力充满信心，并有勇气尝试更有难度的挑战。

反之，多次的失败会降低对自己能力的评估，使人丧失信心。任务的难度、个人的努力程度、外界援助的多寡，也会影响自我效能的形成。如果任务难、外援少且自身努力不够，这时的成功会增强自我效能感，失败也不大可能使之降低。如果任务简单、外援多又费了大力气，即使成功也不会增强自我效能感，但若失败了，则会使自我效能感大为削弱。

从这个意义上看，“成功”更多时候是“成功”之母，而“失败”更多时候是“失败”之母。

2）与成功者为伍

### 互动空间

案例讨论

假如现在给你布置一个任务，让你带着 1 000 块钱游遍河北省，你觉得自己能实现吗？

当你看过凡尔纳的《八十天环游世界》之后，你是否增加一点信心呢？

那么，当你看到下面这个故事，你是否认为其实并不难？

有一位叫罗伯特•克里斯托弗的美国孩子，在看了《八十天环游世界》后也开始异想天开。他开始准备，长大后要成为一名摄影师，26 岁那年，他为自己 80 美元周游世界做了如下准备：

① 设法领取到一份可以上船当海员的文件；

② 去警署领取无犯罪记录的证明；

③ 取得一个青年旅游执行所的会籍；

④ 考取一本国际驾驶执照，并找来一套世界地图；

⑤ 与一家大公司签订合同，为之提供所经国家和地区的土壤样品；

⑥ 同一家航空公司签订协议，可免费搭机，但要拍摄照片为公司做宣传。

然后他揣上 80 美元，开始了自己的旅行：①在加拿大纽芬兰岛的一个小镇用早餐，他不付分文，条件是为厨师拍照；②在爱尔兰，花 4.8 美元买了 4 箱香烟，从巴黎到维也纳，费用是送船长 1 箱香烟；③从维也纳到瑞士，列车穿山越岭，只需 4 包香烟；④给伊拉克运输公司的经理和职员摄影，结果免费到达伊朗的德黑兰；⑤在曼谷，由于提供给酒店老板某一地区的资料，受到酒店贵宾式的待遇……⑩作为“飞行浪花”号轮船水手，他从日本回到了旧金山。

那么，当你看到河北台的电视节目，一个 20 岁的小伙子，从大学休学，身无分文，遍游中国，旅行学习。你觉得自己能做到吗？

那么当你看到身边同班的小伙伴实现了，你对自己又会做何感想呢？

总结：替代性经验通过观察示范行为而获得经验，对自我效能的形成有巨大影响。当一个人看到或者想象与自己水平差不多的示范者获得成功时，能够提高其自我效能判断，增强自信心，确信自己有能力完成相似的行为操作。相反，当看到或想象一个与自己能力不相上下的示范者，虽然付出了很大的努力，仍遭失败时，就会降低自我效能感，认为自己也没有成功的可能性，所付出的努力也不会太大。

### 讲解要点

相似群体的示范作用是非常大的。如果你发现同宿舍的几个人，整天不务正业，英语四级都通不过，也许你通过英语四级的可能性也会比较小。那么，如果你想改变，也许寻找一个可以模仿、具有积极示范价值的朋友圈是一个好方法。

当看到别人成功时，个人内在的动力也会被激发出来。这样就可以知道，原来许多事情只是自己给自己加上的框架与局限。

当然，这绝不是说立即与不求上进的舍友割袍断义，而应主动去给自己寻找积极的榜样。这样你也许会成为宿舍里其他同学的榜样，开始一个自我效能提升的良性循环。

3）寻求老师、专家的支持

**讲解要点**

追溯成功者的历程，在他们的道路上都有几个导师给过他们精神支柱。精神力量可带来自我效能的提升以及自我价值的实现。因此，主动去寻求导师、长者、成功者的忠告与提点，也许你会获得一个全新成长的契机。

4）保持充沛的精力，让外在形象更优秀一些

**互动空间**

活动：一个神奇的动作

上嘴唇夹住一支笔，呈笑脸状。

下嘴唇夹住一支笔，呈哭脸状。

两种状态下各做一个智商测评，发现笑脸时比正常智商高出 10 分，哭脸时比正常智商要低 10 分。

总结：情绪状态可以反过来影响自我效能状态。你可能因为充满自信心与动力，所以走起路来非常快。但是，也可能因为你走起路来非常快，从而强化自己内在的自我效能感。人是一个复杂的系统，它会为每件事找到原因，如果你外在表现出非常高的自我效能状态，那么它就会解释为自我效能高而做出的合理表现。当你每天都有一个“成功的样子”时，成功其实就会慢慢靠近你。

包括着装也一样。社会心理学家伦纳德•比克曼进行了一系列研究表明：

拒绝身着权威装束的人物提出的要求会很困难。不管他提出的哪一类要求，穿着警卫制服时，接受他要求的人要更多。

在我们的文化中，还有一种衣着打扮，尽管内涵不如制服那么一目了然，但照样能暗示出权威的地位，那就是剪裁合体的西装。它也能唤起陌生人的顺从与尊重。

**讲解要点**

班杜拉认为情绪和生理状态也影响自我效能的形成。例如，一个人在爬完 6 层楼之后感到气短心慌，那么他就会产生自己体力上的无能感。在心理上，焦虑水平高的人往往低估自己的能力，烦恼、疲劳则会使人感到难以胜任所承担的任务。当人处于过度焦虑或恐惧状态下，会产生恶性循环：心情紧张、浑身颤抖，会使恐惧加剧，无能感会不断得到加强。如果你经常感冒，也许你很难有底气说自己可以如何。所以时刻保持充沛的精力有助于增强自我效能感。有效健康管理，以一个良好的身体状态来处理事情，也是获得有效自我效能提升的一个策略。对此，你需要好好研究“健康管理”部分。

让我们以最佳的精神状态，以积极的形象迎接每一天！

5）模拟考试

## 互动空间

活动：通天塔

工具：积木 N 套（每个小组 1 套），刻度尺一把，计时秒表 1 只。

活动规则：学生分组搭建积木，以在 10 秒内不借助任何外力搭建不倒塌、最高的建筑为胜。可根据课堂情况分三轮进行：

第一轮的活动要求：各组的比赛任务是在 30 秒时间之内利用所领到的积木来搭建建筑物，最终以建筑的高度判定各队的胜负情况。一个人动手，如果输了，全队做 20 个俯卧撑或深蹲起。

第二轮的活动要求：各组的比赛任务是在 30 秒时间之内利用所领到的积木来搭建建筑物，最终以建筑的高度判定各队的胜负情况。只能一个人动手，没有惩罚。

第三轮的活动要求：各组的比赛任务是利用所领到的积木来搭建建筑物，最终以建筑的高度判定各队的胜负情况。只能一个人动手，没有惩罚。

项目控制：

在搭建练习阶段，时间控制可以宽松点。

在比赛阶段，必须严格按照时间来控制。

如果各小组的高度相差不大，必须用丁字尺进行测量。

在第三轮的比赛当中，必须清点各小组用的积木数量，确保各小组的数量不超过 50 块。

活动启示：

游戏设定的情景不同，产生的结果不一样。

练习的次数越多，越熟悉则越容易成功。

## 讲解要点

不同的环境所提供给人们的信息是大不一样的，某些情境比其他情境更难以适应与控制。当一个人进入陌生、有压力且易引起个体焦虑的情境中时，会降低自我效能水平。例如，有些人理科方面成绩非常好，那么在学习数理化时候，就会有更强的自我效能状态。但是如果让这些人做不擅长的文史哲方面的作业与事情，可能其自我效能就很难高起来。

所以我们可以使用意念想象法，在头脑中模拟各种可能性，从而使自己进入一种最佳的心理准备状态。有时人之所以对做某些事有胆怯，正是因为对环境、条件、可能性都不太熟悉。人在不熟悉的环境里，也会缺乏有效的自我控制感。这些都难以使人获得充分的信心与成功的勇气。

例如，现在让你立即面对 500 人讲演，也许你会紧张得不行，会语无伦次。但如果在讲演前，让你做充分的准备——你已经把讲演稿背诵得滚瓜烂熟，你已经在头脑中想象着讲演了无数遍，你已经对着宿舍的同学试讲过许多遍——也许你就不会那么紧张了。

其实做模拟的过程，就是给自己积累初步成功的经验。

那么，有什么事情是你一直不敢面对和实践的吗？现在有什么启发，准备做些什么？

## 知识点4:认识非理性心态

**互动空间**

活动:角色扮演“太棒了”

将学生分为两组,分别对某一场景以“太棒了!”和“真倒霉!”开头造句。

场景如下:

(1)今天你发现又要迟到了。

(2)要和朋友出门,发现自行车车胎坏了。

(3)出门游玩,钱包被偷了。

不同的场景后让两组学生互换开头语。

总结:所谓“太棒了”,其实就是说,当面对挫折和困境的时候,不要一味沉迷于失意和绝望中,而要通过不断的自我暗示来调动潜意识中的积极力量,并通过激发自身潜能来改变困境。简单来说,它是一种快速自我调节心态的办法,能让我们每一分、每一秒都保持高昂的斗志,战胜挫折不断前进。“太棒了”不是简单的口号,也不是无力的自慰,它是一种既符合科学原理又具有实践佐证的理论。大家都有这样的体验:当你强行装出快乐的样子时,用不了多久,你就会真的快乐起来;反之,如果一个人假装痛苦,那么他很可能就会真的痛苦起来。所以,境由心造,阴晴在我。当面对挫折和困境时,只有首先让自己阳光起来,用“太棒了”来强行改变心境,才能真正让情绪降服理智,向着目标不断前进。

**讲解要点**

其实每个人头脑中都有许多消极的预言,而且许多时候这种预言在事后被“实现”时,人们往往并不认为其原因是自己,而归咎为事实就该如此。有些人头脑中存着这样的预言,于是他所面临的人生可能就充满失败。那么,你头脑中这种消极预言有多少,可以用表7-1的自测来衡量。

**表7-1 消极预言自测表**

| 根据下面“情绪描述”的内容,选择自己在这些描述上的吻合度情境描述 | 完全同意 | 基本同意 | 无所谓 | 有些不同意 | 完全不同意 |
|---|---|---|---|---|---|
| (1)我觉得他人绝对不该做那些让我感到不快的事情 | | | | | |
| (2)我对将来的事情不应过分担忧,一切顺其自然 | | | | | |
| (3)只要我有愿望并付出努力,我就能在任何环境下生活得愉快 | | | | | |
| (4)我觉得现代人应勇于承担责任 | | | | | |
| (5)别人不按自己吩咐去做或不满足自己的要求,都是无法忍受的 | | | | | |
| (6)我认为生活是相当轻松自在的 | | | | | |

**续表**

| 根据下面“情绪描述”的内容，选择自己在这些描述上的吻合度情境描述 | 完全同意 | 基本同意 | 无所谓 | 有些不同意 | 完全不同意 |
|---|---|---|---|---|---|
| （7）我觉得我不能掌握自己的命运 | | | | | |
| （8）只有自己才能真正理解和面对自己的问题 | | | | | |
| （9）对于我想得到的东西，我只是力所能及地去争取，而不必为得失而焦虑 | | | | | |
| （10）只有当任何事都处于有序状态时，我才会觉得舒畅 | | | | | |
| （11）没有任何事会使我觉得无法忍受 | | | | | |
| （12）我要强烈地依赖着几个人才感到心里踏实 | | | | | |
| （13）事事成功对我来说是非常重要的 | | | | | |
| （14）我认为生活中充满了不便和挫折 | | | | | |
| （15）一旦某事曾强烈地影响了我的生活，它就会对我的生活永远起作用 | | | | | |
| （16）我父母对我提出的要求必须合理 | | | | | |
| （17）我觉得接受批评而不感到受伤害是很困难的 | | | | | |
| （18）面对新的挑战，对我来说是件快乐的事 | | | | | |
| （19）在做重要决定时，我应完全听权威的 | | | | | |
| （20）我不介意在别人比我强的活动中与人竞争 | | | | | |
| （21）失败的惨淡人生不如去自杀 | | | | | |
| （22）我觉得去新地方或见陌生人是一件不愉快的事 | | | | | |
| （23）生活中即使发生了一些非常糟糕的事情，例如，受到纪律处分、考试不及格、社交场合上的尴尬或亲人得重病，都是可以忍受的 | | | | | |
| （24）要改变一个人的情绪是不可能的 | | | | | |
| （25）我的朋友和家人必须待我更好些 | | | | | |
| （26）对我来说，在做重要决定时犯错误是十分可怕的 | | | | | |
| （27）我应去冒险并尝试新鲜事物 | | | | | |
| （28）一次重大失败意味着我在将来会持续失败 | | | | | |
| （29）对我来说，表现拙劣是十分可怕的 | | | | | |
| （30）与众不同不是一件好事 | | | | | |
| （31）孤独是很可怕的 | | | | | |
| （32）我的将来如果没有确实保障，那就太可怕了 | | | | | |
| 总分 | | | | | |

续表

| 根据下面“情绪描述”的内容，选择自己在这些描述上的吻合度情境描述 | 完全同意 | 基本同意 | 无所谓 | 有些不同意 | 完全不同意 |
|---|---|---|---|---|---|
| 计分方法：完全同意（4 分）、基本同意（3 分）、无所谓（2 分）、有些不同意（1 分）、完全不同意（0 分），其中 2、4、6、7、11、17、18、20、23、27、30 反向计分，即完全同意（0 分）、基本同意（1 分）、无所谓（2 分）、有些不同意（3 分）、完全不同意（4 分）。<br>得分越高，说明你越需要调整、改变你的心态。 | | | | | |

其实，只要你认定的事物表述的时候带着“应该”“受不了”“必须”“一定”“这完了”等极端化的或者灾难性的词汇，一般都可能是一种非理性的信念状态。那么，你可以思考一下，最近你是否有情绪困扰，或不愿面对的事情，分析这事情背后的逻辑，也许你就可以发现自己头脑中的非理性信念。然后，你可以用下面的 ABCDEF 情绪管理理论去思考。

**知识点 5：改变非理性信念**

**互动空间**

小组讨论：我的一天

你的典型一天：把自己典型一天从起床开始的事件，用流水账的方法记录下来。

______

______

______

思考：目前这样一个“顺畅的”生活循环，是否带来了你想要的东西？

______

首先，你都想得到什么东西？

______

你的生活循环有利于你的期望达成吗？

______

接下来，需要做出什么样的改变？

______

今天你需要做些什么，就开始这个转变的过程？

______

______

## 讲解要点

任何信念无论错与对，都是针对一些事与物而来的，因为信念改变需要找到这些事与物。即你在做什么、与什么人互动、以什么样的方式做事、遇到什么样的结局的时候……你可能表现出的信念反应。

1）A：Activating event（生活事件）

现在你需要罗列自己内在的想法，发现其中的自我暗示。假如你和一个朋友约定上午10 点见面，但 10 点时他没有出现。这时你会怎么想？也许路上堵车，他会晚一点。然后 11 点了，还是没有任何音信，你可能在想：也许他忘记了。当你想到这里时，也许你已经开始生气了，你认为这是朋友对你的不尊重。但你还是想再给朋友些机会，于是你继续等，毕竟现在独自去吃饭还有点早。然后 12 点了，朋友还是没有来。

2）BC：Belief（观念、信念体系）、Consequence（后续反应）

人不是被外在的事与物激怒的，而是被其所引发的内在自我情绪反应激怒的。那么，约定的 10 点见面，你已经等到 12 点了，而且已经饥肠辘辘，这时，你会怎么想这件事？是什么原因使他爽约呢？

能否对你这样的信念给一个类别呢？

______________________________

也许这时你已经比较愤怒了，在这种愤怒的情绪作用下，你可能习惯于消极地思考这件事。也许你会想：这家伙一点都不讲信用，然后你又想到了他以前多次爽约不讲信用的事例，然后你越想越感觉自己傻傻在这里白等 2 个多小时非常无聊……你也许想着是否得报复一下，或者干脆以后别和他来往了，为什么现在的人都这么不讲信用呢？怎样才能找到真正的朋友啊……

这就是在情绪控制下一种灾难性的思考历程。屈原就这样发现“举世皆浊我独清”，于是只好它世觅知音了。在此不论人格与道德，但至少这样的结局不是积极的。那么，你现在会准备做些什么呢？至少准备找那个朋友算账了吧，否则这一整天一肚子气，甚至以后的一周时间都会闷闷不乐吧。

那么，到底是什么使你产生灾难性的思考，做出使自己不开心的“决定”并付诸实施呢？你 定会说是因为那个朋友。

那么，基于等朋友这个事件的思考，你准备下一步做什么呢？

______________________________

现在暂停一下，思考这样一个问题：不知你有没有过“期望学校停电，就可以放假”“期望发生个小地震就可以放假休息几天”“怀念非典时期只关注健康，而完全没有学习压力的时光”，然而你可能不会说出“我希望学校停电”“我期望发生地震或非典”，其实这就是理智与情感的冲突问题。跟着感觉走，其实就是跟着情感走，但这完全是一种趋利避害、以享乐为原则的行事风格。

也许你饿的时候立即想到了肯德基，但是理智让你知道那东西并不健康。那么，你最终会做什么选择呢？也许去饱餐一顿，但之后你可能会比较懊悔。如果你能够用理性逼自己去吃一顿营养丰富的中餐，也许吃饱之后你会有一种战胜自己的成就感以及获得营养的充足感。

这就是理智与情感的博弈过程。每个人都在自己的舒适区里优哉游哉——习惯了的行为、态度、价值观系统，这些东西就像 CPU 的指令集，指挥着你一天的所思所行。当你用这些指令集工作时，你的效率最高。然而，效果却可能并不是最好的。

改变的过程就是先要发现自己的“舒适区”、自己的“CPU 指令集”都有什么。然后思考目前的这种生活效率是否带来了期望的效果——是否提高了成绩、得到了奖学金、是否交到朋友、是否积累未来的求职资本……接下来就要分析是否可以走出舒适区，是否可以改变指令集，以及怎么走出、怎么改变。最后就是转化为行动一步步做起来。

3）D：Disputing intervention（驳斥处理）

那么，是什么使你决定不再理这个朋友呢？你可能会回答：是因为他爽约。是的，这是诱因，但根本原因是什么呢？是因为你认为他不尊重你，你感觉尊严受到了挑战，必须要给对方一些颜色看看。是你的朋友“让”你如此愤怒、如此郁郁寡欢吗？那么他是怎么告诉你的？如果他真的就告诉你：“这周一定不要快乐，而是愤怒”，你会不快乐而愤怒吗？

是的，不是你的朋友，也不是你朋友的爽约，而是你自己的想法使你愤怒和不快乐。也可以说，是你朋友的爽约行为按下了你大脑中的某个按钮，然后你自己开始了一连串的信念加工，并最终决定要“不快乐”。

虽然别人的行为你是永远无法改变或预测的，但你可以改变、调整自己的信念。也许朋友真的是忘记了约会时间，但这是他的行为，你无法控制与预测，但你可以控制自己如何思考这个问题。

那么 D 阶段，就是用其他的理由来驳斥自己灾难性的思考逻辑。当然这个驳斥的过程也应该是有依据、合理性的。就这个朋友爽约的事，也许你可以问自己：他没有按时到会不会有其他原因呢？也许他就是忘了，也许他临时有急事也不便通知你……当你这样想的时候，会有什么结果呢？

这个驳斥的过程可以使用角色扮演——对着镜子看着自己，把你的朋友大骂一通，然后看看还有什么其他的处理方法；认知讲演——向自己熟悉的朋友表达自己的想法，或者把自己的想法都写到日记里去。

再看看埃利斯所列出的 11 条非理性信念的改变驳斥（见表 7-2）。

**表 7-2　11 条非理性信念的改变驳斥**

| 非理性信念 | 驳　斥 |
|---|---|
| 每个人都要绝对地获得周围环境尤其是生活中每一位重要人物的喜爱和赞许 | 无论别人怎样看待自己，自己都是有价值的 |
| 一个人必须能力十足，在各方面至少在某方面有才能、有成就，这样才是有价值的 | 尽力去做事，失败是努力的失败，价值不会受损，过程有时候更重要 |
| 有些人是坏的、卑劣的、邪恶的，他们应该受到严厉的谴责与惩罚 | 做了错事的人并不代表他完全是个坏人 |
| 事不如意是糟糕可怕的灾难 | 事情很少会像我们希望的那样发生，若能改变，竭力改变；若不能，就接受现实 |

**续表**

| 非理性信念 | 驳　斥 |
|---|---|
| 人的不快乐是外在因素引起的，人不能控制自己的痛苦与困惑 | 情绪是由人的知觉、评价、态度产生的，是可以改变和控制的 |
| 对可能（或不一定）发生的危险与可怕的事情，应该牢牢记在心头，随时顾虑到它会发生 | 不管面临的事情是好的还是不好的，都要正视它，勇于承担责任 |
| 对于困难与责任，逃避比面对要容易得多 | 要设法避免可能发生的事情，若不能避免就努力减轻后果 |
| 一个人应该依赖他人，而且依赖一个比自己更强的人 | 我们要独立生活，但并不拒绝他人的帮助 |
| 一个人过去的经历是影响他目前行为的决定因素，而且这种影响是永远不可改变的 | 过去的经历对现在的影响是有限的，我们可以通过努力改变现状 |
| 一个人应该关心别人的困难与情绪困扰，并为此感到不安与难过 | 我们的能力是有限的，只要尽力帮助他们就行了 |
| 碰到的每个问题都应该有一个正确而完美的解决办法，如果找不到这种完美的解决办法，那是莫大的不幸，真是糟糕透顶 | 我们努力寻找解决问题的方法，但不要苛求完善的方法 |

总之，通过对自己非理性信念的合理处理，最终要达到自我关怀、自我指导、自我接受、宽容、接受不确定性、变通性、参与和敢于尝试。简而言之就是减少自己的不良情绪体验，并带着尽可能少的焦虑、抑郁和敌意去生活和行事，进而慢慢使自己建立起一个较现实、理性、宽容的人生哲学。

4）E：Effect（效果）

那么当你用新的证据驳斥了自己灾难性的思考过程之后，你也许就少了许多怒气。你可能更会获得一些创造性的解决方案。愤怒之下你见到朋友，有可能见面第一句话就是“你死哪去了，看看表”。然后你的朋友会说“你管我死哪儿去了”，再然后就不欢而散。反过来，如果你经过驳斥，使自己免于愤怒，真的见到了朋友，你可能会开玩笑式地说：“你把我害惨了”“我已经饿得胃痛了，现在需要补偿”……也许友谊又往前走了一步。

发明情绪 ABC 理论的埃利斯是一位非常腼腆的人，他也很想结交一些魅力女性，但总缺少行动。因为他在向人搭讪之前总会想“如果别人拒绝我会怎么样？”“那一定很尴尬”“那肯定丢死人了”“那样我不如死了算了”“还是别自找麻烦”，于是他久久不得前进。

后来他实践自己的 ABC 理论，他开始驳斥自己的灾难性思维“被拒绝丢人吗？不，也许另外一些人还没有勇气过来呢！”“说不定别人不拒绝呢？”“而且我还算有风度哩”。于是，埃利斯给自己拟定了一个计划：在著名的纽约动物园找 100 个陌生女孩子，和她们搭讪，争取能要到她们的电话。埃利斯给这次行动定下了目标：成功与否无所谓，允许自己失败 100 回，但一定要做够 100 次。

结果在接下来的几天里，埃利斯果真和 100 个女孩子搭讪了，虽然只有两个女孩子给了他电话，并且后来证实是假号，但埃利斯坚持下来了，切实体会到“失败就是这个样子”。恐惧感没有了，多年以来的对象恐惧症状随之消失。

5）F：new Feeling（新的感觉）

当你经历了ABCDE，最终得到了朋友请的一顿大餐，你有什么新感觉。如果你说感觉是：这下完了，我以后得欠他人情，找机会回请他——也许你需要回到A再来思考一遍。

那么大家想想埃利斯经历了与100个陌生女性搭讪之后，他会有什么新的感觉？一定是一种解脱、自由的感觉——终于可以从自己多年的思维束缚里走出来了。

有千千万万的人和你一样，都会停留在AB的阶段，然后放弃这种可能性。

现在清楚美国石油大王保罗•盖帝猜想的依据了吧！人与人的区别更多时候就是心态的不同而已。现在回答这个问题：你的幸福掌握在谁的手里？在此“幸福”可以换成“卓越”“创新”“快乐”“成功”。那么你的答案是什么呢？

**知识点5：行动的意义**

**互动空间**

活动：舞动能量

> 我们都知道，运动对于健康来讲很重要。你甚至了解做什么动作，按哪个穴位能有效地锻炼身体的哪个部位。但是这有用吗？不如这样更直接，接下来是活动时间……
>
> （1）播放激情音乐。
>
> （2）要求闭上眼睛跟着音乐舞动起来。
>
> （3）请同学们谈谈感觉如何？

**讲解要点**

我们对任何知识都是一样的，不能仅仅是知道，成功的秘诀对于多数人只是“坐而言”之后，可以“起而行”。

根据自我效能提升的方法，现在你对自己大学时光里填充一些什么内涵，是否有一些新的思考呢？

你准备做哪些事情以提升自己的自信心呢？

成功人士三句话：倾听自己的心声，跟随自己的梦想，超越自己的局限。

无论是自我效能还是调整心态，最终的体现是用“成功”的结果来展示的，因此需要用一系列积极的行动来实现。同时，要产生持续的价值，需要有一个合理的方向与目标。俗话说：天底下最低效的事情就是用最快的速度去做不正确的事情。合理的目标是信心与勇气施展的起点，所谓“天道酬勤”与“有志者事竟成”是有条件的。否则，你朝着错误的方向努力越多，离目标其实越远。就像一名导演所言，“爬了一辈子，结果发现自己的梯子搭错了墙！”

因此，自我提升的过程，要随时反思自己正努力征服的目标是什么，这个目标达成后是否有可能增加自己的人生价值与幸福感。只有带着这种自知、积极心态去努力才会最终成为一件有价值的事情。

## 拓展学习

### 知识点 1:心态的修炼法则

1)情绪替代

心理学的情绪替代原理指出,在同一时间内,人的意念只有一个,即人的表意识一次只能作出一种情绪决定:要么积极,要么消极,两者不可同时并存。消极的那一刻绝不积极,积极的那一刻绝不消极,但人永远都有选择或替代情绪的权力。

快乐是一天,不快乐也是一天,为什么不用积极的心态去过好每一天呢?用积极的心思替代消极的心思,用积极的心态替代消极的心态,用积极的情绪替代消极的情绪。当自己一出现不好的心情,马上用积极的想法占领心思,并让它强烈起来。

2)憧憬导向

勾画一幅目标实现时的景象,映在脑海里,建立具体化的心理景象,目的是植入潜意识,而有利于潜能发挥,从而加快实现目标。

心理景象越具体化和重复的次数越多,自己的目标越清晰,战胜困难的信心就越强,对自己的激励作用也就越大。任何一件事,只要持续在脑海里映象,你就可能达到和拥有所期待的模式。

3)建立标杆

确定你崇拜和羡慕的人,以其作为自己努力的标杆。

分析他让你崇拜和羡慕的主要原因,找出他成功的主要因素。想象自己就是他,具有他那样的成功素质,像他那样为人处事和奋斗。

榜样的力量是无穷的!

4)树立自信心

自信才能自立,相信自己,别人才会相信你。树立自信的最好方法是不断地挑战自己。

克服自卑与忧虑:正确评价自己与他人,分析最坏情况时的解决方法,养成制定备用方案的习惯。

5)培养爱心

爱是一种追求,爱是一种使命,爱是一种方向,爱是最神奇的力量。没有爱,忧愁伴随暗恨生。请用博爱的精神培养自己的热情和爱心,相信这的确是一个美好的世界,那么它就真的会变成一个极其美好的世界。

爱毕竟是我们这个世界里最值得去撒播的种子。因为你有爱,就会有智慧和财富相伴。

6)自我宣誓

订立实现目标的誓词,向自己庄严地宣誓。每天早晚对着镜子大声宣誓,将誓言写下贴在自己随时都方便看到的地方;与别人分享誓言,讲给亲朋好友听,和他们讨论你要做的事情。 誓言是自己对自己的承诺和暗示,它会在日积月累中不知不觉改变你的心态和行为,开发你的潜能。

## 阅读资料

1）故事：乖大象

在泰国，大象是很有效的运输工具，每只大象都力大无穷，载运几吨的原木或拖拉很重的货物，对象而言，实在是易如反掌。可是往往可以发现有趣的现象：大象休息时，主人通常用一根麻绳绑住大象脚，而绳子的另一端则系在一截小木桩上。以大象的蛮力可以轻而易举地扯断绳子或拔起木桩，但奇怪的是，大象一旦套上脚环，就会乖乖地绕着木桩，在绳子所能及的范围内活动，从来就不曾逃脱，这到底是什么原因呢？原来象小的时候力气小，皮也薄，用力拉扯之后，往往弄得皮破血流，痛苦不堪；几次后，小象眼看劳而无功又伤痕累累，于是就再也不会为了挣脱脚环而自讨苦吃。所以，尽管长大后，力气变大，皮也厚了，可是一旦套上脚环想起昔日的血淋淋教训，就自然断了挣脱的念头而柔顺地任凭主人摆布。

如果不能挣脱“思想上、经验上”自我设定的框架，即使拥有无限的潜力，恐怕也将无济于事，甚至任人操纵摆布。

2）故事：成功于自信

一位歌手第一次登台演出，内心十分紧张。想到自己马上就要上场，面对上千名观众，她的手心都在冒汗；“要是在舞台上一紧张，忘了歌词怎么办？”越想，她心跳得越快，甚至产生了打退堂鼓的念头。就在这时，一位前辈笑着走过来，随手将一个纸卷塞到她的手里，轻声说道：“这里面

写着你要唱的歌词，如果你在台上忘了词，就打开来看。”她握着这张纸条，像握着一根救命的稻草，匆匆上了台。也许有那个纸卷握在手心，她的心里踏实了许多。她在台上发挥得相当好，完全没有失常。她高兴地走下舞台，向那位前辈致谢。前辈却笑着说：“是你自己战胜了自己，找回了

自信。其实，我给你的，是一张白纸，上面根本没有写什么歌词！”她展开手心里的纸卷，果然上面什么也没写。她感到惊讶，自己凭着握住一张白纸，竟顺利地度过了难关，获得了演出的成功。

“你握住的这张白纸，并不是一张白纸，而是你的自信啊！”前辈说。歌手拜谢了前辈。在以后的人生路上，她就是凭着握住自信，战胜了一个又一个困难，取得了一次又一次成功。

3）故事：培养积极的心态

森林里，住着三只蜥蜴。其中一只看了看自己的身体和周围的环境大不相同，便对另外两只蜥蜴说：“我们住在这里实在太不安全了，要想办法改变环境才可以。”说完，这只蜥蜴便开始大兴土木起来。另一只蜥蜴看了说：“这样太麻烦了，环境有时不是我们能改变的，不如我们另外找一个地方生活。”说完，它便走了。第三只蜥蜴，也看了看四周，问道：“为什么一定要让环境来适应我们，为什么不改变自己来适应环境呢？”说完，它便借着阳光和阴影，慢慢改变自己的肤色，不一会儿，它就渐渐在树干上隐没了。

任何一个人走进职场，都将面临激烈的竞争，每个人都有不同的环境适应方法，有的主动改变环境，有的逃离环境，也有的主动改变自己去适应环境。那些以自己为中心，不肯改变自己的人只能被市场淘汰。

## 任务实施

| 第一步 课前认知 | |
| --- | --- |
| 主要内容 | 教师评价 |
| 回答以下问题：<br>1. 你了解自己吗？你知道自己都有哪些能力吗？<br><br>2. 你有没有过这样一种感觉：别人对你的评价和你认为的自己有很大的不同？你眼中的自己和别人眼中的你有什么不一样吗？<br><br>3. 谈谈你对非理性信念的认识吧！ | |

| 第二步 课堂学习 | |
| --- | --- |
| 主要内容 | 教师评价 |
| 1. 什么是自我效能？它的主要影响有哪些？<br><br>2. 你认为该如何提升自信？<br><br>3. 请列出你一天当中的非理性信念都有哪些。 | |

| 第三步 课后拓展 | |
|---|---|
| 主要内容 | 教师评价 |
| 1. 请结合你提升自信的具体行动计划，制订出 21 天的任务清单，写在下面。<br><br>2. 结合整理的个人非理性信念，使用 ABCDEF 的步骤，一一分析六步骤过程中你的思考，以及最后通过行动改变获得的新结果。 | |

## 任务总结

| | |
|---|---|
| 1. 请总结：通过课堂学习、课下自学、小组交流、同学的分享，你了解了哪些具体知识？<br><br>2. 通过本项目的实施你有哪些感想、收获和成长？ | |
| 签名： | 日期： |
| 本团队成员对你的评价： | |
| 签名： | 日期： |
| 其他团队对你的评价： | |
| 签名： | 日期： |
| 教师对你的评价： | |
| 签名： | 日期： |

## 任务习题

学有余力的同学思考并学习整理如下内容。

1. 阅读书籍《秘密》。
2. 整理读书心得并在小组内分享。
3. 梳理展现你积极心态的行为有哪些？思考如何有效固化它们？

# 项目 08　树立良好个人形象

## 学习目标

人的形象很重要，一个人的形象直接形成了别人对你的印象，直接影响到别人对你的口碑。良好的形象不是天生的，也不是轻而易举就可以获得的，它是在与人的交往中持之以恒、日积月累形成的。人们对你的某种第一印象，通常难以改变。而且，人们还会寻找更多的理由去支持这种印象。有的时候，尽管你表现的特征并不符合原先留给别人的印象，人们在很长的时间里仍然要坚持对你的最初评价。我们要特别注意给别人的第一印象，要争取在第一次亮相的时候，就显出最有光彩的自己。形象是事业成功的一个重要的助推器，成功的外表形象为你事业的成功起着推波助澜的作用。创立一个可信任的、有竞争力、积极向上、有时代感的形象，可以使你在群体中快速获取公众的信任，从而脱颖而出。

良好的个人形象是打开我们大学生活的敲门砖、是走进职场的第一步阶梯，更是我们作为社会一分子所必备的重要元素，因此对于现阶段的我们来讲，如何树立良好的个人形象就显得至关重要。

通过本项目的实践，我们将达到如下目标：

●意识到形象管理的重要性。

●懂得如何对形象进行规划与管理。

●能明确提升个人形象的具体行为。

●愿意立即行动，从当下做起，树立良好个人形象。

课程思政

## 任务描述

本项目是通过个人形象管理相关知识学习，对自己的形象进行规划和管理。项目小组通过研讨，结合形象管理目标制定全组成员须遵守的《文明公约》，通过日常监督与执行，逐渐树立良好个人形象，同时，观察、收集本小组成员日常表现，收集对本组成员行为的多维度评价。比如：领导、辅导员、班主任、任课教师、班委对我们的印象，各组间的互评，组内互评和自我评价等。分别就表现好的方面和需要提升的方面做总结，进一步明确提升目标和具体行为。最后整理视频、图文资料等，制作 PPT 并展示。

要求：每组展示时间 10 分钟。

## 任务技能

### 1. 项目相关知识结构图

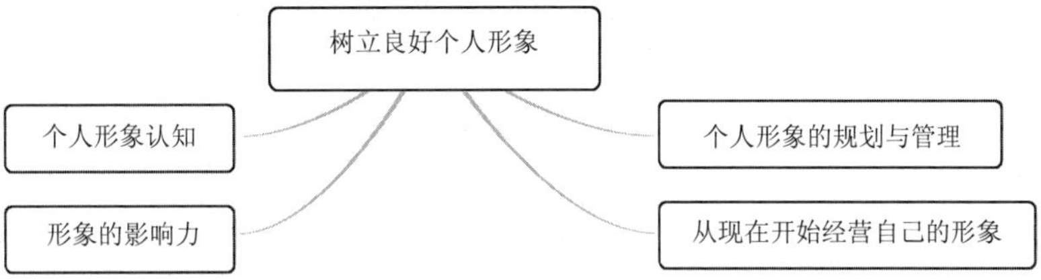


图 8-1 课堂知识结构

### 2. 相关知识点

### 知识点 1:个人形象认知

#### 互动空间

视频:社会实验《以貌取人》

视频以实验的形式提出了一个在现代社会人们经常要面对的问题:仅凭跟一个陌生人数秒的眼神交流,你得到的认识与实际情况有多大出入?但同时我们又不得不承认,一个人的形象将决定别人对你的第一印象,决定别人对你的看法。

#### 讲解要点

个人形象也就是一个人的外表或容貌,也是一个人内在品质的外部表现,它是反映一个人内在修养的窗口。是一个人过去、现在、未来的总和,过去是你的宝藏,现在是你的语言,而未来就是你的梦想,形象可以让我们在同一时空里表达属于自己的宝藏、语言和梦想。个人形象的内容包括很多,如言行举止、待人接物、风度气质等,其中有一项也很重要,就是穿衣打扮。个人形象既是个人发展的需求,也是社会发展对于个人的要求。个人形象很重要,你的形象正在告诉人们关于你的一切。

(1)个人形象反映着个人的素养。

(2)个人形象能够客观地反应个人真实的生活状态。

(3)个人形象能体现出人在交流过程中个人的意愿。

(4)个人形象和工作有着直接的联系。

个人形象的感知其实体现出个人的社会认知感,形象不仅是体现在衣食住行等方面,而且体现在社会活动以及社会交流过程中的自我认同以及认知自我过程,那么这种个人形象自然是和心理活动有着密切的联系。

良好的个人形象应该是每个人的追求,它的价值是不能用金钱来衡量的。

说到个人形象，大家在脑海中浮现的往往是一个人的外表，很容易把另外一个方面忽略，也就是内在素质。外表容貌和内在素养是形成一个人总体形象的不可分割的两个部分。外表容易改变，内在却需长期提升。为什么良好的形象如此重要？举个生活中的例子来说，初次见面，如果你的外表令人赏心悦目，那就成功地赢得了对方的初步好感。接下来，就是内在素养发挥作用的时候了，良好的外表再加上优秀的魅力素养，你当然会赢得别人的赞许。

外表就是我们用眼睛直接可以观察到的发型、妆容、服饰、装饰、气质、表情、姿态等，前四者是可以在短时间内改变的，后三者则是内在素质的一种外露。了解自己的肤色、脸型、身材，掌握了服饰、装饰的颜色、款式搭配技巧，不同场合，不同的造型，掩盖缺点，突显优点，再配上超凡的气质、优美的姿态和微笑，场合变了，焦点不变——依然是你。

内在素质即通过先天遗传和后天努力而获得的各种素质，包括身体素质、心理素质、能力素质、品德素质等。先天遗传固然重要，但后天的培养和锻炼却发挥着更大的作用，内在素质的形成是一个长期学习、实践的过程。健康的体魄、精湛的技能、渊博的知识和出众的口才等是能力素质的体现；认真、自信、真诚、正直等代表了一个人的品德素质。内在素质不是短期内就能改变的，应该从生活中的一点一滴做起，不断学习，不断提升。

内外兼备的美才是真正的美，如果想具备真正的美，就需要我们做到内外兼修。

**知识点 2:形象的影响力**

**互动空间**

两个有意思的定律

（1）首因效应。

它是第一印象所产生的影响和效果。由于它是最初的不全面的认识，因而是有偏差的。

了解并掌握首因效应的作用，其实际意义是：作为被认识的对象，要注意给别人留下良好的印象，这对日后的交往显然有利；作为认识的主体，要尽量避免第一印象产生的不良影响，要把第一印象与日后的观察结合起来，客观、公正地认识一个人，给人一个正确的评价。

首因效应在人际交往中会助你一臂之力，也会绊你一跤，有些人正因为良好的首因效应而交了很多朋友，有些人也正因为不良的首因效应而“屡战屡败”。所以对首因效应在交往中的作用是不可忽视的，当然还有一个“路遥知马力，日久见人心”的问题。

（2）晕轮效应。

晕轮效应是指在观察某人时，由于对他的某种品质或特征印象极深，像月晕一样掩盖了对这个人其他品质和特征的察觉。有人把它比作“情人眼里出西施”，这种“肯定一切”或“否定一切”的实质是“以偏概全”。这种认识的偏差往往是在掌握认识对象信息很少的情况下做出总体判断的结果。由于我们不可能对每个人各方面的情况都做全面的了解，但又常常必须对他做出评价，因此晕轮效应是日常生活中常见的社会心理现象。

了解和分析晕轮效应，有助于防止认识上的偏见，全面地对待人或事。

晕轮效应都是在第一印象的基础上产生的。因此我们一边告诫自己不要被别人的晕轮效应所影响，同时还要尽可能地利用晕轮效应，增加自己的人际吸引力，充分利用自己的优势制造晕轮效应。

## 讲解要点

关于形象，我们最耳熟能详的莫过于杨澜说的：没有人愿意通过你邋遢的外表去了解你高尚的灵魂。

一个人给人的整体印象，外在形象比重占了 55%，语调占 38%，交谈内容只占了 7%。形象成为我们人际交往中最重要的部分，时刻在展示你，好的形象绝对能够为你的人际关系加分，更反映了你的层次。得体地塑造个人形象，会给初次见面的友人以良好的第一印象，包括发型、着装、表情、言谈举止、待人接物、女士的化妆及饰品等。装扮要看场合，不只是着色和款式，也要注意服装要合身。在正式场合，一个人的言谈举止可以体现一个人内在品质。

个人形象也是沟通工具。俗话说“人靠衣服马靠鞍”，商业心理学的研究告诉我们，人与人之间的沟通所产生的影响力和信任度，是来自语言、语调和形象三个方面。它们的重要性所占比例是：语言占 7%，语调占 38%，视觉（即形象）占 55%，由此可见形象的重要性。而服装作为形象塑造中的第一外表，而成为众人关注的焦点。你的形象就是你自己的未来，在当今激烈竞争的社会中，一个人的形象远比人们想象的更为重要。一个人的形象应该为自己增辉，当你的形象成为有效的沟通工具时，那么塑造和维护个人形象就成了一种投资，长期持续下去会带来丰厚的回报，让美的价值积累。没有什么比一个人许多内在的东西都没有机会展示，就被拒之门外的损失更大了。

个人形象也不是个人性的，它承担着别人对一个组织的印象。服饰礼仪、职业礼仪渐渐成为企业的必修课，个人形象在很大程度上影响着组织的发展。作为一个企业，个人形象在很大程度上影响着企业的成功或失败。只有当一个人真正意识到了个人形象与修养的重要性，才能体会到个人形象带来的机遇有多大。国际交往中最需要表现给上司、同事、商务伙伴以及客户以专业稳重的个人印象是至关重要的，因此在出门上班前，正确地选择服装、发式，注意自身的言谈举止，对你的工作绝对有加分的效果。国外也有一句俗语，“你就是你所穿的！（You are what you wear！）”这也是一个社会现实。在远古时代服装最基本的功能是御寒，遮羞已经是文明的标志了，在现代社会，它的最大功能是自我展示和表现成就的工具。这也是为什么很多成功人士不惜花费大量的时间和金钱选择那些能让他们展现出最好风姿和成就的服装。服装在无声地帮你交流、沟通，传递你的信息，告诉人们你的社会地位、个性、职业、收入、教养、品位、发展前途等等。

外在形象与事业成功密切相关。精神面貌能够感染别人，每天拿出十分钟时间，装扮一下自己，你的人生也会更加精彩。

**知识点 3：个人形象的规划和管理**

## 互动空间

小组讨论：你了解自己的形象吗？

●你给自己的形象打多少分？
●装扮自己的技巧，学会多少？
●在他人眼中你是否有好形象？
●你是否是你期待的样子？
●你想成为一个什么样的人？
●你是否想做一个受欢迎的人？
●你希望别人心目中的你是什么样子？
●你希望别人如何看待你？
●你觉得自己应该如何表现？
●你觉得自己做出哪些具体行为会给别人留下良好印象？

## 讲解要点

美学形象设计师黑玛亚说："胸怀广阔是形象管理入门的第一堂课，形象管理有助于开拓一个人的视野，培养一个人的胸怀。"对形象的感悟和管理更能提升个人修养，把丰富的内心传递出来，让人赏心悦目，如沐春风。

形象管理的本质在于修养。

懂得形象管理的人一定是一个纯真的、善于发现美的人。人如果缺乏对生命的感恩，就一定会把自己弄得很糟糕，完全接受自己的人，才会从内心生出感恩之心；一个不能发现他人美丽的人，也无法发现自己的美，一个嫉妒或者模仿他人之美的人，也无法成就自己的美。所以，形象管理是一个自我完善和接受的过程，更是一个发现美和超越美的过程。

黑玛亚从小受母亲的熏陶，学会用赞美的眼光去欣赏身边的人和事，在她眼里，每一个人都是独一无二的作品，都有属于自己独特的气质和形象。也正是因为这份自信和胸襟让她在中国形象设计领域生根、开花和结果。懂形象管理的人一定有自我欣赏和欣赏他人的胸襟。我们总觉得法国女人很漂亮，可是法国女人美在哪里？又是谁说法国女人漂亮的？是的，没有别人，就是法国男人说的，是他们对自己的女人说的。可是，中国男人不轻易赞美他们的女人，中国女人也对自己不够自信，担心自己不够性感，害怕自己老去。其实，如果一个民族的女人天天被赞美，这个民族才是真正骄傲的民族。接纳和被接纳的能力越强，生活阶层就会越来越高。形象不仅仅体现了一个人的生活状态，更深刻反映了一个人的生活态度。

形象管理的精髓在于得体。

丽莎每次出差都要带两个大箱子，即使只是短途出差，她也毫不例外。她会在箱子里准备不少于四个场合的服装，有运动休闲的、商务谈判的，还有晚礼服、休闲的社交服装等。有一次去总部开会，大 Boss 来了一个突击，要开完会去爬山，当时所有人都懵了，大家都穿着套装和皮鞋，女士更是叫苦连天，因为都穿着高跟鞋。只有丽莎带来运动套装，她换完衣服后就随大队爬山。那一次，所有人都受罚了，只有丽莎一个人受到大 Boss 的嘉奖。她总是比别人更容易获得晋升的机会，因为她总可以在不同的场合大方得体地展示自己，这是一份细心和职业素养。成功总是更容易青睐那些有素养的人，得体的形象是一个人高素养的综合表现。而得体的人，一定是穿对场合，他们也时刻准备切换不同的场景和身份。试想，如果你周末陪孩子，突然有一个大客户约你谈订单，你穿得随意休闲，会让客户放心把大订单交给你吗？很多时候，形象也在塑造你的尊严，特别是一个人的职业尊严。

形象管理的灵魂在于调整。

当我们进入不同阶段的生活时，很多人都是矛盾的，通常表现为放不下过去，扛不起未来，没有活在当下，不能感知当下的力量。当我们因为角色的转变而变得不自信，或者无法驾驭自己的状态时，形象改变会给你带来新的转机，令你重现光彩。

接受当下的自己，通过形象管理让自己变得更加真实和丰富。所以，真正的形象管理是我们对时间的一种耐心，是我们对生活的修养，是我们内心的一种折射，更像一个个阶梯，带我们到达不同的阶层，让我们看得更高，活得更精彩。那么如何做好形象管理呢？

1）适合的才是最好的

管理自己的形象第一步，是了解自己的风格和色彩，还有身形，最重要的就是风格，按照科学的测量方法你本来的风格是什么，你在当下，想呈现出什么样子的你，你有找到自己喜欢的适合的舒适的状态吗，或者你有憧憬过自己是什么样子吗？

当我们有了期待和目标，接下来就可以开始行动啦！

2）培养你的气质

只有留给人们良好的第一印象，你才能开始第二步；这是一个两分钟的世界，你只有一分钟展示给人们你是谁，另一分钟让他们喜欢你。

如果你对自己现在不满，那么立刻去改变自己原有的思维，去接受已经达成你目标的人的忠告，向有结果的人请教。

3）穿对衣服

有了对自己风格、色彩、身形的了解之后，选择适合自己的服装、配饰、鞋子等，这是你的“铠甲”。如果自己不会，那就找会的人帮你。服装最大的功能是增加你的自信而不是看起来漂亮。

4）礼仪

品味食品、守时、化妆等。

**知识点 4：从现在开始经营自己的形象**

**互动空间**

小组讨论：树立良好形象该如何做？

> 请讨论：
>
> 1. 下述 9 个方面有哪些具体行为可以显示我们具备这些优秀品质呢？
>
> （1）主动沟通 ______________________________
>
> （2）言行有度 ______________________________
>
> （3）惯用谦辞 ______________________________

（4）自然大方 ______________________________

（5）谦恭礼让 ______________________________

（6）守时自律 ______________________________

（7）整洁卫生 ______________________________

（8）责任担当 ______________________________

（9）聚集正能量 ______________________________

2. 你想要如何做？请各小组列一个行动目标和计划吧！

______________________________

______________________________

3. 请研讨并总结本小组应共同执行的《文明公约》

______________________________

______________________________

## 讲解要点

知识是学来的，但是能力一定是练出来的。好的形象与行为习惯更是需要长期的行为固化，比如主动沟通、言行有度、惯用谦辞等这些只是关键词，而如何让这个关键词成为标志我们每个人形象的标签，则需要从我们日常的形象抓起，从我们日常的每一项行为来把控。因此要想用一个词成为我们优秀品质的描述，则必须要列出这个词背后的非常具体的行为，把这些具体行为制作做成文明公约，记在脑海里，也可以贴在床头、设置到电脑桌面上，时时提醒我们，在日常生活中每天按照文明公约去执行，去做个人行为自检。让我们在每天的行动中、不知不觉地经营好自己的形象。

## 拓展学习

**知识点：学生日常行为礼仪**

作为中国十三亿人中的一员，我们应该继承和发扬优秀的文明礼仪。礼仪不是我们步入社会才需要遵守的，而是从我们有意识的时候，就要建立良好的礼仪习惯，我们要时刻用礼仪规范约束自己的言谈举止。“孔融让梨”的故事表现出中国从古至今都是一个注重礼仪的国家。

作为一名学生，我们要从现在规范自己的言谈举止，要知道你一个不经意的行为、一句漫不经心的话有可能会改变你的一生。因此，要从小培养良好的礼仪习惯，只有这样才能在以后激烈的竞争环境中占有一席生存之地，所以，我们从现在就要知道作为一名学生应该掌握的礼仪。通过以下的内容，看看我们还有哪些行为没有达到要求，尽快改正自己的不足，相信会给我们的学习、生活以及未来的工作带来巨大的好处。

1）穿戴礼仪

➢ 衣着整洁、协调大方；不穿奇装异服；不穿不符合学生身份的时装；在校时间统一穿校服。上衣穿戴整齐，不得披衣散扣；裤子长度适中，不超过踝关节；在公共场合男生不得打赤膊，女生不得穿低胸露脐、无袖透明服装。

➢ 在校园应穿皮鞋、运动鞋、布鞋等平底鞋：不得穿拖鞋、高跟鞋、厚底时装鞋、冰鞋等不适合在校园穿着的鞋子。

➢ 不佩戴项链、耳环（针）、戒指、手链、手镯等饰物。

➢ 不戴墨镜、装饰帽子。戴御寒或遮阳帽时，不得把帽舌戴歪；上课、参加集会时一律脱帽。

➢ 男生不留长发（头发不遮住耳朵和眼睛）和胡子，头发应理成学生式平头或西式头；女生不留披肩发，头发应剪成短发或扎辫子；男女同学都不得烫发、染发。

➢ 不化妆、不涂脂抹粉；不画眉、不文眉、不文身；不留长指甲，不涂指甲油。

➢ 衣着俭朴，不相互攀比。提倡不开高档车，不穿名牌服装和名牌鞋，不戴名牌手表。

2）语言礼仪

➢ 讲普通话，使用“请、您好、谢谢、对不起、再见”等礼貌用语；不说粗言秽语，不叫别人绰号，称呼同学时不在名字后面添加不文明字眼。

➢ 与教师、长辈、熟人或来宾相遇时，主动问好（如：老师好，早上好，您好等），不故意回避。

➢ 称呼他人时，使用尊称；对长辈不得直呼姓名，更不能以不礼貌言词代称，使用称呼应与对方年龄相吻合。

➢ 向别人问话时，应和气大方，吐字清楚，意思明白；回答别人问题时．应语言谦逊、耐心有礼。

➢ 与人交谈时，应态度诚恳，语调温和，双目注视对方，聚精会神倾听，并做出必要的表情或语言呼应，不要轻易打断别人的谈话或强行转换话题。

➢ 在公共场所不大声交谈、高声喧哗或故意起哄。

➢ 当妨碍别人时，要主动道歉；当得到别人帮助时，要表示谢意；当麻烦别人时，要说“请”。

➢ 不讥笑讽刺他人，不议论他人隐私，不在别人背后说长道短，不嘲笑残疾人的生理缺陷。

3）尊师礼仪

➢ 学生对教师应虚心诚实，言行有礼，热爱和尊敬自己的教师，自觉维护教师的威信。

➢ 遇见教师应主动行礼问好，不得有意回避；进出校门或上下楼梯应主动给教师让行。教师进入学生宿舍时，学员应主动站起问好，让座；教师离开时，起身相送。

➢ 当面称呼教师应使用“老师”或“× 老师”，背后称呼教师应使用“× 老师”或“××× 老师”。尊重教师的人格和个人习惯，不直呼教师姓名或小名，不给教师起绰号或其他带侮辱性的称号，不在教师背后搞小动作或指指点点，不对教师的相貌和衣着评头论足。

➢ 进入教师办公室应敲门或喊报告，得到教师允许后方可进入；办完事后，应主动与教师告别并表示感谢，然后有礼貌地离开办公室。不要在教师办公室长时间逗留和随意翻动办公室物品。休息时间最好不要打扰教师。

➢ 向教师请教时，应主动请教师坐下，若教师表示不坐，学员应该和教师一起站着谈话。无论是站着还是坐着，都应姿势端止，双目注视教师，认真听教师说话。和教师说话语调要平缓，语气要诚恳，音量要适中。如果对教师说的话感到不理解或有不同看法时，应采用商量的口气，诚恳地向教师请教或将情况说清楚，直到弄明白为止。

➢ 尊重教师的劳动。在课堂上严格遵守课堂礼仪，认真上好每一堂课。作业书写工整，不乱涂乱画，以免给教师批改增添麻烦。教师批改后的作业或试卷，学员应认真阅读，虚心接受教师的指导，不要涂改，更不能撕毁。

➢ 虚心接受教师的教育和批评。受到委屈时，应心平气和地向教师解释清楚，切忌抢着申辩、狡辩或顶撞教师。遇到教师了解情况应如实反映，坦诚发表自己的看法，切忌包庇隐瞒事实真相或夸大其词。

➢ 发现教师的缺点或处理问题不当时，应以恰当的方式，主动和教师交流，真诚、推心置腹地给教师提出来，以获得教师的理解和接受。在课堂上对教师讲述的内容有异议时，尽可能课后单独找教师交换意见，共同探讨，不要在课堂上纠缠不放，影响教师正常上课。

➢ 重要节假日，如果有条件的话，应采用短信、电话、QQ、微信或贺卡等形式向教师表示祝贺或慰问，感谢教师的教育之恩。

4）课堂礼仪

➢ 预备铃响后，学员应尽快并有序地进入教室，迅速做好课前准备，端坐静候教师到来。

➢ 教师走上讲台，全体学员应立即起立，成“立正”姿势，面向前方，齐喊“老师好！”待教师回礼后再坐下。起坐动作要轻，尽量不让桌椅发出碰撞的声音。

➢ 上课迟到，应在教室门外喊“报告”，待教师允许后再进入教室。走向座位时，脚步要轻，不要影响他人和课堂秩序。

➢ 上课坐姿端正，给人的感觉要舒适大方，双脚平放，胸前离桌沿一拳距离，两手自然平放在桌面上，不要伏在课桌上，歪坐在椅子上，仰靠在后排课桌上或将脚提起搭放在凳面上。

➢ 教师讲课时要认真听讲，不要交头接耳，不随意打断教师的教学思路。上课时间不喝水，不吃零食，不做与上课内容无关的事。

➢ 课堂回答教师提问时，站姿、表情庄重大方，声音洪亮，吐字清楚，不要故意做出滑稽的引人发笑的举止。如果回答不出教师的问题，应起立以抱歉的语调向教师说明。在其他同学回答教师提问时，不要随意插话或哄笑。

➢ 课堂需要提问时，应举起右手，等教师点到，再自然站立提问。课堂上遇到一时不能解决的问题，不要纠缠不放，待课后再与同学或教师进行交流探讨。

➢ 对教师在课堂上的提醒或批评，不要当场顶撞，如有意见，待课后再与教师交流。

➢ 按时、认真、独立完成作业，认真体会教师在作业上的批改和评语。不抄袭他人作业，不干扰他人做作业。

➢ 下课铃响后，待教师说“下课”，班长喊“起立”，学员起立行注目礼或齐喊“老师再见！”，待教师离开讲台走出教室后，再自由行动。

5）请自行整理并学习集合礼仪、观赛礼仪、就餐礼仪、宿舍礼仪等

## 阅读资料

1）故事1：你的形象价值百万

你的形象，就是你的名片，一个成功的形象，展现给别人的是自信和能力，你如何对待你的形象，你的形象就会如何反馈给你。

关于形象，相信很多人听说过著名主持人杨澜的故事。当年留学英国时，她由于穿着随

意，被面试官拒之门外，回到家又被房东各种嫌弃。心情极度抑郁的杨澜，直接在睡衣外面裹了一件厚外套，愤怒地冲进了一家咖啡店。被侍者引到空位后，她发现对面坐着一个衣着端庄的老太太，正举止优雅地喝着咖啡。老太太起身时悄悄给她塞了一张小纸条：洗手间在你的右转弯。杨澜瞬间羞红了脸，暗自反思："这样的打扮，有多不尊重自己，以致于让别人觉得我也不尊重她们。"是啊，别人没有义务，透过你邋遢的外表，去发现你优秀的内在；透过你毫不讲究的外在着装，去发现你腹有诗书的才华。

中国人自古崇尚内秀，认为内在美远比外表美重要。我们过往所受的教育，灌输给我们的道理也都是：成绩远比形象重要。就像杨澜年轻时，她一直被教导，能力才是最重要的。25 年来，她也一直以非常漂亮的成绩和能力一路所向披靡，可生活却给她重重的打击。你的形象，就是你的名片。它不仅影响别人对你的认知，更决定了你的收入、你的未来。

如果你是一个新人，在公司还不能充分了解你的真实能力和心灵美之前，判断你有没有能力，最直接的依据就是你的形象。

2）故事 2：美丽的秘诀

在学校里，有一个长得很丑的女孩，同学们常常讥笑她。每当别人讥笑时，她都气得要命，有时甚至气得哭起来。有一天，当她又因为别人的取笑在那里痛哭时，有一位慈祥的老工友经过，问明她难过的原因后，老工友告诉她变得漂亮的秘诀：

➢ 脸上常常挂着笑容，碰到同学就亲切地打招呼。

➢ 绝不自怨自艾，不再去管自己的长相如何。

➢ 乐于帮助人，用一颗善良的心去帮助别人。

老工友告诉她只要切实遵守这些秘诀，三个月后她一定会变成全校最美丽的姑娘。于是这个女孩听了老工友的话，全心全力地去实践这些秘诀。没有多久，她果然成为全校同学最喜欢、最有人缘、最乐于相处的人了。

一个人外表的美只是赏心悦目，而心灵的美才会像雨露一样浸润自己和他人的心田。内心的美所带来的魅力和穿透力，是外在美所难以超越的。

## 任务实施

| 第一步 课前认知 | |
|---|---|
| 主要内容 | 教师评价 |
| 回答以下问题：<br>1. 请谈谈你对形象管理的认识吧。如果可以任意给自己加若干定语或形容词的话，请思考你想成为什么样的人呢？ | |

**续表**

| 第一步 课前认知 | |
|---|---|
| 主要内容 | 教师评价 |
| 2. 当你看到一个人的时候，你会看到什么？你会从哪些方面评价一个人？<br><br><br>3. 你认为可以通过什么途径、工具或者他人帮助自己提升个人形象？ | |

| 第二步 课堂学习 | |
|---|---|
| 主要内容 | 教师评价 |
| 请各小组研讨，制订出大家应共同遵守并每天参照执行的《文明公约》写在下面。（可参考以下模板）<br>**学生文明公约**<br>用公德规范言行，用文明点亮你我。人生的光彩来自我们行动的风采！<br>（1）遇到师长主动打招呼、问好；<br>（2）接听电话先讲：您好，我是 ×××；<br>（3）不能随地吐痰，不乱扔杂物；<br>（4）保持个人形象干净、整洁；<br>（5）在公共场所，保持文明行为举止（如：不喧哗、不吸烟、礼让先行等）；<br>（6）如厕结束后，冲刷便池；<br>（7）见到未关闭的水管，自觉关闭，遇到停水现象，确定水管是否关闭；<br>（8）每天打扫宿舍卫生，整理个人内务，按时熄灯；<br>（9）上课不迟到、不早退，有事及时请假；<br>（10）不穿拖鞋、吊带、背心等进入教学区域；<br>（11）不携带食物进入教室、机房；<br>（12）在上课时间内不玩游戏、看电影、聊天等；<br>（13）当教室或机房人员较少时，关闭不使用的电灯和电扇，最后离开教室或机房的同学关闭电灯、空调、电扇，并切断电源；<br>（14）离开电脑 30 分钟以上，关闭主机与显示器；<br>（15）下课离开时，带走抽屉与桌面的纸屑与杂物；<br>（16）不因私事使用办公室公共资源，如打印机、饮水机、电话等；<br>（17）进办公室敲门喊报告，经允许后方可进入。 | |

| 第三步 课后拓展 | |
|---|---|
| 主要内容 | 教师评价 |
| 1. 思考：认真审视自己，结合日常行为规范列出自己在哪些方面需要提升。<br><br>2. 请在下方列出你在个人形象方面可行的提升计划，并思考如何做好计划执行过程记录。<br><br>3. 请评价本组《文明公约》执行情况并具体说明个人对照执行情况。 | |

## 任务总结

| | |
|---|---|
| 1. 请总结：通过课堂学习、课下自学、小组交流、同学的分享，你了解了哪些具体知识？<br><br>2. 请总结：通过本阶段《文明公约》的对照执行，通过个人形象提升计划的实施，你觉得自己哪些方面发生了变化？请举例具体描述。 | |
| 签名： | 日期： |
| 本团队成员对你的评价： | |
| 签名： | 日期： |
| 其他团队对你的评价： | |
| 签名： | 日期： |
| 教师对你的评价： | |
| 签名： | 日期： |

## 任务习题

学有余力的同学思考并学习整理如下内容。

1. 阅读书籍《超凡魅力》。

2. 整理读书心得并在小组内分享。

3. 请找自己身边的互动对象沟通，了解他们对你的评价，确认他人眼中的你，是不是你想要树立的形象。

# 项目 09　时间管理

## 学习目标

你热爱生命吗？那么别浪费时间，因为时间是组成生命的材料。

——富兰克林

时间是世间最公平的财富，无论贫富贵贱都可以平等地享用它；但它又是世上最稀缺的资源，一去不返，不可再生；它的效用性告诉你，你可以选择浪费时间，也可以选择让时间创造更大的价值。

你知道自己的时间都跑哪儿去了吗？你是不是总要到截止日期前一天才开始担心任务完不成？你是不是不好意思拒绝别人的求助，并且容易受到他人的干扰？你发信息时是不是字斟句酌，短短几行也要耗上半小时?……是什么偷走了你的时间？只有揪出"时间大盗"，才能把被偷走的时间找回来。

随着逐步深入的学习，你将发现，时间管理的真谛其实就是"自我掌控""自我管理"。没有目标的人终将碌碌无为。只有在目标的引领下，我们才知道每一天、每一分钟该如何利用。否则，我们总是忙忙碌碌，却不知道为谁而忙、为什么而忙。所以最重要的是找到你的人生目标，然后"以终为始"，让你的每一分钟都过得更有动力。

通过本项目的实践，我们将达到如下目标：

●认识到时间管理的重要性。

●认识到树立目标的重要性，有动机去探索自己的目标，并为实现目标做出努力。

●面对自己的时间管理的现状，掌握对现状进行分析的方法，并愿意做出改变。

●掌握目标管理技巧，树立学习目标。

●认识到在处理事情的时候"要事第一"的重要性。

●了解常见的"时间大盗"并掌握制服它的方法，提升每天的时间使用效率。

●愿意并能对每天的日程进行有效的安排。

## 任务描述

时间就是生命，时间就是速度，时间就是力量。世界上最快而又最慢，最长而又最短，最平凡而又最珍贵，最容易被人忽视而又令人后悔的就是时间。 你的时间用在什么地方，得到的就是什么东西。有人把时间用工作上，有人把时间用在娱乐上，有人把时间用在爱情上,有人把时间用在学习上。不同的人利用时间的方式是不一样的。所以我们一个人要想获得成功,得到自己想要的东西,首先就要问自己今天所做的是否是你所需要的？如果不是,那么你很难得到你想要的。因为你的时间没有花在你想做的事情上,你怎么能实现自己的目标呢？每个人支配生活的一个共同之处就是每人每天都有且只有24小时。那么我们生命中这有限的资源该如何支配？除了课表上的安排,你的时间里还有没有其他精彩的计划？课余时间或者学一门感兴趣的技术,或者学一种乐器,或者读一本优美的小说等。希望大家通过本项目对时间管理的思考与学习,完成自我的又一次完美蜕变。接下来的时间,请同学们认真准备吧！

## 任务技能

### 1. 项目相关知识结构图

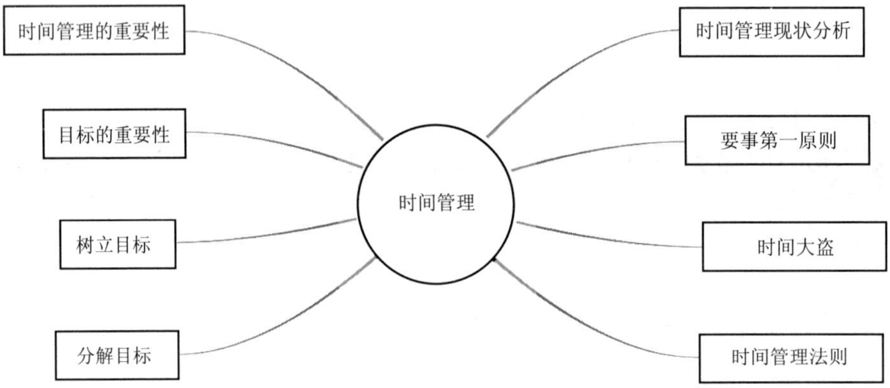


图9-1 课堂知识结构

### 2. 相关知识点

### 知识点1:时间管理的重要性

**互动空间**

活动:剪裁人生

> 假如现在你个人的生命处于0~100岁之间,接下来我们来玩一个游戏。
>
> 请准备一张长条纸用笔将它划成10份(中间部分刚好一份代表生命中的10年,分别写上10、20等,最左边的空余部分写上“生”字,最右边的空余部分写上“死”字)。
>
> 下面我给大家出几个问题,请大家按我提的要求去做:
>
> 第一个问题:请问你现在几岁？(把相应的部分从前面撕掉)
>
> 过去的生命是再也回不来了！请彻底撕干净！

第二个问题：请问你估计能活到几岁？（如果估计活不到 100 岁的话就从后面把那部分撕掉）

第三个问题：请问你几岁退休？（请把相应的退休以后的部分从后面撕下来，不用撕碎，放在桌子上）

就剩这么长了，这是你可以用来工作的时间。

第四个问题：请问一天 24 小时你会如何分配？

一般人通常是睡觉 8 小时（有人还不止）占了 1/3。吃饭、休息、聊天、看电视、游玩等又占了 1/3。其实真正可以工作学习的时间约 8 小时，只剩 1/3。

所以请将剩下来的折成三等份。并把 2/3 撕下来，并放在桌子上。

第五个问题：比比看。

请用左手拿起剩下的 1/3，用右手把退休那一段和刚才撕下的 2/3 加在一起，并请思考一下您要如何用 1/3 的时间工作赚钱，提供自己另外 2/3 的吃喝玩乐及退休后的生活。

第六个问题：想一想。

你要赚多少钱、存多少钱才能养活自己，这还不包括给父母、子女、配偶的。

第七个问题：请问你现在有何感想？

第八个问题：请问你会如何看待你的未来？

## 讲解要点

通过本活动，我们认识到了时间的珍贵性和时间管理的重要性。但更重要的是其效用性，尤其存储的重要性。

1）公平性

时间真可谓典型的民主！在时间王国里，既没有财富的贵族，也没有才智的贵族。即使天才，也没有一天多他一小时。而且还没有惩罚，你可以尽情挥霍你的宝贵的时间，它不会因你的阻止而不到来。

——阿诺德•贝内特

人生来有很多方面是不平等的，如财富、地位、健康、外貌等。这些不平等使有些人处于优势，而有些人处于劣势。但在时间上，大家都是平等的。每个人每天都是 24 小时，不会多一分或少一秒。每个人都可以充分利用时间去实现自己的梦想，但如果不去用它，就什么都实现不了。

2）珍贵性

“有这样一家人人光顾的机构：一年 365 天营业；每天营运 24 小时，绝不偷懒；每日均向所有人发放 86 400 单位信用额度；没有透支；没有预支；没有结转余额；每人每天都有一个新户头。”

这个谜语的谜底相信大家很快能猜出来，就是时间银行。

现代时间管理的先驱里恩•阿尔贝蒂曾兴奋地总结道：“知道怎样不浪费时间的人能做任何事情，知道如何利用时间的人将会是他想要的一切东西的主人。”

本杰明•富兰克林把时间比作金钱，并告诫世人：“你热爱生命吗？请不要浪费时间，因为它是生命的一部分。”

在“时间就是金钱”这个比喻的启发下，产生了一个更为形象的比喻：

昨天是过期的支票；明天是期票；今天是钞票，用吧！

时间的珍贵性主要体现在其有限性，即每个人的生命总会有一个尽头，并且不可重来。“逝者如斯夫，不舍昼夜”，生命的车轮总是在不停地驶向终点，在路程中我们需要做些什么，这是我们需要考虑的。

**3. 效用性**

时间的效用就是人们在单位时间内创造的价值，这种效用值的大小和人的能力及从事的活动有关。如果用金钱来衡量，这就造成贫富之间的差异。当然时间的效用还可以体现在其他方面，对于医生来说是治愈患者的数量和成功率，对于教师来说是教给学生的知识和技能，对于学生来说是知识的获得和个人修养的提升。

时间被使用的方式有 3 种：消费、存储、浪费。

消费指的是用于一些娱乐活动，如吃饭、睡觉、逛街、看电视、聊天；而存储指的是用于使将来时间增值的活动，如思考、学习、记忆、计划等；还有一种是浪费，就是既没有创造愉悦感，又不能创造价值，如无谓的等待、做不需要做的事、无聊的旅途。

使时间增值有两层意思，一是使你获得更多自由时间，如原来你完成一个任务需要一天的时间，通过学习掌握新的方法只需要半天，那你就多出半天的时间可以使用。二是使每单位的时间能提供更多回报，如原来讲一次课报酬是 500 元，通过不断的学习和积累，成为高级培训师以后，讲一次课报酬可能会是 1 000 元。时间增值能使你有更多自由时间，得到更多的回报，享受更加丰富的生活。

对于当代的大学生，时间尤其珍贵，需要对时间的流向予以足够的重视。只有管理好自己的时间，才能把控自己的人生。

**知识点 2：目标的重要性**

**互动空间**

活动：“生命的葬礼”，准备音乐《风的气息》或其他抒情音乐

有一天，你去参加你的一位至亲好友的葬礼，灵车缓缓地开着，你和前来送行的亲友们默默地跟在后面，这时候你听到了一同前行的亲友们对他最后的悼词：

他是一位好丈夫，在我的生命中，他给了我无穷无尽的欢乐和幸福，我永远记得他。

他是一个好兄长，我永远忘不了从小和他一起成长时那些欢乐的日子，一起爬树、一起掏鸟窝，等我成人以后，在我的事业上，给了我无穷无尽的帮助。

他是一个好老板，我今天的成就，全仰仗于他。

他是一个好父亲，但是，在我年少的时候，我竟那么的无知，我意识不到他对我的价值，他是我生命中最重要的人，但他永远地离开了。

他是一个好的朋友，和他在一起喝茶、聊天的日子，我永远无法忘怀。

可叹，人生就这样，一睁眼一天，一闭眼一辈子，听到周边的人对这位至亲好友的送行的话语，你忍不住地想走上前去，要最后的看他一面，送去你最后的哀思。

总结：

每个人的人生剧本都会包括：你拥有什么、你成为什么、你贡献什么、你留下什么。

每个人的目标都会包括：生活的，工作的，等等，在这里要再一次提到生涯平衡的概念。在每一条通向目标的路上都需要努力和进取。

## 讲解要点

北极熊觅食的时候，毫不浪费时间，因为它们知道自己的第一选择是海豹，第二选择才是鱼，而其他的选择，都不在它们的眼里。

——蔡志忠

没有大目标的人，无论在生活中，还是在事业上，都容易随波逐流。世界上最贫穷的人并不是身无分文的人，而是没有大目标的人。想别人之不敢想，做别人之不敢做，只有胸怀天下，目标远大才会有巨大的成功。每个人来到世上，就是希望快乐地生活，实现自己的理想。如果你追求的是大目标，你就不会满足于现状，你就会奋斗不息、追求不止。

法国有一个故事叫"布里丹之驴"，是说一头又饥又饿的驴子走到两堆稻草之间时，竟然为不知道先吃哪一堆草而大伤脑筋，最后饿死在两个草堆之间。

目标的功能就是让你在面临各种选择的时候有一个清晰的原则，让你的行动富有效率。大学生在求职的时候，目标尤其需要明确。例如，参加一个大型招聘会，一个目标不清晰的学生进入以后只会走马观灯地遛一圈，也不大可能被用人单位看上；而目标明确的学生可以直奔主题，到目标单位投出简历，并在空闲的时间（如中午吃盒饭的时间）和用人单位进行沟通，证明自己的能力，这样求职成功的概率会增加很多。在求职的活动中，锁定目标比"海投"成功的概率会高很多。

生活和工作的其他方面也需要具有目标。如果没有目标，就像开车没有目的地一样，不管你开多快，还是什么地方也去不了。目标对人生有巨大的导向性作用。成功在一开始仅仅是一个选择，你选择什么样的目标，就会有什么样的成就，就会有什么样的人生。编者在国内大学上职业规划课的时候对学生做过调查，有清晰且长远的目标的人不到 5%，看来及早有目标意识，并树立清晰且长远的目标对于当今的年轻人来说已经非常迫切。

目标在时间管理里非常重要，如果没有目标，也就无所谓时间管理。本部分通过小故事、名人语录、求职中目标的作用以及大学的调查，来说明目标的重要性，希望能唤起同学们对目标的重视。

**知识点 3：树立目标**

## 互动空间

活动：探索人生目标

（1）拿出几张纸、一支铅笔或钢笔、一只带有秒针的手表或时钟，为自己设定 15 分钟时间。在纸的最上端写下第一个问题：我的人生目标到底是什么？尽量写满一张纸。

（2）拿出第二张纸，回答第二个问题：如何度过今后三年？尽量写满一张纸。

（3）拿出第三张纸，回答第三个问题：只活 6 个月怎样度过？尽量写满一张纸。

### 讲解要点

（1）在不同阶段会有不同的目标。

（2）保持生涯平衡，我们会对目标进行分解或取舍。

（3）做完这个练习以后，你将会在纸上得到很多目标，对这些目标进行归类、排序，找出那些对你非常重要的目标。

**知识点 4：分解目标**

### 互动空间

故事分享：

1952 年 7 月 4 日清晨，加利福尼亚海岸笼罩在浓雾中。在海岸以西 21 英里的卡塔林纳岛上，一个 34 岁的女人涉水下到太平洋中，开始向加州海岸游过去。要是成功了，她就是第一个游过这个海峡的女性，这名妇女叫费罗伦丝·查德威克。在此之前她是从英法两边海岸游过英吉利海峡的第一个女性。

那天早晨，海水冻得她身体发麻，雾很大，她连护送她的船都几乎看不到。时间一个小时一个小时过去，千千万万的人在电视上看着。有几次，鲨鱼靠近了她，被人开枪吓跑，她仍然在游。在以往这类渡海游泳中她遇到的最大问题不是疲劳，而是刺骨的水温。

15 个小时之后她又累又冻得发麻，她知道自己不能再游了。她的母亲和教练在另一条船上，他们都告诉她海岸很近了，叫她不要放弃。但她朝加州海岸望去，除了浓雾什么也看不到。几十分钟之后——从她出发算起 15 个小时 55 分钟之后，人们把她拉上船。又过了几个钟头，她渐渐觉得暖和多了，这时却开始感到失败的打击，她不假思索地对记者说："说实在的，我不是为自己找借口，如果当时我看见陆地也许我能坚持下来。"人们拉她上船的地点，离加州海岸只有半英里！后来她说，令他半途而废的不是疲劳，也不是寒冷，而是因为她在浓雾中看不到目标。查德威克小姐一生中就只有这一次没有坚持到底。2 个月之后她成功地游过同一个海峡。她不但是第一位游过卡塔林纳海峡的女性，而且比男子的纪录还快了大约两个钟头。

启发：一个有效的目标一定是能看到的，这样才有激励性。所以一个大的目标，也一定需要分解成能看到、感觉能把握的小目标。这个故事可以说是山田本一的取胜之道的另一种说明和验证。

### 讲解要点

有效的目标必须符合 SMART 原则。

- S（Specific）：具体的，明确的。不能含糊不清的。
- M（Measurable）：可以量化的，能度量的。
- A（Achievable & challenging）：可达到但必须有一定挑战性。
- R（Rewarding）：目标应有一定意义，相关及有价值的。

➢ T（Time-bounded）：有明确时间限制的。

1）S（SPECIFIC）：具体的

有研究者曾经做过一个试验，他把参加者随机分成两组，让他们去跳高。两组人的身高差不多，开始时，他们一起跳过了 1 米。然后，他对第一组说："你们要跳过 1.2 米。"他对第二组说："你们要跳得更高。"经过练习后，两组人分别去跳，由于第一组有具体的目标，因此第一组中的每个人都跳过了 1.2 米；而第二组的人因为没有具体目标，所以他们中大多数人只跳过了 1 米，少数人跳过了 1.2 米。这就是有无具体目标的差别所在。

2）M（MEASURABLE）：可衡量的

目标应该是可以衡量的，也就是说你的目标对于将来是否达到有明确的判断。例如，"具有丰富的英语词汇量"，这就是一个不可衡量的目标；但如果把目标定成"六级词汇书中不认识的单词不超过 10 个"，这就是可以衡量的。

3）A（ACHIEVEABLE & CHALLENGING）：可达到、有挑战性

达成目标的程度对个人的激励性是一个倒 U 形曲线。过低的难度和过高的难度都不具有激励性。

4）R（REWARDING）：有意义，有价值

目标应该是有意义的，而这个意义是主观的。例如，一个初入职场的人的目标是让自己的父母过上幸福的生活。他对幸福的定义就是在城市中买一个大房子，把父母接过来一起生活。父母得知他的想法，很是感动，但接着告诉他，其实他们并不喜欢大城市的生活，还是喜欢生活在农村，因为那里有很多亲戚朋友，生活也自由，只要他能经常回去看看他们，他们就会感到幸福了。

5）T（TIME-BOUNDED）：有明确时间限制的

明日复明日，明日何其多。我生待明日，万事成蹉跎。

——文嘉

如果一个目标的定义中，没有时间的限制，一般很容易被无限期地拖延下去，最后只是一个梦想。任何一个目标的设定都应该有时间的限制。

**知识点 5：时间管理现状分析**

**互动空间**

活动：时间记录与分析

_____年__月__日星期__

| | 项目 | 地点 | 效率自评 | 计划 | 中断说明 |
|---|---|---|---|---|---|
| 6：00 | | | | | |
| 6：30 | | | | | |
| 7：00 | | | | | |
| 7：30 | | | | | |
| …… | | | | | |
| 22：00 | | | | | |

**图 9-2　每日时间记录表**

填表说明如下。

项目：这段时间所做事情的说明。

地点：进行活动的地点。

效率自评：对完成效率的自我评价，可以用 ABC 标记，如果效率有较大波动，则标出来，如 A-B（由高效率变为中等效率），或者 A-C-B（由高效率变为低效率，再变为中等效率）。

计划：用百分数表示计划的完成比例，100% 表示完成这段时间应做的事情，50% 表示只完成了一半，N/A 表示这件事是计划以外的事情。

中断说明：注明中途中断的次数、原因和持续时间。

如果能坚持一周，我们就会有一个宝贵的时间记录表，对此我们可以进行细致的分析。

（1）找出那些耗费最多时间的事情，考虑一下你是否准备继续在这些事情上花去那么多的时间。

（2）是否有时间去完成一些自己很想完成的事情，如果有，有多少？在哪个时间段？

（3）找出那些很难完成且非常耗费时间的事情，考虑一下是否需要放弃。

通过以上的分析，你会发现在利用时间上存在的不足，并能很容易地找到改善之道。

## 讲解要点

应当仔细地观察，为的是理解；应当努力地理解，为的是行动。

——罗曼·罗兰

美国管理学者彼得·德鲁克认为，有效的时间管理主要是记录自己的时间，以认清时间消耗在什么地方；管理自己的时间，设法减少非生产性工作的时间；集中自己的时间，将零星时间集中为连续性的时间段。除非你对自己的时间利用情况进行了分析，否则你无法节约时间或更有效地管理你的时间。你一般是怎样使用时间的？要回答这个问题，仅凭感觉和记忆是不够的，必须依靠精确的记录。在时间管理上，自己感觉一天都在忙碌地工作，但也许这一天你大部分时间在处理一些杂事、聊天、上网看新闻，真正工作的时间只有几个小时。因此，只有详细地记录自己的活动情况，才能客观地了解自己使用时间的模式。

为了了解你的时间利用情况，可以使用时间日志来记录。准备合适的工具，如笔、空白时间表（最好以一刻钟或半小时为单位）、计时器，详细记录自己的活动情况，坚持一周。

记录中要包括以下几点：活动的开始时间、结束时间、地点、自我感觉效率、是否按计划完成（或是否是计划安排的事情），以及中途中断的次数、原因和时间。

**知识点 6：要事第一原则**

**互动空间**

故事：人生中大石头

有一天，一位时间管理专家为一群学生讲课。他现场做了演示，给学生们留下了一生都难以磨灭的印象。他说："我们来做个小测验。"他拿出一个玻璃瓶放在他面前的桌上。随后，他取出一堆拳头大小的石块，仔细地一块一块放进玻璃瓶，直到石块高出瓶口，再也放不下了，他问道："瓶子满了？"所有学生应道："满了"。时间管理专家反问："真的？"他伸手从桌下拿出一桶砾石，倒了一些进去，并敲击玻璃瓶壁使砾石填满下面石块的间隙。"现在瓶子满了吗？"他第二次问道。但这一次学生有些明白了，"可能还没有"，一位学生应道。"很好。"专家说。他伸手从桌下拿出一桶沙子，开始慢慢倒进玻璃瓶，沙子填满了石块和砾石间的所有间隙。他又一次问学生："瓶子满了吗？""没满"学生们大声说。他再一次说："很好。"然后他拿起一壶水倒进玻璃瓶直到水面与瓶口平齐。抬头看着学生，问道："这个例子说明什么？"一个心急的学生举手发言："无论你的时间多少，如果你确实努力，你可以做更多的事情！""不！"时间管理专家说，"那不是它真正的意思，这个例子告诉我们：如果你不是先放大石块，那你就再也不能把它放进瓶子了。那么，什么是你生命中的大石头呢？也许是你的道德感、你的梦想，还有你的……切记得先去处理这些大石块！"

我们是否问过自己这个问题：人一生的"大石头"是什么？找出自己人生的"大石头"，然后把它们先放进我们人生的瓶子中！

**讲解要点**

1）要事第一原则

重要的东西只占小部分，只要集中处理只占整体 20% 的事物，就可以解决 80% 的问题。

——帕累托

意大利的经济学家和园艺师维弗雷多•帕累托发现，菜园里 80% 的豌豆源自 20% 的豌豆荚，意大利 80% 的土地为 20% 的人口所有。后来他又发现很多事物都存在 80/20 之间的规律，于是提出了"80/20 法则"。一般情形下，产出或报酬是由少数的原因、投入和努力所产生的。原因与结果、投入与产出、努力与报酬之间的关系往往是不平衡的。

在日常生活中这些例子不胜枚举：

80% 的生产来自 20% 的生产线；

80% 的销售额来自 20% 的客户；

80% 的病假条来自 20% 的员工；

20% 的业务员创造了 80% 的销售额；

20% 的人口消耗掉 80% 的医疗资源；

20% 的人际关系带来了 80% 的个人幸福；

……

这些规律和现象提示我们应该集中精力处理那些重要的20%的工作，而不要浪费精力在那些价值不高的活动上。

2）如何安排日程

合理安排时间，就等于节约时间。

——培根

（1）为每个重要的目标设定完成的期限。

（2）制定任务列表。

（3）利用优先级矩阵。

（4）利用黄金时间。

**知识点7：时间大盗**

**互动空间**

活动：拖延测试

如果你的答案是“经常”，那就记2分；如果是“有时”就记1分；如果是“从不”那就记0分。请你诚实地回答这些问题，全部都答完之后，将所有的分数相加，得到最后的总分，并且在测试之后找出相应类型的总结分析。

0=从不 1=有时 2=经常

1. 我只有在极大的外界压力之下才能好好工作。 0 1 2

2. 我总是会把日程安排上的工作任务不断向后拖延。 0 1 2

3. 我经常是把未完成的工作带回家，在晚上或周末进行处理。 0 1 2

4. 我完成一项任务总是需要很长的时间，尤其是那些复杂又烦人的工作。 0 1 2

5. 我最不喜欢给自己设定最后期限。 0 1 2

6. 在着手处理重要的工作之前，我总是习惯先把眼前琐碎的小事通通解决掉，否则就根本无法让自己静下心来。 0 1 2

7. 我总是能够找到足够多的理由来说服自己拖延手头上的重要工作。 0 1 2

8. 只要心情不好，我就什么事情都干不进去。 0 1 2

9. 我的工作环境有太多分散注意力的东西，我根本不能专注于干重要的事情。 0 1 2

10. 我总是要等到最后关头才不得不开始处理那些重要的任务。 0 1 2

分数分析：

你已经计算出自己的总分了吗？那就让我们看看以下的分析：

15-20分：慢性拖延病患者。

非常遗憾，拖延对于你已经形成一种固有的习惯了。你对所有事情都采取拖延战术，以至于你在工作上始终不得不承受巨大的时间压力。是该改掉这个坏毛病了。

> 7-14 分：普遍存在的拖延习惯。
>
> 你的情况属于大多数人的通病。只要看到那些复杂又烦人的工作，你就希望尽可能逃避，暂且以拖延战术应对。不拖到最后期限，你都不会硬着头皮开始着手处理。其实，如果你能够战胜自己的惰性，提前一些开始处理这些事情，生活就会变得轻松许多。
>
> 0-6 分：恭喜！你能够很好地通过自律控制拖延的坏习惯。
>
> 自律对你完全不是问题。你一般都能够及时甚至提前完成工作，只会在极少数的情况下拖延重要的任务。这是一个难得的好习惯，请你一定要坚持下去！

### 讲解要点

（1）我们面对的时间大盗除了拖延以外，还有不会拒绝、处理干扰、电子邮件和消遣行为。

（2）每一个时间大盗都有应对的办法。

**知识点 8：时间管理法则**

### 互动空间

视频分享：《时间管理的 15 个法则》

> 关于时间管理，你可能看过许多书，听过许多课，收藏了无数个干货，但依然没见效果，懒惰继续间歇性发作，社交、休息的时间也因为工作、学习效率低而被占据……这究竟是为什么？有没有考虑过这个问题，需要被管理的不是时间，而是你！

### 讲解要点

黄金定律第一条，1 440 是个可以改变你人生的数字，是我们每天拥有的分钟数，它一去不回。

黄金定律第二条，鉴别你最重要的任务，并优先做它。

黄金定律第三条，根据日程表而非待办事项表工作，人们写在待办事项上 41% 的条目都根本没有去做，如果你真的想要完成一些事情的话，选择一天、一段时间然后按照你的日程表去做。

黄金定律第四条，克服拖延症，打败“以后再说”。如果起不来床，就设定好一个闹钟放在房间的另一边；如果总不知道健身器材在哪儿，心里想着“我明天再锻炼吧”，倒不如把运动鞋摆在床尾。

黄金定律第五条，意识到工作是做不完的，拿出时间做更想做的事情。

黄金定律第六条，随身携带笔记本，对于创意工作者来说，最重要的财产都在笔记本里。

黄金定律第七条，请关掉你手机的消息提醒，查看电子邮件或信息什么的是没问题的，但仅在你需要的时候去做。

黄金定律第八条，将安排和参加会议作为最后手段，在早上保持深度工作，而在下午的时间进行协作任务。

黄金定律第九条，拒绝与你近期目标无关的任何事。

黄金定律第十条，遵循强大的帕累托原理。

黄金定律第十一条，关注自己独特的优点与热情。

黄金定律第十二条，不同时间处理不同任务。

黄金定律第十三条，如果你可以在 5 分钟内完成一项任务，立刻去做吧。

黄金定律第十四条，规律地利用晨起时间加强头脑、身体和精神。

黄金定律第十五条，效率是精力与专注，而非时间。

## 拓展学习

### 知识点 1:从分析到改变

1）找到你的时间的主人

你的时间的主人是谁？（家人？上司？电视？手表？鼠标？或者你的意志？）

很多人一旦让自己的手碰到鼠标，就不知不觉地开始浏览网页、网络聊天、玩网络游戏，他的时间的主人就是鼠标。

在你没有仔细规划自己的时间以前，你的时间是“公共资源”，任何人、任何事都可以随意占用，而你却没有感觉。你不是时间的主人，你的时间是为别人服务或是毫无价值地流逝着。

你需要仔细地观察自己的时间使用模式，找出你时间的控制者，并重新取得对时间的控制权。

2）做自己时间的主人

这场时间控制权的争夺战，需要一个人坚强的决心和毅力。

富兰克林年轻的时候就确定了 13 项他坚持培养并坚信能够让他完美和成功的品格。这些品德包括节欲、沉默、有条理、坚定、勤奋、真诚及谦卑等。富兰克林认识到，人不是通过思考改变的，只有通过行为才能改变。富兰克林为自己设计了一个自我完善计划——集中精力用一周的时间去实践一项品德，然后转向下一项。富兰克林成功地做到了这一点，有效地利用自己的时间，从而取得了辉煌的成就。

3）平衡我们的生活

我们盘点时间使用的现状并不是让我们成为时间狂人，而是让我们平衡自己的事业和生活，获得最终的幸福。

时间管理大师赛韦特认为，我们需要在生活的 4 个方面找到一个黄金平衡点。

- 家庭与社会交际：家庭、夫妻关系、朋友、爱、外界关注、社会认同。
- 事业与成就：成功、升职、金钱、稳定的生活。
- 健康：饮食营养、充沛的体力、放松解压、精神状态。
- 人生的意义与价值：自我实现、心理满足、信仰、哲学思考、关于未来的设想。

在每周时间记录表里，对过去一周发生的事情按照以上的 4 个方面进行分类，并用不同的颜色进行标注。红色代表家庭与社会交际，黑色代表事业与成就，黄色代表健康，蓝色代表人生的意义与价值。生命是由这 4 种颜色组成的，缺少任何一种颜色都会导致失衡。我们需要对生命进行把控，将人生的画笔掌握在自己手里，画出绚烂的人生。

### 知识点 2:如何制定任务列表

撰写任务列表是一个记住所需完成任务的好方法，但该列表只有在帮助你确切指出你需要完成什么时才有用处。

若任务列表真正有用，表中各项应符合 AIMS 标准。

➢ A（Action-centered）以行动为中心的：这意味着确定需要采取的行动，如清理硬盘。

➢ I（Incremental）可拆分的：这里指的是将以行动为中心的任务分成更小的若干个行动。例如，清理硬盘这个以行动为中心的任务可以被切分成更小的单个行动，如备份数据和文件、删除邮件以及清理回收站。

➢ M（Measurable）可测量的：这是一个用来测量是否成功地完成任务的标准。

➢ S（Scheduled）有时间限制的：这是预计完成任务的时间期限。

如何应用各个标准使任务列表更实用、更有效呢？

➢ A（Action-centered）以行动为中心的：在撰写任务列表之前，与其确定宽泛目标，不如确定具体行动。

➢ I（Incremental）可拆分的：如果不将工作切分成较小的、易管理的单个任务，工作就显得繁重不堪。列出与以行动为中心的任务有关的所有具体行动，这样能游刃有余地处理好工作并知道工作的完成情况。

➢ M（Measurable）可测量的：要想使以行动为中心的任务具有可测量性，可对其进行描述，这样可以评估是否成功地完成了任务。例如，“安排会议”这样的目标过于模糊，应该改成“寻找并预定会议地点”“设计会议手册”。

➢ S（Scheduled）有时间限制的：为每项以行动为中心的任务加上时间框架。通过将每项任务切分，使其具有可测量性，可以帮助你确定实际可行的期限，从而详细了解任务所涉及的方方面面。

**知识点 3：优先级矩阵**

每人每天都有一些需要完成的任务。为了防止遗忘，将它们列在一张清单上是个很不错的办法。但是光记住任务还不够，还需要对每项任务进行优先排序。

优先级矩阵是一个很有用的工具，它能够帮你对工作进行有效的优先排序，并区分任务的重要性。

在优先级矩阵里有两个重要的维度：重要性和紧急性。重要性是对于进行时间管理的人而言的，对于重要性的判断和一个人的价值观有非常大的关系，同样一件事，可以被一个人判断为重要的事件，而被另一个人判断为不重要的事件。例如，一次英语六级考试，对于想要保送读研究生的学生来说就是重要的事，因为这是一个必备的条件，而对于其他的学生来说重要性就低一些。紧急性是就事而言的，如果这件事不马上处理，就不能按质按时完成，这就是一件紧急的事。例如，要去参加一个会议，如果不马上出发可能就会迟到了，这就是一件紧急的事。

**表 9-1　优先级矩阵**

| | 紧急 | 不紧急 |
|---|---|---|
| 重要 | I<br>紧急事件<br>有期限要求的项目<br>需要立即解决的问题 | II<br>策划<br>建立关系<br>网络工作<br>个人发展或识别新机会 |

**续表**

| | 紧急 | 不紧急 |
|---|---|---|
| 不重要 | III<br>应付干扰<br>一些电话或电子邮件、会议<br>处理其他人关心的事情 | IV<br>处理垃圾邮件和直销信件<br>浪费时间的工作<br>与同事的社交活动<br>个人感兴趣的事 |

1）既紧急又重要

既紧急又重要的任务包括紧急事件、有期限要求的项目或需要立即解决的问题。紧急的任务趋向于那些具有高度可见性的工作，它们对其他人而言很重要，而且它可能会吸引你，因为它让你感觉你会快速地达到某个目标。紧急的任务需要引起注意。

2）重要但不紧急

重要但不紧急的任务包括策划、建立关系、网络工作、个人发展或识别新机会。重要的任务帮助你完成长期的使命或目标，而且要求更多的计划。对于重要的任务你不仅仅要做出反应，而且要提前行动。

3）紧急但不重要

紧急但不重要的任务包括应付干扰、一些电话或电子邮件、会议和处理其他人关心的事情。这些任务比较紧急，你需要处理它们，关键是不要花费太多时间。它们可能紧急，但对你个人而言并不重要，所以应尽快把它们处理完，然后继续其他工作。

4）既不紧急又不重要

既不紧急又不重要的任务包括处理垃圾邮件和直销信件、浪费时间的工作、与同事的社交活动和个人感兴趣的事。把这些工作放到最后，在你没有其他更重要的工作时，完成这些任务。

当你有多种不同的工作任务需要处理时，排列优先次序就变得非常困难了。使用优先级矩阵将帮助你确定每一项任务的紧急性与重要性，以便更好地处理各项任务。在处理这四类事件时，首先要集中精力处理好第一类事件（既紧急又重要的事件），然后处理第二类事件（重要但不紧急的事件），尽快处理完第二类事件后处理第三类事件（紧急但不重要的事件），而第四类事件（不重要且不紧急的事件）是最后考虑的。

有些人把大部分的精力用在第一类事件上，当他处理好了以后，由于过少地关注第二类事件，于是第二类事件随着时间的进展变成了第一类事件，这会使他疲于奔命，应接不暇。而另一些人会偏重于第三类事件，做什么事情都是他人优先，最终自己得不到发展，其结果极有可能被用人单位淘汰。一个优秀的职场人士，应该重点关注第二类事件，在危机没有形成之前就完成它，并识别出自己的发展机会，提前准备。

## 阅读资料

1）视频分享：三分钟看完一生《0~100 岁男性容貌变化》

时间在变，每个面孔都刻画着不一样的人生，岁月的痕迹在脸上会越来越明显。这 3 分钟里，我们能看到孩童的天真与烂漫，能看到少年的青春与懵懂，能看到成年后的成熟与迷茫，也能看到白发的沉淀与释然……

时光如白驹过隙，转瞬即逝，且行且珍惜……

2）目标要切合实际

一个学校的 3 000 名同学埋头写下自己的理想，写完之后，教师们端着大纸盒在礼堂的过道中行走，将写满同学们的理想和梦想的纸条收拢起来，拿到后台紧急分拣。

有的同学想当崂山道士能飞檐走壁；有的同学想变成一只鸟飞到世外桃源；有的同学的理想是变成自己的爸爸；还有的同学的理想是见到太空人、UFO……同学们的理想五花八门，让人匪夷所思。有的纸条上写的是：“我有一份梦想，是有一天得到诺贝尔物理学奖……”有的纸条上写的是：“我有一个梦想，是有一天得到诺贝尔医学奖……”

在 50 份理想和梦想中，就有 4~5 个是要得诺贝尔奖的。按这个比例算下来，3 000 名学员里，有上百位同学想要得诺贝尔奖呢！

我们订立目标一定要符合实际情况，切忌好高骛远，但并不是说不可以有远大的理想，而是实现理想的过程一定要脚踏实地、循序渐进，目标定得过高，失望就会很大。不如慢慢来，一点一点积累，给自己制定一个短期目标，达到目标后再计划新的目标。从现在起就给自己制定一个短期目标，去追逐梦想的风帆。

## 任务实施

| 第一步 课前认知 | |
|---|---|
| 主要内容 | 教师评价 |
| 回答以下问题：<br>1. 有关时间管理的内容你了解过哪些？谈谈你对时间管理的认识，你觉得是否有必要系统地学习时间管理？<br><br>2. 你自己的时间都用在了什么地方？ | |

| 第二步 课堂学习 | |
|---|---|
| 主要内容 | 教师评价 |

1. 请思考：你最喜欢一天中的哪个时段？在哪个时间段做事效率最高？你在这个时间通常都做些什么？

2. 请分析你一天的时间

**表 9-2 每日时间记录表**

______年___月___日星期__

| 时间 | 项目 | 地点 | 效率自评 | 计划 | 中断说明 |
|---|---|---|---|---|---|
| 6：00 | | | | | |
| 6：30 | | | | | |
| 7：00 | | | | | |
| 7：30 | | | | | |
| 8：00 | | | | | |
| 8：30 | | | | | |
| 9：00 | | | | | |
| 9：30 | | | | | |
| 10：00 | | | | | |
| 10：30 | | | | | |
| 11：00 | | | | | |
| 11：30 | | | | | |
| 12：00 | | | | | |
| 15：30 | | | | | |
| 16：00 | | | | | |
| 16：30 | | | | | |
| 17：00 | | | | | |
| 17：30 | | | | | |
| 18：00 | | | | | |
| 18：30 | | | | | |
| 19：00 | | | | | |
| 19：30 | | | | | |
| 20：00 | | | | | |
| 20：30 | | | | | |

**第二步 课堂学习**

| 主要内容 | 教师评价 |
|---|---|

| 时间 | 项目 | 地点 | 效率自评 | 计划 | 中断说明 |
|---|---|---|---|---|---|
| 21：00 | | | | | |
| 21：30 | | | | | |
| 22：00 | | | | | |

填表说明如下。

项目:这段时间所做事情的说明。

地点:进行活动的地点。

效率自评:对完成效率的自我评价,可以用 ABC 标记,如果效率有较大波动,则标出来,如 A-B(由高效率变为中等效率),或者 A-C-B(由高效率变为低效率,再变为中等效率)。

计划:用百分数表示计划的完成比例，100% 表示完成这段时间应做的事情，50% 表示只完成了一半,N/A 表示这件事是计划以外的事情。

中断说明:注明中途中断的次数、原因和持续时间。

**第三步 课后拓展**

| 主要内容 | 教师评价 |
|---|---|
| 1. 请每日记录时间使用情况,至少持续 1 周的时间。分析这几天出现了几个时间大盗？写下出现的情况和你的解决办法。<br><br>2. 你时间的花费符合二八法则吗？写下你的情况和改进计划。 | |

1. 请总结:通过对时间管理的学习,你了解了哪些具体知识？

2. 请总结:通过时间记录、时间现状分析、探索人生目标、制订计划日程、实施计划等各个环节。你哪些方面有所进步？养成了哪些好的时间管理习惯？请举例具体描述。

| | |
|---|---|
| 签名： | 日期： |
| 本团队成员对你的评价： | |
| 签名： | 日期： |
| 其他团队对你的评价： | |
| 签名： | 日期： |
| 教师对你的评价： | |
| 签名： | 日期： |

## 任务习题

学有余力的同学思考并学习整理如下内容。

1. 你是如何使用你的时间的？请用时间日志进行记录并进行分析。
2. 你的内部黄金时间是哪个时间段？
3. 利用优先级矩阵安排你每天的任务列表。
4. 为什么目标在职业生涯发展中至关重要？
5. 通过本节内容的方法探索，你发现你的人生目标是什么？

# 项目 10　有效学习

## 学习目标

对大学生来讲，树立崇高的理想以及正确的人生观、价值观，培养主动学习意识，提升学习的主动性是至关重要的。有效学习的第一步应该以自主学习为基础，发现并找到自己的兴趣，从意识上改变传统的被动学习态度，从“要我学”变成“我要学”。当然兴趣的培养需要我们不断拓宽自己的视野，广泛地接触各个学科领域，不断进行新的尝试，充分利用学校的各种资源。需要我们参考图书馆的资料、参加非专业课程旁听、利用网络信息、参加专题讲座、参加社会实践、社团活动、多与他人交流等方式接触不同领域，勇敢尝试各种新鲜事物。

总之“活到老，学到老”。智慧和成长要通过不断的学习积累、实践验证，甚至是用失败和挫折换来的。真正的成功者不会放过任何一个学习的机会，他们总在不断地追求进步和提高。无论一个人、一个团体，还是一个民族、一个社会，只有不断地学习，才能获得新知，增长才干，跟上时代。拼到最后才发现，持续学习才是一个人最高级的能力。

通过本项目的实践，我们将达到如下目标：

●认识到学习管理的重要性。

●树立学习目标。

●愿意并能对每天的学习日程进行规划和安排。

●掌握基本学习方法和技巧。

●养成良好的学习习惯。

## 任务描述

### 1. 情景导入

**图 10-1 情景导入**

### 2. 项目说明

学习不是一个通过“闭关修炼”就能练成绝世武功的学科，在学习的过程中，除了主观上的刻苦努力之外，还需要讲究正确方法。互联网时代，你的学习资源、环境、平台，都需要“与时俱进”，这样的学习才能够使你站在巨人的肩膀上，达到事半功倍之效果。本项目是通过对主题相关内容的学习、研讨和总结，让大家找到自己学习的内驱力，找到学习的兴趣点，树立目标，制订学习计划并坚持实施，不断养成良好的学习习惯。过程中要总结适合自己的学习方法，整理项目收获和学习经验、心得等，在学习方法交流会上与班级同学进行互动分享。

## 任务技能

### 1. 项目相关知识结构图

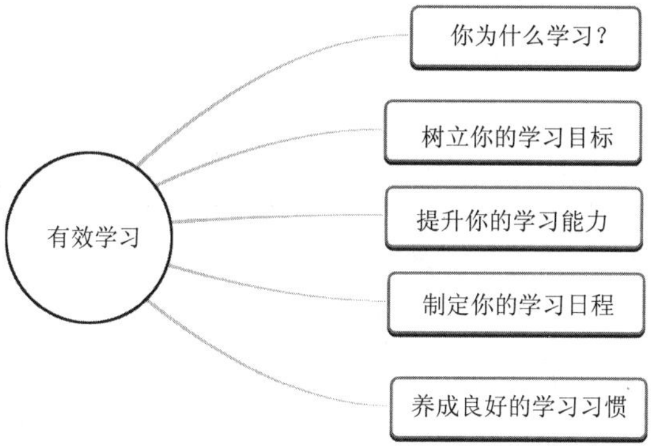


图 10-2　课堂知识结构

### 2. 相关知识点

### 知识点 1:你为什么学习?

**互动空间**

故事分享

一位独居的老人住在自家的平房里,平房前面有一块很大的绿地,每天老人午休的时候,总有一帮孩子在绿地上踢球,深受其扰的老人于是想了个办法:第一周,他每天都拿出 10 块钱分给这些孩子,说爷爷我很孤独,就喜欢你们在窗外热热闹闹的。孩子们欣然接受,踢球更带劲了。一周后,老人称自己每次只能拿出 5 块钱,孩子们勉强答应继续踢球。又过了一周,老人实在没钱给孩子们了,这下孩子们不干了:没钱?没钱谁给你踢球啊!

这个例子中,老人成功地把孩子踢球的内驱力(因热爱而踢球)变成了外驱力(因钱而踢球)。对我们的学习也是如此,小时候父母给的那些"只要你考前 5 名,我就给你买什么""只要你考好,就……"等我们熟悉的承诺,都是外驱力。而快乐教育的本质,应该是把外驱力转换成内驱力。

请思考:你学习的动力是什么?

**讲解要点**

我们要激发自己的内驱力,要时刻和内心对话,告诉自己学习是为自己学的。现在学习是为了以后能有更多的选择,能够过上更好的生活,能够将自己的社会价值最大化地发挥出来。如果不好好学习,会让自己在不好的轨道上越走越远,存在感得不到满足,自己的价值无法给社会带来积极的效

课程思政

益，无法适应社会的变化与发展。学习是为了能够创新，能够往前走，想想所有人都在进步，只有你一个人退步，这不是一件很可怕的事情吗？通过这样不断引导的方式激发自己学习的内驱力。

**知识点2：树立你的学习目标**

### 互动空间

案例分析

考上大学一直都是春子的理想，由于家庭困难，在春子真的以优异成绩考到某学院时，家里却拿不出几千元的学费。春子对家里说："真的拿不出钱我就去卖血暂交学费，以后靠给学校勤工俭学补齐。"看到这样的决心，亲戚邻居都帮着凑钱，终于使春子去了学校。由于春子深知学习机会来之不易，在校期间他将每一秒时间，每一分钱都用到学习上。毕业时，班上的同学数春子成绩好，可经济条件中却没有比春子更差的了。同学们逛街、看电影、跳舞的时间被春子利用到学习上，大学生活更使春子懂得了积累的力量，也正因为春子用积累的时间得到了超群的知识，被北京某科研所录用。他还说这远没到终点，他要考研，为自己将来更高的目标打基础。他说："只要懂得利用和积累自己具备的条件，是什么事都不难做到的。"

此案例中我们可以看到，春子的小目标已经很牢固。相信他不管给自己树立多么大的目标，只要在每个小目标上能扎实完美地完成，那他的大目标就一定会实现。

### 讲解要点

夫学须志也，才须学也。非学无以广才，非志无以成学。

——诸葛亮

很多人都知道长江源头在青海的唐古拉山，但我们更该知道，只有源头的水是不会汇成长江的，而那些长江源头的水又是从何而来的呢？那是由高原雪峰上一点一滴融化的雪水汇聚而成的。

时间、金钱、智慧，在我们的生命里都是有限的，那么我们怎样去充分利用它，让其最大限度地发挥作用呢？我们利用好时间、金钱和智慧的目的是什么？其实答案很简单：那就是为我们实现自己最终的目标。

树立目标，永远是重要的，航海没有航标灯和经纬仪就会迷失方向，学习如此，我们在人生海洋中的奋斗也是如此。切记必须要有自己的学习目标。

## 知识点 3:提升你的学习能力

### 互动空间

视频分享:像科比一样努力《最后再休息,不要躺在半路》

这个世界并不是信奉强者为尊,这个世界只是相信所有的努力。科比成为一代传奇巨星,并非因为天分过人,小时候的他常常泡在篮球场上,可惜一个暑假他都拿不到一分,为此他每天进行 8 个小时的特训,不管有多忙,也不管有多累,这样的努力,让他成为当时最年轻的篮球巨星。如果你要问是什么支撑他走到了顶峰,他会这样告诉你:最后再休息,不要躺在半路上。当你把学习当作一件主动、而非被动的事来完成时 ,你已经站在成功的起点了。

### 讲解要点

1)循序渐进

应注重基础,切忌好高骛远,急于求成。

循序渐进的原则体现为:

- 一要打好基础。
- 二要由易到难。
- 三要量力而行。

2)熟读精思

- “熟读”,要做到“三到”:心到、眼到、口到。
- “精思”,要善于提出问题和解决问题,用“自我诘难法”和“众说诘难法”去质疑问难。

3)自求自得

- 充分发挥学习的主动性和积极性,尽可能挖掘自我内在的学习潜力,培养自学能力。
- 自求自得的原则要求不要为读书而读书,应当把所学加以消化吸收,变成自己的东西。

4)博观约取,不忘初心

- 一是要广泛阅读。
- 二是精读。
- 三是信念。

5)知行合一

知行合一要注重实践:

- 一是要善于在实践中学习,边实践、边学习、边积累。
- 二是躬行实践,即把学习得来的知识,用在实际工作中,解决实际问题。

## 知识点4:制定你的学习日程

### 互动空间

案例分析:大一的遗憾

一年前,我如愿以偿进入了一所著名学府,所有的期待都写在满面春风上。

然而,在最初的兴奋过去之后,我倒觉得自己的日子一下子空了,时间一抓一大把。

●早晨可以睡到近10点,晃一晃就该吃午饭了。

●下午睡一觉,再和大家打打球、聊聊天、看看盘。

●晚饭后没多久就9点了。

●周末在网吧,好像四五个小时都在网游里。

●等到眼睛发痛回到寝室一推门,一群人喊:"来来,玩几把……"

●明天一定要早起!

●这个星期一定要多去图书馆!

然而

●宿舍里总是出现崭新的扑克。

●腿总是不由自主迈向网吧。

●借来的图书总是蒙着一层灰尘被送回图书馆。

我们的课程并不难,想混是容易的,但如果能深入研究,也会收获颇丰,可没有动力似乎无法勤奋。

后来,加入了本校最有规模的社团,锻炼能力。

●从此开始了每周两次的例会,不定期的活动,起草策划书,被淹没在杂务的海洋里。

●花了一个多月的时间拉成一笔赞助。

●同时,很久不去教室和图书馆了,将近一个学期都忙于贴海报、借场地、招收新团员……

期末考试结束后,老师找我谈话:你进学校的时候拿的可是一等奖学金啊,现在看看你的学分……

### 讲解要点

凡事预则立,不预则废。做什么事有了计划就容易取得好的结果,反之则不然。有没有学习计划对我们的学习效果有着深刻的影响。

防止被动和无目的地学习。毫无计划的学习是疏懒散漫、松松垮垮的,很容易被外界的事物所影响。

那么如何制订学习计划呢?

1)计划要考虑全面

学习计划不是除了学习还是学习。学习、休息、娱乐……所有这些都要被考虑到计划中。计划要兼顾多个方面,学习的同时要锻炼好身体,制订科学全面的计划。

2)长远计划和短期安排

在一个比较长的时间内,如一个学期或一个学年,应当有个长远计划。因为实际学习生活变化很多，又往往无法预测，所以这个长远的计划不需要很具体，但是应该对必须要做的事情心中有数。而更近一点，如下一个星期的学习计划，就应该尽量具体些，把较大的任务分配到每周、每天去完成，使长远计划中的任务逐步得到分解。

有长远计划，却没有短期安排，目标是很难达到的，所以两者缺一不可。长远计划是明确学习目标和进行大致安排的计划，而短期安排是具体的行动计划。

3）安排好常规学习时间和自由学习时间

常规学习时间指学校规定的学习时间，主要用来完成教师布置的学习任务，消化当天所学的知识。而自由学习时间指除常规学习时间之外归自己支配的时间，我们可以用来弥补自己学习中欠缺的地方、提高自己对某一学科的优势和特长或者深入钻研一件有意义的事情。

自由学习时间的安排是制订学习计划的重点。抓住并合理利用了自由学习时间，对自己的学习和成长都会有极大的好处。所以我们应该提高常规学习时间的效率，增加和正确利用自由学习时间，掌握自己的学习主动权。

4）对重点突出学习

学习时间是有限的，我们的精力也是有限的，所以学习要有重点。在这里，重点一是指学习中的弱科，二是指知识体系中的重点内容。只有抓住重点，兼顾一般，才能获得更高的学习效率。

5）从实际出发制订计划

制订计划，不要脱离学习实际，要符合自己现在的学习水平。有些同学制订计划时满腔热情，计划做得非常完美，可执行起来却寸步难行。这便是因为目标定得太大，计划脱离实际的缘故。

虽然说要从实际出发，可我们未必明白什么是实际，实际可以分成以下三个方面。

➢ 知识能力的实际：每个阶段，计划学习多少知识、培养哪些能力。

➢ 时间的实际：常规学习时间和自由支配时间分别有多少。

➢ 教学进度的实际：掌握教师的教学进度，妥善安排常规学习时间和自由学习时间，以免自己的计划受到“冲击”。

6）注意效果，及时调整

每一个计划执行结束或执行到一个阶段，就应当回顾一下效果如何。如果效果不好，就应该寻找原因，进行必要的调整。

以下是一些简单的回顾内容。

➢ 是否完成了计划中的学习任务？

➢ 是否按照计划执行了任务？

➢ 学习效果如何？

➢ 如果有任务没有完成，是什么原因？是安排得过紧，还是安排得太松？

回顾之后，要记得补上缺漏，重新修订计划。也可以通过日记的形式记录一天的学习计划进度，便于改进和回顾。

7）计划要留有余地

制定计划不要太满、太死、太紧，要留出机动时间，使计划有一定的机动性。毕竟现实不会完美地跟着计划走，给计划留有一定的余地，这样完成计划的可能性就会增加。

8)脑体结合,文理交替

学习对脑力消耗非常大,所以不要长时间学习,要适当地加入休息时间。而且在安排学习计划时,不要长时间从事单一活动。学习和锻炼可以交替安排,因为锻炼时运动中枢兴奋,而其他区域的脑细胞就得到了休息。例如,学习了两三个小时．就去锻炼一会儿，然后再学习。安排科目时,也要文理交替安排,相近的学习内容不要集中安排在一起。

9)提高学习时间的利用率

早晨或晚上,一天的开头和结尾的时间,可以着重安排记忆的科目,如外语。心情比较愉快、注意力比较集中、时间较完整时,可以安排比较枯燥或自己不太喜欢的科目;零星的、注意力不易集中的时间,可以安排做习题和自己最感兴趣的学科,这样可以提高时间的利用率。

思考:请你制定出本月详细的学习计划。

**知识点 5:养成良好的学习习惯**

**互动空间**

视频分享:《你对习惯的理解是错的》

图 10-3 《你对习惯的理解是错的》

即使你有天赋,没有好习惯你也无法成功。看似我们对“习惯”很了解,但其实对它还很陌生,演讲者综合运用心理学、认知科学、哲学、生物学等多学科把“习惯”系统分解,详细讲解习惯的形成机制和习惯与自我认知的关系。

行动者并不一定比别人更聪明、更加能说会道、更勤奋或者更有恒心和毅力。他们不过是养成了一些良好的小习惯,正是这些小习惯,不仅让他们着眼于行动,也让他们有机会获得更多的知识,变得更有毅力。

**讲解要点**

今天的结果是什么造成的? 是自身的习惯造成的。良好的习惯需要耐心与恒心来维护和坚持。不管多难做的事只要坚持 21 天后,就会开始成为一种习惯， 30 天后,习惯就会定型。良好的习惯可以造就成功的一生,不好的习惯会让人生走向失败。

我们从小学直到大学,主业一直是学习。而学习的好坏,往往取决于是否有良好的学习习惯。下面我们就来介绍养成良好学习习惯的 15 个方法。

1)随时携带一本书

无论你花了一年还是一周读完一本书,都无所谓。随身带着它,当你有时间的时候就努力去阅读、通读它。养成阅读的习惯,如果一周能读一本,那么一年就能读 50 本书。

2)建立一份“要学什么”的清单

就像建立一份任务清单一样,给自己列一份“要学什么”的清单。把你想要学习的知识领域,无论是学一门新语言或者阅读一套励志书籍等,统统列进去。

3)寻找明智的朋友

花更多的时间与那些善于思考的人在一起。因为他们不仅聪明,还愿意投入更多时间去学习新的知识。他们的好习惯也会在你的身上擦出火花,而且与他们分享知识,会使你进步更快。

4)引导自己的思想

孔子说过:“学而不思则罔,思而不学则殆。”一味地读书,获取的知识是不够的,你要从中引导自己的想法。把你的所思所想记录下来,与你的朋友们交流。

5)实践才是硬道理

把学到的知识运用自如才是关键。读一本网站开发的书和写一个相同的程序是两码事,学习绘画理论也并不能说明你会画画。不要做“纸上谈兵”之人,实践才是硬道理。

6)寓学于教,寓教于学

把学到的知识教给别人,对自己也是 种学习上的巩固。

7)整理你的博客订阅

有些形式的学习很容易消化,但往往缺乏实质内容。优秀的博客如巨大源泉,整理你的博客订阅,清理那些缺乏实质内容的博客。

8)进行小组学习

加入小组学习活动,或者参与课外的教程,同样可以扩展知识,还能提高社会经验。

9)把先入为主的观念忘掉

杯子满了就无法再倒水了。学了太多的信念,读了太多的书,也就意味着自我更新的想法变少了。把一些先入为主的观念忘掉,寻找那些能改变你世界观的想法,使你产生共鸣。

10)找一份鼓励多学习的工作

如果你的工作使你丧失了学习知识的自由,为什么不试试更有挑战性的工作呢?

11)开始一个项目

列出一些你不知道该从何做起的事情。强迫去学习从而使自己从中发现乐趣,虽然具有挑战性,但也是行之有效的方法。

12)跟随你的直觉

终身学习有时就像在荒野中漫游。你并不明白自己在期望什么,而且心中也未必存在一个明确的最终目标。这时就让直觉来指引你,一时的乐趣若得以长久未必是件坏事。

13)早上的 20 分钟

就像学校的早自习,把早上的前 20 分钟设定为学习时间。

14）终生学习带来的回报

例如，你自学了一些基本的编程。别人需要外界帮助才能完成的项目，你现在利用你自己的学习成果，可以独立完成了，这将使你多么自豪。

15）把它作为首要任务

基本上没有外部推动力驱使你学习，学习的渴望应该来自你自己。一旦你决定把终身学习作为一种习惯，你就应该把它作为你生命里的首要任务之一。

思考：上述哪些学习习惯对你是有帮助的？

## 拓展学习

### 知识点1：学习的方法

1）目标学习法

掌握目标学习法是美国心理学家布卢姆所倡导的。布卢姆认为只要有最佳的教学，给学生以足够的时间，多数学习者都能取得优良的学习成绩。教学内容是由许多知识点构成，由点形成线，由线完成相对独立的知识体系，构成彼此联系的知识网。因此明确目标，就要在上新课时了解本课知识点在知识网中的位置，在复习时着重从宏观中把握微观，注重知识点的联系。另外，要明确知识点的难易程度，应该掌握的层次要求，即识记、理解、应用、分析、综合、评价等不同层次，最重要的就是明确学习重要目标，即知识重点。有了目标能增强我们学习的注意力与学习动机，即为了这目标我必须好好学习。可见，明确学习目标是目标学习法的先决条件。目标学习法的核心问题，是必须形成自我测验、自我矫正、自我补救的自我约束习惯。对应教学目标编制形成检测题，对自己进行检测，并及时地反馈评价，及时矫正和补救。学习目标与人生目标不同，它比较具体，可以在短时间内实现。它可以使我们比较容易地享受成功的欢乐，增加我们的信心。因此，目标学习法也是成功教育的主要策略之一，同时，实现学习目标也是实现人生目标的开始，只有使大小、远近目标有机地结合，才会避免一些无效劳动的发生。

2）问题学习法

带着问题去看书，有利于集中注意力。目的明确，这既是有意学习的要求，也是发现学习的必要条件。心理学家把注意分为无意注意与有意注意两种。有意注意要求预先有自觉的目的，必要时需经过意志努力，主动地对一定的事物发生注意。它表明人的心理活动的主体性和积极性。问题学习法就是强调有意注意有关解决问题的信息，使学习有了明确的指向性，从而提高学习效率。问题学习法要求我们看书前，首先去看一下课后的思考题，一边看书一边思考；其次，它还要求我们在预习时去寻找问题，以便在老师讲解该问题时集中注意力听讲；最后，在练习时努力地去解决一个个问题，不要被问题吓倒，解决问题的过程就是你进步的过程。

3）请你自主学习了解矛盾学习法、联系学习法、归纳学习法、缩记学习法、合作学习法、循序渐进法、持续发展法等

### 知识点2：关于学习的注意力

学习时无法集中注意力主要有以下几个原因。

- 学习目的不够明确。

➢ 学习内容太难，学习负担过重，心理压力太大。

➢ 学习内容太容易，你已烂熟于心，因重复学习而厌烦。

➢ 疲劳过度，大脑未得到充分休息。

不管是什么原因导致学习时注意力不集中，只要你试试以下办法，总会有一些“疗效”。

1）早睡早起，自我减压

尽量利用白天学习，提高单位时间的学习效率，不要贪黑熬夜，累得头脑昏沉而一整天缺乏精神。同时，别把考试成绩看得太重，一分耕耘，一分收获，相信自己只要平日做出努力了，必然会有好的回报。这样，学习时就能心里轻松、心情愉快，注意力就容易集中了。

2）明确目标，用好方法

从大的方面说，我们要认识到，今天努力学习是为了创造美好的明天，成为对家庭、对社会有用的人。从小的方面说，这一年、这一学期甚至这一天，我应该完成哪些学习任务。目标明确了，学习的动力就足，注意力就不易分散。诚然，我们要注意用一些较好的方法来训练自己集中注意力从而提高学习效率。

3）放松训练法

舒适地坐在椅子上或躺在床上，向身体的各个部位传递休息的信息。从左脚开始，使腿部肌肉绷紧，然后松弛，同时暗示它休息，然后从右脚到躯干，再从左右手到躯干放松。这时，再从躯干到颈部、头部、脸部全部放松。只需短短的几分钟，你就能进入轻松、平和的状态。

4）难易适度法

对于那些已能熟练解答的习题不要一遍又一遍地去演算，要找一些这方面经典性的题目去攻克。对于难度大的题目，先独立思考，再求助老师或同学家长。对于不感兴趣，难度又比较大的内容，自己首先订好计划，限定时间去学习，就不会松懈拖沓。攻下学习中的一个“山头”就给自己一个奖赏，让成就感来激励自己，从而集中注意力。

5）感官同用法

调动多种运动器官来协同活动，在大脑皮层形成一个较强的兴奋中心。例如，耳听录音带，嘴里读单词，眼睛看课本，手在纸上写单词。这样，注意力就当不了“逃兵”。

6）排除干扰法

先在没有任何干扰的情况下背诵一段200~400字的文章，看需要多少时间，然后在旁边有干扰时背诵一段相同字数的文章，看需要多长时间，直到在两种环境中时间相同为止。

## 阅读资料

1）大学生如何有效管理每天的学习与时间？

有些大学生在校期间总是觉得时间很短暂，感觉日子过得很快，为什么会有这种感觉？原来，这些同学头天夜里熬夜、玩手机到凌晨一两点，第二天睡到中午十一点多，起床吃个饭，下午睡觉、打游戏，慢慢地就熬到了深夜，然后重复进行。如此一来，时间怎么不过得快呢？另一方面，有些同学每天都在辛苦忙碌，起早贪黑，看似很辛苦，却依然不能收获颇丰，这又是因为什么呢？

（1）要有时间观念。这个应当是大学生必须要有的观念。为什么把它列为第一位？就是因为，有些大学生从入学到毕业，每天起床、吃饭、上课、回宿舍仿佛如同一道工序那般，没有规划、目标。这部分学生既没有远大的目标，也不愿为了学业付出努力，只想着赶紧毕业，于是浑浑噩噩地过日子。这样的生活，实在是令人有些惋惜。所以，大家在读书期间一定要有时间观念。

（2）要明确学习任务。上课之前，制作一个学习任务清单，把自己所要学的东西、想去做的事情都一条一条地记录在本子上，并且按照任务的轻重缓急把它们都编上序号。

（3）要坚持科学性。比如你了解到自己一天当中，最清醒的时候是在上午，脑子最迟钝的时候是在下午，最活跃的是在晚上。你就可以参照自身，安排好最适合自己的学习任务。

（4）要利用琐碎时间。被我们忽视的这些时间里，常常还可以用来去做很多事情。如果同学们真的能够把这些时间利用起来，会发现自己在不知不觉中已经积累到很多知识。

（5）要懂得放松休息。要懂得劳逸结合，学会放松休息。学习之余，还可以跑跑步、打打球、听听歌，这样才能事半功倍。

总之，会学习，能有效地利用好时间学习，关系着大学生学习、生活质量的高低。

2）学会让自己跑起来

每天清晨，当太阳刚刚升起，露珠还未完全消失，大草原上的动物们已经开始了一天的奔跑。最先跑起来的是羚羊。它们成群结队地跑过平缓的山岗，找到水源，在短暂的休息之后又开始新的奔跑。就在它们不远的地方，也许就在附近的草丛里，狼群也在奔跑，它们的奔跑是为了羚羊。当狼群开始奔跑的时候，狮子也开始了奔跑。它们必须赶在狼群之前找到一日的早餐，否则，可能又是一个忍饥挨饿的日子。这是每天发生在大草原上的一幕，每天都在上演的奔跑比赛。没有任何外在的力量在导演这一切，它们奔跑完全是来自内心的驱使——要么生存，要么死亡。只有“让自己跑起来”才能生存，也只有跑起来的动物才能获得比同类更好的生存环境，不管是主动攻击的动物还是被攻击的动物。“让自己跑起来”是动物世界永恒的法则。这世界只为两种人开辟大路：一种是有坚定意志的人，另一种是不畏惧任何障碍的人。成功者与失败者最大的差别在于：成功者始终用最积极的内在驱动力支配和控制自己的人生。从现在开始！

请比别人晚睡一小时来阅读，早起一小时来行动。

当别人做完 3 道作业题时，请你继续做第 4 道、第 5 道……

当别人下课，请你继续留下来，留下来多做一些事情。

当别人出去玩的时候，请你找一个安静的地方来阅读。

当别人想放弃的时候，请多坚持一下。

当别人走累了，请你多走几步路。

这些细小琐屑的学习习惯都预示和象征着你的未来不可限量。

每当旭日东升的时候，请你试着对自己说：钢铁就是这样炼成的！

## 任务实施

| 第一步 课前认知 | |
|---|---|
| 主要内容 | 教师评价 |
| 回答以下问题：<br>1. 你有明确的学习目标吗？对于树立学习目标你有什么看法？<br><br>2. 请思考：你为什么学习？你学习的动力是什么？<br><br>3. 对于学习你有哪些习惯和方法？请谈谈你对学习的看法。 | |

| 第二步 课堂学习 | |
|---|---|
| 主要内容 | 教师评价 |
| 1. 你认为制订学习计划会对你有哪些帮助呢？<br><br>2. 思考：请各小组进行研讨，制订出本月具体的学习计划，写在下面。 | |

| 第二步 课后拓展 | |
|---|---|
| 主要内容 | 教师评价 |
| 1. 学习并总结好的学习习惯和方法，思考哪些方法是适合你的？<br><br>2. 从今天起，按照小组制订的学习计划，认真实施，努力达成本月的学习目标。思考如何坚持下去？小组内成员如何相互监督和配合？并把计划的实施过程记录在下方。 | |

## 任务总结

| | |
|---|---|
| 1. 你本阶段的学习目标是否达成？请就计划的实施情况做个总结。<br><br>2. 通过本项目的实施你有哪些感想、收获和成长？ | |
| 签名： | 日期： |
| 本团队成员对你的评价： | |
| 签名： | 日期： |
| 其他团队对你的评价： | |
| 签名： | 日期： |
| 教师对你的评价： | |
| 签名： | 日期： |

## 任务习题

学有余力的同学思考并学习整理如下内容。

1. 总结自己的学习方法和经验，制作一个图文并茂的 PPT 与同学交流。
2. 互联网对你的时间利用和学习产生什么样的影响？
3. 为什么树立学习目标在大学生活中至关重要？

# 项目 11　职业礼仪

## 学习目标

人无礼则不生，事无礼则不成，国家无礼则不宁

——《荀子·修身》

从古到今，人们一直非常注重人际交往中的礼仪。礼仪，从个人角度来看，是一个人内在的修养和素质的外在表现；从社交角度来看，是人与人之间相互沟通的方式、准则、艺术、技巧。我们不仅需要了解礼仪的基本概念、特点和重要性，还应该从个人形象礼仪和见面礼仪开始学起，在见面初始就给人留下良好的第一印象，为将来的工作、沟通打下良好的基础。日常的办公室礼仪、电话礼仪、商务礼仪等，这些会帮助你灵活应对各种场合，提升你的职业素养。

通过本项目的实践，我们将达到如下目标：

- 了解礼仪的基本概念和核心，了解个人形象应注意的问题。
- 认识到礼仪的重要性。
- 愿意尝试训练自己的标准仪态。
- 掌握日常办公礼仪的基本要领。
- 发现自己在日常礼仪方面存在的问题，并提出的改善计划。

## 任务描述

本项目通过学习礼仪相关知识，各小组结合所学设计用来展示礼仪的主题作品。形式由小组自由研讨决定。比如可以设计礼仪情景剧并表演，这就要求整个情景剧涵盖从形式策划、知识点设计、到场景布置、现场演绎整个过程；要求整个情景剧的设计过程中要尽可能多地体现日常礼仪范畴的知识；要求组员要有明确的分工，演员按自己的角色着装，身上要有角色明示牌。整场剧策划周全，演绎完整，要有意识地设计礼仪知识展示环节。另外也可以通过团队的精心设计和演练，以画面、音乐剧、舞蹈、模特等艺术形式展示站、立、坐、蹲、行等优雅唯美的举止。这要求我们要从配乐、舞台背景设计、着装搭配、饰品细节，肢体协调等多个方面展示礼仪风采。想要呈现良好的舞台效果，除了精心设计之外更离不开日常的苦练，希望同学们能通过这种自发自主的练习将举手投足间的美定格在日常生活中的每个瞬间。当然还可以采用互动小游戏的形式展示礼仪学习成果。

总之，形式不做限定，可以多样化地呈现。要求过程资料齐全，至少有但不限于活动策划案、情景剧剧本、情景剧道具等。展示时间 10 分钟左右。

## 任务技能

### 1. 项目相关知识结构图

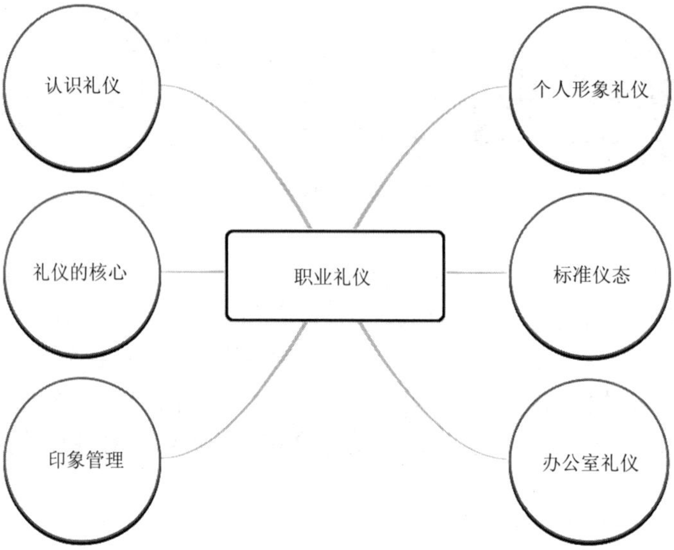


图 11-1 课堂知识结构

### 2. 相关知识点

**知识点 1:认识礼仪**

**互动空间**

视频赏析:大学生的校园礼仪

> （1）播放视频。
> （2）讨论大家在校园里是如何做的呢？
> 总结:视频展示的是大学生的校园礼仪、大家知道了在校园里我们应该遵守的行为规范，那么礼仪到底该如何定位呢？

**讲解要点**

礼仪是一门综合性较强的行为科学，是指在人际交往中，自始至终地以约定俗成的程序和方式来表现的律己、敬人的完整行为。

礼仪一词由“礼”和“仪”两字组合而成，既包含礼貌、礼节的表达，又包含对程序、规范的遵守。礼仪是伴随着人类的文明而产生和发展的，具有很深的文化内涵，并且对一定文化群体中的人们有着相当的约束力。

礼仪看似小节，实则“以小见大”，可以反映一个人的文化教养和综合素质，代表一个企业的文化和形象，在某些场合甚至成为一个国家或民族的文明程度高低的标志。

职业礼仪是人们在职业生活和商务活动中要遵循的礼节，是在职业生活和商务活动中对人的仪容仪表和言谈举止的普遍要求。职业礼仪包含一系列约定俗成的行为规范，具体可分为个人形象礼仪、日常交际礼仪、办公礼仪、商务活动礼仪等。

职业礼仪可以看作一般礼仪在职业和商务中的运用和体现。因此，职业礼仪的核心也是体现人与人之间的相互尊重。了解并应用职业礼仪的基本规范能够为建立成功的职业发展和商业关系奠定基础。在职场中，熟练掌握各种礼仪规范，能够使自己在面对不同对象、身处不同场合时，举止得体，游刃有余，体现出专业而自信的职业精神。

**知识点 2:礼仪的核心**

**互动空间**

案例:看电影

上海有一家电影院曾发生这样一件事。年末，电影院经理把员工包括离退休人员及其家属都请到电影院开一个茶话会。会前，专门制作了这些离退休人员和在职职工的生活录像片，会上放给大家看。每个人，尤其是离退休职工非常感动。原则很简单，这些人一辈子干的工作就是给别人放电影，从来未感受过自己上银幕的感觉。今天他们有机会在电影院里，看自己走上银幕，感到电影院领导没有忘记他们一辈子的辛苦，他们能不感动吗？因而很自然地加深了对自己单位的感情，同时也使在职职工感到振奋，团队的凝聚力大增。

总结:要想在与人交往中做到礼仪到位，最重要让对方感觉被尊重，被关注。

**讲解要点**

尊重是礼仪的核心。礼仪的最基本原则就是尊重自己和他人。当你怀着尊重的心，你所表现的是一种发自内心的礼仪，是真正关心别人，重视他人的自尊和感受，源于内心而表现在外的待人处事方式。

很多人都有过这样的体验。当你在商场中咨询一个看起来不像你能够负担得起的商品时，服务人员虽然也很客气地回答你的问题——她的装束很职业，她的言谈举止不失礼貌，但是你会明显感受到这只是敷衍和应付。也许你本来想问 3 个问题，但是问完第一个问题后，你就打算离开了。缺乏发自内心的尊重，礼仪只就剩了空洞的形式，而人们是能够感受得到这种差异的。

### 知识点3:印象管理

**互动空间**

故事分享

齐人有一妻一妾而处室者,其良人出,则必餍酒肉而后反。其妻问所与饮食者,则尽富贵也。其妻告其妾曰:“良人出,则必餍酒肉而后反;问其与饮食者,尽富贵也,而未尝有显者来,吾将瞷良人之所之也。”

蚤起,施从良人之所之,遍国中无与立谈者。卒之东郭墦间,之祭者乞其余;不足,又顾而之他——此其为餍足之道也。

其妻归,告其妾,曰:“良人者,所仰望而终身也,今若此。”与其妾讪其良人,而相泣于中庭,而良人未之知也,施施从外来,骄其妻妾。

总结:这段古文的大意是:齐人有一妻一妾,齐人每天出去吃别人剩下的酒菜,但是回家后却向妻妾炫耀有富贵显赫之人请自己吃饭。此事被其妻跟踪发现,妻妾尽悲。

这则故事本来要体现的主题并不是这里讨论的重点,重点在于里面的齐人实际上是在其妻妾面前进行着印象管理的工作——虽然这种印象管理颇有死要面子活受罪之嫌。

**讲解要点**

只要自己相信自己,他人就会相信你。

——辛达•威廉姆斯

在日常的人际交往过程中,我们常常会说,第一印象很重要。这虽然是一个常识性的说法,但是其中蕴含了一个重要的观点,即对“印象”的强调,而且不难看出,强调“第一印象”的背后暗示着“印象”不是一成不变的,是可以经营和改变的,这就是印象管理。

印象管理(Impression Management)是指一个人通过一定的方式影响别人形成对自己的印象的过程,是心理学家库利、戈夫曼等人提出的。通常,人们总是倾向于以一种与当前的社会情境或人际背景相吻合的形象来展示自己,以确保他人对自己做出愉快的评价。印象管理是社会互动的一个根本方面。每种社会情境或人际背景都有一种合适的社会行为模式,这种行为模式表达了一种特别适合该情境的同一性,人们在交往中总是力求创造最适合自己的情境同一性。理解他人对自己的知觉与认知,并以此为依据创造出积极的有利于自己的形象,将有助于我们成功地与人交往。

### 知识点4:个人形象礼仪——仪容礼仪

**互动空间**

职业男士性与女性仪容自我检查。

**表 11-1　仪容自我检查表**

| 职业男性仪容自我检查表 | 职业女性仪容自我检查表 |
| --- | --- |
| 请按以下 10 项一一对照自己。<br>（1）头发是否干净，无头屑？<br>（2）头发是否梳理整齐？<br>（3）是否染了彩发？<br>（4）头发的长度是否合适？<br>（5）牙齿是否刷过？饭后是否漱口或用了口香糖？<br>（6）口中是否有烟、酒、葱、蒜等异味？<br>（7）身上是否有汗味或其他异味？<br>（8）指甲是否齐整、干净？<br>（9）胡须是否刮干净了？如果蓄须，是否整齐？<br>（10）鼻毛是否修干净了？ | 请按以下 10 项一一对照自己。<br>（1）头发是否干净，无头屑？<br>（2）头发是否梳理整齐？<br>（3）是否染了彩发？<br>（4）发型和发饰是否过于特别？<br>（5）牙齿是否刷过？饭后是否漱口或用了口香糖？<br>（6）口中是否有烟、酒、葱、蒜等异味？<br>（7）身上是否有汗味或其他异味？<br>（8）指甲是否齐整、干净？<br>（9）是否涂了鲜艳或另类的彩甲？<br>（10）香水是否喷得过浓？ |

## 讲解要点

仪容指人的外部容貌，由面容、发型以及身体未被服饰遮盖的肌肤组成。

所有人都会有意无意地“以貌取人”。在初次见面时，个体的仪容仪表以其鲜明的视觉形象给人们最直观、最深刻的感受。有研究表明，人们对他人的第一印象往往在初次见面的几秒之内就建立起来了，而且烙印很深，其形成的看法和评价需要很长时间或重大事件才能扭转和改变。

几乎所有用人单位的面试得分表中都会有仪容仪表一项。也许你整洁的仪容不会令招聘主管当场决定录用你，但是如果你以不修边幅的面貌出现在招聘主管面前，相信你在这家单位的面试道路就走到头了。很多招聘主管都抱有这样的想法：如果一个人连自己的头发、脸面都不去修整打理，怎么能相信这样的人会爱惜公司的形象呢？而且，一个蓬头垢面来应聘的人，他真的对这个公司有兴趣吗？真的重视这份工作吗？

据说，日本著名企业家松下幸之助每次做头发都要去东京最高级的理发店。他认为，自己的形象代表了企业的形象。如果作为领导人的自己留给人不修边幅的印象，那么人们就会由此联想到企业的产品质量，对企业产生不信任感。

整洁端庄的仪容仪表一方面体现了个人的良好修养，另一方面也表达了对他人的尊重和礼貌，在人际交往和商务活动中，能够给他人留下良好的印象，获得他人的信赖。

仪容礼仪的总体要求是整洁。对于不同性别，在仪容礼仪上略有差异，下面分别在男士篇和女士篇中介绍。

1）职业男士，主要需要在头发和面部的仪容上注意以下几点

（1）发型发式。

- 干净整洁；
- 不宜过长，不得剃光头；
- 前部头发不遮住自己的眉毛；
- 侧部头发不盖住自己的耳朵；

➢ 不能留过长、过厚的鬓角；后面的头发不超过衬衣领子的上部。

（2）面部修饰。

➢ 剃须修面，保持清洁。男士要每天刮胡须，这是对别人的尊重。

➢ 商务活动中要保持口气清新。在会前不要吃味道强的食物，如大蒜等。嘴里有气味的要注意使用漱口水和口香糖。

2）对于职业女性，除了整洁之外，还需要兼顾美观和恰当，下面是在发型和化妆方面需要注意的几点

（1）发型发式。

➢ 发型与脸型：倒三角形脸的女士适合选择掩饰上部，增宽下部的发型；三角形脸的女士可以选择能增宽上部的波浪形卷发；长方形脸的女士适合选择卷曲的波浪发型；椭圆形脸的女士适合选择任何发型，以中分、左右均衡的发型为最佳；长脸形的女士适合选择蓬松的发型；圆脸的女士适合柔顺的长发。

➢ 发型与体型：体型高瘦的女士适合选择长发、直发；体型矮小的女士适合选择短发或盘发；体型高大的女士适合选择直发或大波浪卷发；体型短胖的女士适合选择运动式发型。

➢ 发型与性格、气质：举止端庄稳重的人，适合选择朴素、自然大方的发型；性格开朗直爽的人，适合选择线条明快、造型简洁、体现个性的发型；潇洒奔放的人，适合选择豪爽、浪漫的发型。

➢ 发型与职业、场合：礼仪小姐的发型应新颖、大方；职业女性的发型应文雅、端庄；参加晚宴或舞会时，发型可高雅、华丽。

（2）化妆。

对于女性求职者，化妆一定要坚持淡妆的原则，切不可浓妆艳抹。

➢ 嘴唇：嘴唇是脸部最富色彩，也最吸引人的部分，所以无论如何要使嘴唇显得有润泽感。年轻女士宜用紫色口红，避免用大红或橙红。唇线不可画得太深，那样会使你的嘴显得突出和虚假。

➢ 眼睛：眼睛是心灵的窗户。为了使眼睛在面试时能动人而传神，面试之前就应稍加修饰。例如，女士可以描一描眉毛，使之更加妩媚。眼睛小的，可以在眼睛四周轻轻地描上眼圈，但不能描得太黑太深，不要露出修饰的痕迹。

➢ 香水：选择香水要与自身的气质相配，香味宜淡，闻上去要给人以舒畅的感觉。很多初入职场的年轻职业女性为了刻意追求成熟、干练的感觉，会选择一些非常“有女人味”的香水，如宝格丽的黑茶，或者迪奥的“绿毒”，然而这些二十出头的小女生往往无法驾驭如此厚重浓烈的味道，使整体的形象搭配很奇怪，反而对印象管理起了副作用。相反，一些过于清甜稚气的香水也不适合在工作场合使用，如“小雏菊”。职场中比较“安全”的香型是一些较为淡雅的，既不失女人味，又不会在相对严肃的工作场合过于跳脱的香型。

**知识点5：个人形象礼仪——着装礼仪**

**互动空间**

游戏互动：一个实验

一位身着笔挺漂亮军服的海军军官。
一位戴金丝眼镜、手持笔记本电脑包的年轻男士。
一位打扮入时的妙龄女郎。
一位穿着家居服，挎着菜篮子的中年妇女。
一位留着怪异发型、穿着邋遢的男青年。
几位分别到马路边搭车，假如你是一位出租车司机，那么你更愿意拉谁？

总结：个人形象很重要，关注礼仪从自我形象塑造开始！

## 讲解要点

着装可以称为一门艺术。个体的着装可以视为一种无声的语言，反映出一个人的文化修养和审美情趣。在职业礼仪中，对着装的基本要求是整洁、得体、端庄、和谐。下面仍然分男士篇和女士篇，分别介绍职业男性和女性要遵循的着装礼仪的具体要求。

1）男士着装

（1）总体原则。

➢ 三色原则：穿西装的时候，全身的颜色是不能多于三种的，包括西装、裤子、衬衫、领带、鞋子、袜子的颜色。

➢ 三一定律：男士的鞋子、腰带、公文包应该是一个颜色，并且首选黑色。一般来说，深色西装可配深色腰带，浅色西装则可深可浅的皮带都配得上。黑色皮鞋能配任何一种深颜色的西装。灰色的鞋子绝不宜配深色的西装，浅色的鞋也只可配浅色西装，而漆皮鞋只宜配礼服。

（2）西服套装。

➢ 拆除商标：穿西装前，不要忘记把上衣左袖口处的商标或标志一起拆掉。

➢ 熨烫平整：穿西装除了要定期对西装进行干洗以外，还要在每次穿之前，进行清洗熨烫，以免西服又脏又皱。

➢ 正确系扣：不管穿什么衣服都要注意把扣子扣好。而穿西装时上衣纽扣的系法讲究最多。通常，系西装上衣的纽扣时，单排两粒纽扣的，只系上边那粒。单排三粒纽扣的可以只系中间的或上中两粒扣子。但双排扣西装要求把所有能系的纽扣都系上。

➢ 避免卷挽：不可以当众随心所欲地脱下西装上衣，也不能把衣袖挽上去或卷起西裤的裤筒，否则，都是粗俗、失礼的表现。

➢ 少装东西：为使西装在外观上不走样，就要少往口袋里装东西，甚至不装。

➢ 避免鼓囊：即使天气再冷，西装里面也不可以穿得鼓鼓囊囊，否则非常影响西装的美感。西装和衬衫之间最多可以穿一件薄的毛衣。天气冷的时候可以在西装外面套大衣。

➢ 慎穿毛衫：如需要应穿 V 字领毛衫或绒衫。

（3）衬衫。

和西装一起穿的衬衫，要求是单一色彩的长袖衬衫，白色衬衫最好。另外，蓝色、灰色、棕色、黑色衬衫也可以考虑。衬衫上最好没有任何图案。

衬衫和西装配套的时候要注意以下几点。

➢ 系上衣扣：穿西装的时候，衬衫的所有纽扣都要系好。只有在不打领带时，才可以解开衬衫最上面的领扣。

➢ 收好下摆：穿长袖衬衫时，要把下摆均匀地掖到裤腰里面。

➢ 大小合身：除休闲衬衫外，衬衫都不要太短小紧身，也不要过分宽松肥大，一定要大小合身。衣领和胸围要松紧适度，下摆不能过短。

（4）领带。

➢ 领带的选择也很重要，要避免选颜色太浅的领带。如果西装和衬衫属于浅色，就不易衬托对比效果；如果西装和衬衫的颜色较深，又会显得相当轻浮。深色西服可以配颜色比较华丽的领带，此时的衬衫应该是纯色的；淡色的西服，领带也要相应素雅一些；如果衬衫的色调强、花纹多，领带也可以相对素雅。

➢ 领带结应打得挺括、端正，并且在外观上呈倒三角形。在收紧领带结时，有意在它的下面压出一个窝儿，这样看起来更加美观、自然。领带结的具体大小，要和衬衫衣领的大小形成正比。最忌领带结打得不端不正、松松垮垮。一般打好后，下端正好能碰到腰带扣就行，超过就有可能不时地从上衣衣襟处窜出来。但领带打得过紧，会限制血液流通，压迫神经，容易引起眼睛的疲劳，由此带来眼部疾病。所以，衬衫领口要稍大些，领带适度就行，不要勒得太紧。

➢ 使用领带夹时，不要让它暴露在外，最好是把它夹在衬衫自上而下的第四粒到第五粒纽扣之间。

（5）袜子。

➢ 重要场合，白色的袜子和尼龙丝袜是不和西装搭配的。深色的袜子可以配深色的西装，也可以配浅色的西装。浅色的袜子只能配浅色的西装，不宜配深色的西装。袜子的长度应保证身体坐下后不会露出小腿。

➢ 按常规，男人的袜子颜色不应浅于裤子，也不应过短，以免架腿时露出小腿，因为男人的小腿显露很难让人产生“美感”。

（6）鞋。

注意使鞋面保持铮亮。鞋跟要结实，破旧的鞋跟会使人显得萎靡。系带的皮鞋一定要检查鞋带是否干净且系紧，松或未系的鞋带不仅会带来不安全感甚至还有可能将自己绊倒。另外，切勿把黑鞋与棕色的西装搭配，这是一种错误的搭配。

（7）外套。

厚重的上衣已经逐渐被轻便的新式样代替了，因为它几乎适用于所有场合且耐用。另外，人们潜意识中往往对穿浅色上装的人投以更深的信任。因此，假如你想去面试，请选择浅色调上装，以示你是一位值得信任的人。

2）女士着装

（1）总体原则。

➢ 合身因素：也就是外形美，即针对自己体形穿着服装，以期达到最理想的效果，请注意，这一切要做得含蓄而自然，不要让人觉得你在刻意掩饰或显示什么。

➢ 环境因素：着装要注意特殊的工作环境的要求。

➢ 个性因素：职业女性的着装讲究严肃、整洁而不失个性，穿着要显示内在的素养与气质，一个人的经历、阅历及独特处事方式带来的个人爱好上的不同，应在服饰上有所流露。

➢ 流行因素：对时尚不敏感的人，会给人古板的印象，所以应重视流行的服饰。

➢ 质地款式：职业女性衣饰质地要精良，做工精良、质地上乘的服饰会给人一种气度不凡的印象；款式上不要与自己的性格相差太远，那样只会让你感到局促不安，工作场合不要过于暴露或款式过于复杂。

➢ 色彩处理：色彩上，天然系列为首选，同时注意穿着颜色还应与四季的色调相协调。

➢ 完善细节：职业女性除着装外，还应注意装饰品的搭配，饰品以不妨碍工作为原则。

➢ 追求完美：对白领女性而言，穿得漂亮出众，并非犯忌。职业女性无论身居何职，设计最佳形象、注意把握风格、体现不亢不卑、穿得轻松漂亮才算成功。

（2）服装款式和颜色。

➢ 款式质地：女士求职服装一般以西装、套裙为宜。一套在正式场合穿着的套裙，应该由高档面料缝制，上衣和裙子要采用同一质地、同一色彩的素色面料。

➢ 色彩方面：以冷色调为主，应当清新、凝重，以体现着装者的典雅、端庄和稳重，最好不选鲜亮抢眼的。

（3）套裙。

➢ 大小适度：裙子最长可以达到小腿中部，上衣的袖长要盖住手腕。

➢ 着装认真：要穿得端端正正。

（4）鞋子。

➢ 女士如何穿鞋也有学问，总的原则是应和整体相协调，在颜色和款式上与服装相配。

➢ 中跟鞋：面试时，不要穿长而尖的高跟鞋，中跟鞋是最佳选择，既结实又能体现职业女性的尊严。鞋子应该是高跟、半高跟的船式皮鞋或盖式皮鞋。系带式皮鞋、丁字式皮鞋、皮靴、皮凉鞋等，都不适合采用。

➢ 靴子：设计新颖的靴子也会显得自信而得体。但穿靴子时，应该注意裙子的下摆要长于靴端。

（5）袜子。

袜子不能有脱丝。时装设计师们都认为，肉色作为商界着装是最适合的。为保险起见，应在包里放一双备用，以免脱丝能及时更换。在商务场合决不能露着光腿。

（6）饰物。

➢ 公文包或手提小包：公文包和手提小包带一个即可，不要两个都带。在商务场合，携带公文包比手提小包能体现出更多的权威，但不要将包塞得满满的。

➢ 帽子：不管是否戴帽子，对此必须持谨慎态度。假如帽子与你全身很相配，就选择一顶既无饰边也不艳丽却很雅致的帽子。在商务场合不要戴过于复杂、鲜艳的帽子。

➢ 首饰：首饰尽量少戴。耳环应当小巧且不引人注目。如果要佩戴首饰，应该选择小巧且不发出声响的手饰。戴首饰的重要原则是：少则美。

➢ 眼镜：眼镜会使一些人外表增色，也可能使一些人显得不协调。尽量选择适合自己的镜框，式样以新为好。眼镜的镜片最好不带颜色，并保持干净。

➢ 围巾：一条漂亮的围巾有画龙点睛的妙用。一些女士喜欢蓝灰色服装，但穿蓝灰色衣服往往会使面部发暗，如果配上一条色彩浓郁、风格热烈的围巾，就能达到生气勃勃的效果。如果穿一套藏青色的西服，应围一条纯白的围巾，既能衬托红唇黑眸，又能保持藏青色清爽如水的气质，衬托出女性的敏捷和果断。

➢ 丝巾：丝巾飘逸清秀的特点最能烘托出女性的美，但选择丝巾时一定要注意与衣服的协调搭配。如花色丝巾可配素色衣服，而素色丝巾则适合艳丽的服装。

除了上述一般性的着装原则之外，女性搭配服装还有最重要的一个关键因素：适合自己。因为女性的服装较男性的服装更加贴合身体曲线，所以根据自己的体型特点搭配服装就显得格外重要。

**知识点 6：标准仪态**

**互动空间**

活动：标准仪态展示演练

（1）请同学上台演绎标准站姿、坐姿、走姿、蹲姿。

（2）同学两两相对，互望 10 秒钟。

➢ 调查各组坚持的时间长短。

➢ 大家在对视过程中分别注视对方的什么部位？

➢ 请分析不能长久互望的原因？

**讲解要点**

相貌的美高于光泽的美，而秀雅合适的动作美又高于相貌的美，这是美的精华。

——培根

很多女孩子，为了美化外在的形象，不惜花重金去美容，购买高档的服饰。爱美之心，人皆有之，这无可厚非。妆容和服装的美是静态的美，仪态、声音的美等是动态的美。精心打造出来的光鲜夺目的形象，往往会被行为举止上的一些差错而彻底粉碎。修饰你的仪态美，从细微出流露你的优雅风度，远比一个衣服架子，更加赏心悦目！

1）站姿

➢ 尽量保持身体的挺直，不可歪斜、依靠着墙壁或桌椅而站；

➢ 站立时双腿分开的距离过大、交叉，都是不雅观和失礼的行为；

➢ 谈话时，要面对对方，保持一定的距离，手中也不要玩弄物品，那样显得心不在焉，是不礼貌的行为。

2）坐姿

➢ 顺序：不抢先就座；

➢ 方位：左进左出；

➢ 坐在椅面的三分之二处，落座无声，入座得法，离座谨慎；

➢ 上身自然正直，脚平稳放在地上，手自然放在膝盖或扶手上；

➢ 着裙装女士先用双手拢平裙摆再坐下；

➢ 与人交谈，身体前倾；头不可倾后，脚不可伸前。

3）走姿

➢ 走路时要昂首挺胸，尽量走直线，不要左顾右盼。

➢ 人行道的右侧、内侧是安全而又尊贵的位置，若你作为秘书陪同上司、客人外出，则应将其让给上司、客人行走，你走在外侧。

➢ 当走到车辆较多或人多处，你应先走几步，同时提醒、引领和照顾上司和顾客。

➢ 如果你走路时同时提着物品，应留神别让自己提的物品阻拦或碰撞了别人。若与人同行，你则应提物品走外侧。

4）蹲姿

一脚在前，一脚在后，两腿向下蹲，前脚全着地，小腿基本垂直于地面，后脚跟提起，脚掌着地，臀部向下。

5）目光

与人交往时少不了目光接触。正确的运用目光传达信息，塑造专业形象，需要遵守目光交流的规律。

目光交流的 PAC 规律：

P——PARENT，指用家长式的、教训人的目光与人交流，视线是从上到下。

A——ADULT，指用成人的眼光与人交流，互相之间是平等的，视线平行。

C——CHILDEN，一般是小孩的眼光，视线从下向上，表示请求或撒娇。

**知识点 7：办公室礼仪**

**互动空间**

游戏：给领导送一份材料

| |
|---|
| 游戏场景设置：写好了一份材料要到领导办公室汇报。<br>请两名同学演绎一个完整的从整理资料去老板办公室到汇报完毕出来的全过程。<br>可加大难度：有第三名同学演老板正在接待的客人。<br>各小组注意：记录同学们在表演中礼仪到位和不合适的环节，以便分析。 |

**讲解要点**

办公室礼仪是指在办公场所中人们需要遵循的礼仪规范。整洁的办公环境，融洽的人际关系，是所有工作者的理想。在这样的氛围中工作，可以让人心情愉快，工作效率明显提高。了解和遵守办公室礼仪，可以帮助你建立良好的工作环境，树立得体的职业形象，保持和谐的人际关系。

对于多数人来说，一天三分之一的时间都是在工作场所中度过的。你可能有自己独立的办公室，也可能是和几个同事坐在不同的办公桌后共享同一间办公室。更常见的一种情况是，你和同事们在一个开放的大空间里工作，但每个人被隔断和挡板划分到一个个阁子间或工位里。不管哪种情况，每个人都会有自己的私人工作区域——一间小屋、一个办公桌或一个工位，不妨把这些都泛称为“办公室”。

1）在你的办公室

首先，你要遵守上下班时间。尽量不要准确地踩着上班时间点到岗。建议你提前 5~10 分钟，这样你会更加从容，可以应对一些小的意外和阻碍。比如，上班时间写字楼的电梯通常总是满载的，你提前一点就不至于因为挤不进这一班电梯，而被划入迟到的行列。

如果由于交通拥堵或其他意外的发生，你在上班途中发现自己必然迟到时，一定立即与你的上级联系，告诉他（她）你由于哪些原因无法按时到达，并将你预期可以达到的时间告诉对方，这样你的上级可有所准备，进行相应的工作调整。

到办公室后，不妨跟你的上级和同事们微笑着打个招呼，让大家都能心情愉快地开始新的一天的工作。如果你是第一个来到办公室的人，不妨打开窗子为房间通风换气，为后来的同事创造一个更健康的空气环境。

当你由于公事要临时离开办公室或工位时，比如去财务室报销，或参加一个另部门的会议，你要向邻近的同事告知一下你的去向和大概时间。这样当有人找你时，你的同事可以解释你的情况，帮你应对。

下班前，记得把你的桌面清理出来，将文具、资料等分别归类收拾好。离开前，和仍在办公室的同事打个招呼“我先走啦”“明天见”。如果你是最后一个离开办公室的人，你还需要在走前关闭办公室的电灯、电源、门窗等。

2）在别人的办公室

你的同事所在的固定办公区域就是他的办公室。哪怕那只是个阁子间，或者以隔断划出的工位，你也需要表示出对同事私人区域的尊重。

➢ 在别人的办公室，首先要遵守的礼仪原则就是：在要进入他人办公区域时，先敲门或告诉对方你想要进来。当获得对方同意后，方可进入。

➢ 进入办公区域后再开始交谈，不要只是探头越过隔板，或站在阁子间外，就对着里面的人说话。这样就像站在走廊朝屋里的人喊话一样，很没有礼貌。因为一方面，这使谈话失去隐私性——也许你不在乎，但可能你的同事很在意；另一方面，这可能影响到其他的同事，你们的谈话对他们可能是影响办公的噪声。

➢ 如果你要拜访的同事正有其他的事情忙碌，最好先离开一下，等一段时间后再来。不要堵在别人的门口，因为你这样做会给别人带来很大的压力和一种被监督的感觉。

➢ 不要动别人办公桌上的私人物品。很多人习惯把自己喜欢的一些物品摆放在桌上，增加办公的乐趣，如照片、玩具、奖品、纪念物等。这些东西带有明显的私人性和情感价值，除非物品主人同意，否则不要动这些物品。

➢ 在别人的办公室里不要停留过久，除非出于工作需要。

➢ 离开时应向对方告别或打招呼，如果办公室有门，走出后最好随手将门轻轻关上。

## 拓展学习

**知识点1：尊重他人需遵循的“3A原则”。**

（1）Acceptance（接受）：对别人的价值观、宗教信仰等，需要有一个尊重的态度。在社交场合我们不要去挑战这些私人的观点和信念，因为这些方面每个人有自己的自由。当我们与别人在某些方面出现意见分歧时，要允许别人表达思想，表现自己。

（2）Attention（重视）：在和他人的交往中，要把对方放在更为重要的位置上。要表现出真诚和热情的态度，因为这样的态度给人受尊重、受重视的感觉。再完美的礼节，如果用一种冷若冰霜的态度表达出来，对方也会感觉你只是在敷衍，反而会因此感到受伤害。

（3）Admiration（赞美）：每个人都希望自己被其他人喜欢，每个人也都有自己的闪光点，因此交往中肯定对方的优点，赞美对方，能够使人际关系更融洽。美国著名的学者乔治•埃尔顿•梅奥先生说过，“尊重别人就是尊重自己，发现别人的优点，实际上就等于肯定自我，那说明你宽容，说明你谦虚，说明你好学”。当然，赞美要恰当。虚假、夸张、言不由衷的赞美反而会起负面作用，

孟子说过“爱人者，人恒爱之；敬人者，人恒敬之。”在人际交往中，展现你对别人的尊重，那么你也能赢得别人对你的尊重。商务礼仪中有这样一句话：“你希望别人怎样对待你，那你就应该首先那样去对待别人”。

**知识点 2：印象管理中的几个注意事项**

➢ 记住人的名字和面孔。一个人最私有的财产莫过于名字，做到这一点尤为重要。

➢ 把握最初 7 秒钟。研究表明：见面时，7 秒钟就能对一个人做出评估，而且无须语言。首次接触的 7 秒钟内，人们就会因为本能的个人好恶决定是否喜欢某人，是否信任某人，是否想要花时间和某人说话。假如你制造了一种负面的印象，人们通常都只会再给你几分钟时间，然后便将注意力转向他人。

➢ 发挥自己的长处。充分显示出自己的优势，用人格魅力感染对方。

➢ 保持自己的本色，不卑不亢。

➢ 善于使用眼神、目光。沟通过程中要注意把握目光和眼神，及时给对方做出积极的回应。

➢ 多听少说，先听再行。上帝赋予了人类两只耳朵一张嘴，就是为了让我们少说多听。

➢ 集中精神，积极热情地表示你对对方的关注和支持。

➢ 态度肯定，始终如一地表明你的观点和兴趣。

➢ 放松心情，时刻保持一颗平常心。

➢ 不要信口开河、虚张声势，不要摆出虚假的姿态。

**知识点 3：着装的 TPO 原则**

前面的男士篇和女士篇讲述了职业着装的具体要求和注意事项。在职业礼仪中，关于着装还有一个通用而基本的原则：TPO 原则。

TPO 是时间（Time）、地点（Place）和目的（Objective）的英文单词首字母的缩写。该原则是指人们在着装时应该考虑到具体的时间、地点和目的，以便与之适应。

（1）T（Time，时间）：穿着符合一天中的早晚时间、一年中的四季变化和社会时代的潮流。特别是，现代社会的服饰潮流千变万化，在着装时可以参照其主流趋势，不要超前，也不要过于滞后。

（2）P（Place，地点）：穿着要符合自己所处的地点和环境，“因地制宜”。通常可以把人们所处的环境分为公务、社交和休闲三种，在每种环境中，要选择与该环境相符的服饰。例如，身处公司这样的公务环境，需要穿西装、制服、套装等，以示正规、庄重；而当需要出席晚宴等社交场合时，则需要穿晚礼服、旗袍，并应佩戴时尚饰品；休闲场合对着装要求较少，一般以舒适为佳，如牛仔服、运动鞋。

（3）O（Objective，目的）：穿着要适合自己，并符合自己希望给别人留下的印象。一方面，每个人有不同的社会角色，不同的角色有着各自的社会行为规范和服饰规范，因此需要根据自己的年龄、形象特点、气质及工作性质等来选择服饰，形成与自己的身份、个性相协调的形象。另一方面，人们也在以自己的穿着打扮传递一些信息，反映出自己希望给别人留下怎样的印象。例如，当你希望更多融入团队时，你往往会选择与多数团队成员一致的服装款

式、颜色，甚至品牌；而当你更想体现自己的个性时，你通常会打扮得与众不同。

### 阅读资料

1）案例，礼仪的重要性

有些人把礼仪看成生活小节、工作习惯，甚至是“穷讲究”。但是商界有一句话叫作“细节决定成败”。由于不知礼仪、不守礼仪而导致失败的例子比比皆是。请看下面的案例。

某制药厂经营困难，濒临倒闭，幸运的是遇到一家德国企业有意投资。双方经过了多次商谈，在签约之前，德国企业的总裁决定亲自到该厂视察。制药厂的厂长陪同德国总裁在车间中参观，就在这时，这位厂长不经意间吐了一口痰，被德国总裁看在眼里。当即德国总裁就结束了视察，并告知决定不签约。德国总裁的观点很简单，这里是制药厂，是关系人命的地方，怎么能随地吐痰呢？这家工厂本来可以借助外商投资起死回生，却由于该厂长在社交场合一个不经意的失误，导致了投资泡汤，工厂最终破产。

2）案例：称呼的重要性

D先生到一家酒店的餐厅为一位外国朋友订做生日蛋糕。服务员小姐接过订单一看，忙问：“对不起，请问先生，您的朋友是小姐还是太太？”D先生也不清楚这位外国朋友结婚没有，他想了想说：“小姐？太太？一大把岁数了，太太。”生日蛋糕做好后，服务员小姐按地址到酒店客房送生日蛋糕。敲门后，一位女士打开门，服务员小姐有礼貌地说：“请问，您是怀特太太吗？”那位女士愣了愣，很不高兴地说：“错了！”服务员小姐抬头看看门牌号，只好再回去打电话问D先生。经核查房间号码没错，于是服务员小姐再次敲门：“没错，怀特太太，这是您的蛋糕”。这次，那位女士大声说：“告诉你错了，这里只有怀特小姐，没有怀特太太。”然后，“啪”的一声把门大力关上。本来很愉快的生日，弄得所有人都不开心。

这件事情就是因为错误的称呼所造成的。在西方，特别是女子，很重视正确的称呼。如果搞错了，就会引起对方的不满，好事往往就变成了坏事。

## 任务实施

| 第一步 课前认知 | |
|---|---|
| 主要内容 | 教师评价 |
| 回答以下问题：<br>1. 你如何看待人际交往中的礼仪？你认为印象需要管理吗？谈谈你对印象管理的认识。<br><br>2. 你认为礼仪的核心是什么？关于礼仪你了解哪些方面的内容？ | |

| 第二步 课堂学习 | |
|---|---|
| 主要内容 | 教师评价 |
| 1. 女士仪容礼仪应注意哪些方面？<br><br>2. 男士着装注意遵循哪些原则？<br><br>3. 你知道哪些办公室礼仪？ | |

| 第三步 课后拓展 | |
|---|---|
| 主要内容 | 教师评价 |
| 1. 请列出你的个人形象礼仪提升计划。<br><br>2. 思考如何能够有效执行并记录计划的执行情况？ | |

## 任务总结

| | |
|---|---|
| 1. 请总结：通过课堂学习、课下自学、小组交流、同学的分享，你了解哪些具体知识？<br><br>2. 通过本项目的实施你有哪些感想、收获和成长？ | |
| 签名： | 日期： |
| 本团队成员对你的评价： | |

| | |
|---|---|
| 签名： | 日期： |
| 其他团队对你的评价： | |
| 签名： | 日期： |
| 教师对你的评价： | |
| 签名： | 日期： |

## 任务习题

请同学思考并学习整理如下内容。

1. 锻炼自己的标准体态从今天做起，列出具体锻炼计划。
2. 在印象管理方面你有哪些需要提升？
3. 请每日对照《职业人仪容自检表》整理个人形象。

# 项目 12 项目发布会

## 学习目标

商务接待礼仪看似微不足道，实则十分重要，没有好的礼仪习惯，未来个人发展将受到很大阻碍。好的礼仪习惯并非天生，而是后天学习获得的，我们在为自己加分，成为职场赢家的同时，也在为自己所任职的公司构建正面形象。所有人踏入职场的第一课将是：学习职业形象。

怎么化妆？出门怎么穿衣服？怎么与客户沟通？怎么与上司交流？怎么样仪态大方？如何提升个人的整体形象。主席台上 6 把椅子，领导坐哪个？宴请客人，如何排位？商务接待有什么规矩？如何让人一看你就是标准职业人？商务场合的形象塑造，谈判桌上的沟通技巧，公众场合的激情演讲……其实个人形象，都来自于着装、仪表、举止、交谈、待人接物等各个具体环节。

本期项目发布会情景剧展示活动以案例、故事、实战式训练为主，简单、易学、有效。突出参与者听、看、做、练等亲身体验的关键环节，可以让同学们内外兼修，并与未来工作状态紧密结合，能充分激发同学们的学习兴趣 。

通过本项目的实践，我们将达到如下目标：

●认识到商务礼仪的重要性。

●认识称呼与介绍、握手、名片等见面礼仪并准备为提高自己的见面礼仪做些尝试。

●在课堂和平时生活中实践见面礼仪的要点，并不断提升自己。

●掌握商务礼仪的基本要领，愿意提升自己的商务礼仪。

●模拟商务礼仪场景，掌握各种场景礼仪要领并能运用到生活中。

## 任务描述

本项目是通过学生分组做职场礼仪情景剧表演。班级学生分为两个大组开展已完成项目的发布会。其中一大组进行情景剧表演，另一大组作观察员记录过程中的得失。整个情景剧涵盖了从发布会的形式策划、场景布置、会务引领、接待表演、项目说明，乃至最后的招待和送行整个过程。

要求情景剧的设计过程中要尽可能多地体现职业礼仪范畴的知识。组员要有明确的分工，演员按自己的角色着装，身上要有角色明示牌。整场发布会设计环节周全，演绎完整，要有意识地设计职业礼仪知识展示环节，过程资料齐全，至少有但不限于活动策划案、情景剧剧本、情景剧道具等。一组整个过程演绎的时间为 40 分钟。

## 任务技能

### 1. 项目相关知识结构图

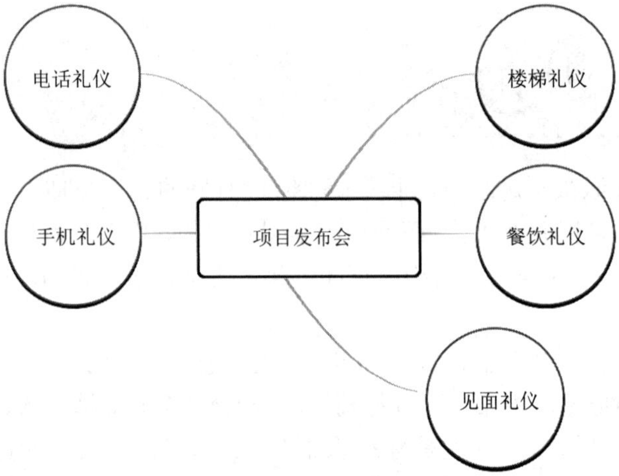


**图 12-1　课堂知识结构**

### 2. 相关知识点

### 知识点 1：电话礼仪

**互动空间**

相声表演：电话礼仪

> 需要甲、乙两名同学参演，台词如下。
> 甲：这个接打电话呀！要讲究个电话礼仪。
> 乙：这还有礼仪？
> 甲：这里学问大着呢！
> 乙：您给学学。
> 甲：我给你学学——幼儿园给果品公司打电话。您听好了。
> 您好！我是 6+1 幼儿园，请问您是果品公司吗？请帮我找一下李阿姨好吗？
> 您好，李阿姨，请问，我们幼儿园订的苹果什么时间能送到呀？
> 乙：噢！（恍然大悟状）听着是挺舒服。
> 甲：那如果变一下你再听听。

喂！（声音大，气势汹汹）是果品公司吗？李大丫在吗？就是那胖子，你是李大丫吗？我们订的苹果怎么还不到呀！你快问一下！如果再不到我们就退货了！（啪的一声电话挂了）

乙：是不舒服。

甲：你再听一下接电话。

丁零零，丁零零，您好！我是明明，请问您找哪位？

乙：我找你妈妈。

甲：对不起，我妈妈不在。请问您是哪位？需要我帮您转告什么事情吗？

乙：我是你王阿姨！你妈妈回来让她给我回个电话。

甲：哦，王阿姨好！行，等妈妈回来我让她给您回电话。

乙：舒服。

甲：你再听。

喂？哪位？找谁？谁？大点声！不在？啪！

乙：不舒服。

甲：打电话还有学问呢，就是别啰唆，您听这位。

小明吧！想死我了。

乙：你是哪位？

甲：你猜。

乙：不好意思我猜不出来。

甲：那你使劲猜！短头发，喜欢穿蓝色上衣、蓝色裤子，戴蓝色帽子，穿蓝色皮鞋，背蓝色书包（还要继续往下说的样子）

乙：真啰唆！没完没了了这位！

## 讲解要点

电话被现代人公认为便利的通信工具，在日常工作中，使用电话的语言很关键，它直接影响着一个公司的声誉；在日常生活中，我们通过电话也能粗略判断对方的人品、性格。因而，掌握正确的、礼貌待人的打电话方法是非常必要的。电话礼仪主要包括接听电话和拨打电话两个方面。

1）听电话

（1）接听电话的四原则。

- 电话铃响在三声之内接起。
- 电话机旁准备好纸笔进行记录。
- 确认记录下时间、地点、对象和事件等重要事项。
- 告知对方自己的姓名。

（2）接听电话的重点。

- 认真做好记录。
- 使用礼貌语言。

➢ 讲电话时要简洁、明了。

➢ 注意听取时间、地点、事由和数字等重要词语。

➢ 电话中应避免使用对方不能理解的专业术语或简略语。

➢ 注意讲话语速不宜过快。

➢ 打错电话要有礼貌地回答，让对方重新确认电话号码。

（3）代接电话。

➢ 来电找的人不在时，告诉对方不在的理由，如出差。如对方问到，应尽量告诉他所找的人什么时间回来。

➢ 礼貌地询问对方的工作单位、姓名和职位，主动询问对方是否留言，如留言，应详细记录并予以确定，并表示会尽快转达。

➢ 如果对方不留言，则对方挂断后再挂。

➢ 接到抱怨和投诉电话时，要有涵养，不与对方争执，并表示尽快处理。如不是本部门的责任，应把电话转给相关部门和人员，或告诉来电者该找哪个部门。

➢ 来电找的人正在接电话时，告诉对方他所找的人正在接电话，主动询问对方是留言还是等一会儿。如果留言，则记录对方的留言、单位、姓名和联系方式。电话记录牢记 5W1H 原则：何时（When），何人来电（Who），事件地点（Where），何事（What），何因（Why），如何做（How）。

➢ 如果等一会儿，则将话筒轻轻放下，通知被找的人接电话。

➢ 如果被叫人正在接一个重要电话，一时难以结束，则请对方过一会儿再来电话，切忌让对方莫名久等。

2）打电话

（1）拨打前。

➢ 时间与时机的选择得当。如无急事，非上班时间不打电话。给客户家里打电话，上午不早于 8 点，晚上不晚于 10 点。

➢ 谈话对象的准确选择，准备好所需要用到的资料、文件等，重要的内容应在打电话之前用笔写出。

➢ 确保周围安静，嘴里不含东西，琢磨好说话内容、措辞和语气语调。

➢ 准备好纸笔，方便记录。

（2）接通后。

➢ 对相识的人，简单问候即进入主题。

➢ 对不相识的人，先讲明自己的身份、目的再谈问题。

➢ 用“您好”“请”“谢谢”“对不起”等礼貌用语。

（3）交谈中。

➢ 表达全面、简明扼要（有的公司规定交谈时间一般不超过 3~5 分钟）。

➢ 需谈论机密或敏感话题时，电话接通后要先问对方谈话是否方便。

➢ 交谈中如有事情需要处理，要礼貌告知对方，以免误解；未讲清的事情，要再约时间并履行诺言。

（4）挂断前。

➢ 谈话完成后需要向对方致谢，说完“再见”之后再挂断电话。

➢ 不要急于挂断电话，一般应由地位高者、长辈、客户、主动打电话者先挂断电话。

(5)特殊情况处理。

➢ 如所找对象不在,应委托他人简要说明缘由,主动留言,留下联系方式和自己的姓名。

➢ 记住委托人姓名,并致谢。

➢ 讲话时,如果发生掉线、中断等情况,应由打电话方重新拨打。

**知识点 2:手机礼仪**

**互动空间**

手机礼仪音乐剧

| |
|---|
| 随着手机的日益普及,无论是在社交场所还是工作场合放肆地使用手机,已经成为礼仪的最大威胁之一,手机礼仪越来越受到关注。在国外,如澳大利亚电讯的各营业厅就采取了向顾客提供“手机礼节”宣传册的方式,宣传手机礼仪。 |

**讲解要点**

公共场合特别是楼梯、电梯、路口、人行道等地方,不可以旁若无人地使用手机。

在会议中、和别人洽谈的时候,最好的方式还是把手机关掉,起码也要调到震动状态。在一些场合,比如在看电影时或在剧院接打手机是极其不合适的,如果非得回话,可采用静音的方式发送手机短信。在餐桌上,关掉手机或是把手机调到震动状态还是必要的。无论业务多忙,为了自己和其他乘客的安全,在飞机上都不要使用手机。

用手机,特别是在公共场合,应该把自己的声音尽可能地压低一些,而绝不能大声说话,以赢取路人的眼球。

在一切公共场合,手机在没有使用时,都要放在合乎礼仪的常规位置。无论如何,都不要在并没使用的时候放在手里或是挂在上衣口袋外。放手机的常规位置有:一是随身携带的公文包里(这种位置最正规),二是上衣的口袋里。有时候,可以将手机暂放腰带上,或是开会的时候交给秘书、会务人员代管,也可以放在不起眼的地方,如手边、背后、手袋里,但不要放在桌上。

手机微信的越来越广泛地使用,使得它也成为手机礼仪关注的焦点。在一切需要手机震动状态或是关机的场合,如果微信的声音此起彼伏,那么和接打手机又有什么区别呢?所以,在会议中、和别人洽谈的时候即使用手机接收微信,也要设定成震动状态,不要在别人能注视到你的时候查看微信。一边和别人说话,一边查看手机微信,能说明你对别人的尊重吗?

**知识点 3:日常见面礼仪**

**互动空间**

情景剧表演

（1）项目小组内同学研讨并设计情境，展示初次见面的称呼，自我介绍以及介绍他人的环节。

（2）项目小组内同学研讨并设计情境，展示握手的环节。

（3）项目小组内同学研讨并设计情境，展示名片相关的环节。

总结在情景剧中展示的核心知识点。

## 讲解要点

在日常交往中，每个人都会与很多不同的人打交道，彼此之间以各种方式进行问候、介绍、交流、沟通。正确掌握称呼和介绍的方式、握手的方法和交换名片的技巧，可以使你在人际交往中做到有礼有节、大方得体，给对方留下良好的印象。有人说，成功的商业关系都以相同的方式开始：正确的介绍和握手。下面分别介绍见面礼仪中最重要的三个内容：称呼与介绍、握手、交换名片。

1）称呼与介绍

（1）称呼。

➢ 在职业场合，知道对方的职位和职业，可以根据行政职务、技术职称、学位、职业来称呼。如：陈总、吴局长、王教授、刘工、陈博士、曹律师、龚医生等。

➢ 如果不清楚对方的职位和职业，根据国际惯例：称男性为先生，称未婚女性为小姐，称已婚女性为女士、夫人和太太。

（2）自我介绍。

自我介绍需要在不妨碍他人工作和交际的情况下进行。自我介绍时，通常要先向对方问好或点头致意，此时对方一般就会将注意力转向你，然后你需要表达清楚自己的姓名、身份和单位。如果对方流露出感兴趣和进一步了解的愿望，可以再简要介绍一些相关情况，比如毕业的学校、专业、来访原因、与某人的关系等。

自我介绍应该语气自然、语音清晰、简明扼要，时间上以半分钟左右为宜，最好不要超过一分钟。

（3）介绍他人。

➢ 顺序：把职位低者、晚辈、男士、未婚者分别介绍给职位高者、长辈、女士和已婚者。在商务中，还要注意客户优先，先为客户介绍己方的人员，比如“张先生，这是我们公司的总裁李晓东”。

➢ 使用国际惯例敬语（姓名和职位）。如：王小姐，请允许我向您介绍王浩总监。

➢ 介绍时不可用单指指人，而应掌心朝上，拇指微微张开，指尖向上。

➢ 被介绍者应面向对方。介绍完毕后应与对方握手问候，如：您好，很高兴认识您！

➢ 避免对某个人特别是女性的过分赞扬。

➢ 坐着时，除职位高者、长辈和女士外，被介绍人应起立。但在会议、宴会进行中不必起立，只要微笑点头示意即可。

2）握手

握手，是交际的一个部分。握手的力量、姿势与时间的长短往往能够表达出握手方对对方的不同礼遇与态度，显露自己的个性，给人留下不同印象。也可通过握手了解对方的个性，从而赢得交际的主动。

我接触的手有些拒人千里之外；也有些人的手充满阳光，你会感到很温暖……

——海伦•凯勒

（1）握手的场合。

- 遇到较长时间没见面的熟人。
- 在比较正式的场合和认识的人道别。
- 在以本人作为东道主的社交场合，迎接或送别来访者时。
- 拜访他人后，在辞行的时候。
- 被介绍给不认识的人时。
- 在社交场合，偶然遇上亲朋故旧或上司的时候。
- 别人给予你一定的支持、鼓励或帮助时。
- 表示感谢、恭喜、祝贺时。
- 对别人表示理解、支持、肯定时。
- 得知别人患病、失恋、失业、降职或遭受其他挫折时。
- 向别人赠送礼物或颁发奖品时。

（2）握手的要求。

握手时，距对方约一步距离。不要站得太远或太近，确保肘部稍微弯曲时可以握到对方的手即可。上身稍向前倾，两足自然站立，伸出右手，四指并拢，虎口相交，拇指张开下滑，向受礼者握手。

掌心向下握住对方的手，显示着一个人强烈的支配欲，无声地告诉别人，他此时处于高人一等的地位。应尽量避免这种傲慢无礼的握手方式。相反，掌心向里握手显示出一个人的谦卑和恭敬。平等而自然的握手姿态是两手的手掌都处于垂直状态，这是一种最普通也最稳妥的握手方式。

戴着手套握手是失礼行为。男士在握手前应先脱下手套，摘下帽子，女士可以例外。当然在严寒的室外也可以不脱。比如双方都戴着手套，帽子，这时一般应先说声：“对不起”。

除了关系亲近的人可以长久地把手握在一起外，一般握两三下就行。不要太用力，但漫不经心地用手指尖“蜻蜓点水”式去握一下也是无礼的，一般要将时间控制在 3~4 秒钟。如果要表示自己的真诚和热烈，也可较长时间握手，并上下摇晃几下。

握手时两手一碰就分开，时间过短，好像在走过场，又像是对对方怀有戒意。而时间过久，特别是拉住异性或初次见面者的手长久不放，则会显得有些虚情假意，甚至会被怀疑为“想占便宜”。

握手时需要保持目光接触，且面带微笑，不要看第三者，这样显得心不在焉。当你在握手时，不妨说一些问候的话，可以握紧对方的手，语气应直接而且肯定，并在加强重要字眼时，紧握着对方的手，来加强对方对你的印象。

（3）握手的顺序。

长辈和晚辈之间，长辈伸手后，晚辈才能伸手相握；上下级之间，上级伸手后，下级才能接握；男女之间，女方伸手后，男方才能伸手相握，当然，如果男方为长者，遵照前面说的方法。

如果需要和多人握手，握手时要讲究先后次序，由尊而卑，即先年长者后年幼者，先长辈再晚辈，先老师后学生，先女士后男士，先已婚者后未婚者，先上级后下级。

交际时如果人数较多，可以只跟相近的几个人握手，向其他人点头示意，或微微鞠躬就行。为了避免尴尬场面发生，在主动和人握手之前，应想一想自己是否受对方欢迎，如果已经察觉对方没有要握手的意思，点头致意或微鞠躬就行了。

在公务场合，握手时伸手的先后次序主要取决于职位、身份。而在社交、休闲场合，它主要取决于年龄、性别、婚否。

在接待来访者时，这一问题变得特殊一些：当客人抵达时，应由主人首先伸出手来与客人相握。而在客人告辞时，就应由客人首先伸出手来与主人相握。前者是表示“欢迎”，后者就表示“再见”。这一次序颠倒，很容易让人发生误解。

应当强调的是，上述握手时的先后次序不必处处苛求于人。如果自己是尊者或长者、上级，而位卑者、年轻者或下级抢先伸手时，最得体的就是立即伸出自己的手，进行配合，而不要置之不理，使对方当场出丑。

（4）握手的一些禁忌。

➢ 不要用左手相握，尤其是和阿拉伯人、印度人打交道时要牢记，因为在他们看来左手是不洁的。

➢ 在和基督教信徒交往时，要避免两人握手时与另外两人相握的手形成交叉状，这种形状类似十字架，在他们眼里这是很不吉利的。

➢ 不要在握手时戴着手套。只有女士在社交场合戴着薄纱手套握手是被允许的。

➢ 不要在握手时另外一只手插在衣袋里或拿着东西。

➢ 不要在握手时面无表情、不置一词或长篇大论、点头哈腰，过分客套。

➢ 不要在握手时仅仅握住对方的手指尖，好像有意与对方保持距离。正确的做法是要握住整个手掌。即使对异性，也要这么做。

➢ 不要在握手时把对方的手拉过来、推过去，或者上下左右抖个没完。

➢ 不要拒绝和别人握手。如果是因为你有手疾或你的手汗湿、弄脏了，你需要告诉对方，比如“对不起，我的手现在不太方便”，以免造成不必要的误会。

3）交换名片

名片是工作过程中重要的社交工具之一。名片通常包含两个方面的意义，一是标明所在的单位，另一个是标明姓名、职务及承担的责任。总之，名片是自己（或公司）的一种形象体现。因此，在使用名片时要格外注意，交换名片时也应注重名片礼节。

（1）名片的内容。

名片的制作过程极为烦琐，包括设计、排版校对、颜色选择、印刷等等，其中需要我们自己完成的主要是内容选择。

名片的主体是名片上所提供的信息，名片信息主要由文字、图片（图案）、单位标志所构成，数码信息也是其中的一种，但不能构成名片的主流。

➢ 信息选择：文字信息包含单位名称、名片持有人名称、头衔和联系方法。部分商业名片还有经营范围、单位的座右铭或吉祥字句等。

➢ 标志选择：单位用户如果有自己公司的标识，大多要印在名片上。

➢ 图片选择：可选择名片中印上个人照片、图片、底纹、书法作品，使你的名片更具个人风格。你若使用胶印或激光打印，可不必考虑图片的大小；如果你采用丝网印刷，由于简单丝印分辨率较低，建议使用较大的图片。

（2）名片的准备。

➢ 放在衬衣左侧口袋或西装的内侧口袋中。

➢ 使用名片夹。

➢ 保持名片或名片夹的清洁、平整。

注意：

➢ 不要将名片放在裤袋里。

➢ 名片不要和钱包、笔记本等放在一起。

➢ 会客前检查和确认名片夹内是否有足够的名片。

（3）递名片。

递名片的次序是由下级或访问方先递名片，如是介绍时，应先由被介绍方递名片。

在会议室如遇到多人相互交换名片时，可按对方座次排列递名片。

递名片的姿势是：右手的拇指、食指和中指合拢，夹着名片的右下部分，使对方好接拿，以弧状的方式递交于对方的胸前。

互换名片时，应用右手拿着自己的名片，用左手接对方的名片后，用双手托住。

在递名片时，你可以说些“请多关照”“请多指教”之类的寒暄语。

（4）接受名片。

接受他人的名片时，应起身站立，用双手接过对方名片，并同时致谢，如“谢谢”“很荣幸”等。

接过名片后，需当着对方的面认真看一遍名片上的文字，并将对方的名字念一遍。遇到生僻字时，直接向对方请教。这样做的目的是在之后的会谈和交往中，你可以准确地称呼对方。

通读名片后，应郑重其事地将对方的名片放入自己的名片夹中。不要将对方的名片遗忘在座位上，或存放时不注意落在地上。

（5）名片礼仪误区。

➢ 无意识地摆弄对方的名片。

➢ 把对方名片放入裤兜里。

➢ 当场在对方名片上做标记或写备忘事情。

➢ 先于上司向客人递交名片。

**知识点 4：楼梯礼仪**

**互动空间**

游戏：电梯风云

| |
|---|
| 场景设置：早晨，还有 1 分钟就要迟到，一堆人等在电梯门口，其中有你的老板。<br>选两组同学，画地为梯，演绎完整的上下电梯的过程。<br>注意：记录工程细节以便分析。 |

**讲解要点**

1）使用电梯

➢ 如果电梯内已经有相当多的人，最好不要强行挤入，不妨等下一部电梯。

➢ 要遵循先出后进的原则，等需要下电梯的人都走出来后，再进入电梯。

➢ 走进电梯后，应该给别人让地方。先上的人站在电梯门的两侧，其他人站两侧及后壁，最后上的人站在中间。应该让残疾人站在离电梯门最近的地方，当他们上下电梯时，应为他们扶住电梯门。

➢ 引导客人乘坐电梯时，接待人员应先进入电梯，等客人进入后关闭电梯门；到达时由接待人员按住开电梯门的按钮，让客人先走出电梯门。

➢ 如果够不着所在楼层的指示键，可以请人代劳，并致以谢意。

➢ 在电梯里面不要大声谈论有争议的问题或有关个人的话题。

2）使用楼梯和自动扶梯

➢ 与客人一起上楼梯时，如果客人熟悉路，则客人走在前面；如果客人不熟悉路，则主人走在左前方，以进行引导。与客人一起下楼梯时，主人应走在前面。

➢ 在使用楼梯和自动扶梯时应按先来后到的顺序。有时候并肩走也是可以的。

➢ 在自动扶梯上，不要和你前面的人靠得太近。

➢ 如果自动扶梯较宽，应靠右侧站，以便让着急的人从左侧超过。

➢ 在拥挤的楼梯上，跟随着人流，不论上楼还是下楼一般都应靠右侧走。当然，如果楼梯只有一侧有扶手，而有的人必须扶着扶手以保证安全，那么，其他人应照顾他的需要。

➢ 在楼梯上催促他人是危险而不礼貌的，要么放慢脚步，要么超过他人，但不要强迫他人加速。

➢ 如果和你同行的人爬楼梯感到困难，就尽可能使用电梯或自动扶梯。

**知识点 5：餐饮礼仪**

**互动空间**

故事分享

> 如果没有掌握好餐饮礼仪，有时会带来尴尬的局面，请看下面的案例。
>
> 在某次盛大的宴会上，一位使节在开始进餐前，按照国内的习惯，先用餐巾去擦拭刀叉。然而这种做法是非常不礼貌的，相当于在责备主人准备的刀叉不干净。宴会的主人看到后，立即让侍者将所有客人的餐具都更换了。这位使节知道后感到非常难堪。

**讲解要点**

古今中外，商务宴请都是常见的商业情境。无论是庆功、致谢、会谈，还是联络感情，当人们坐在餐桌旁，轻松愉快的用餐状态更有助于人们达成共识。掌握餐饮礼仪，是提高社交礼仪修养的一个重要方面。

1）中餐礼仪

➢ 餐巾：将餐巾放在膝盖上，不可用餐巾擦脸或嘴。用完餐后，将餐巾叠好，不可揉成一团。

➢ 公筷：照顾他人时，要使用公用筷子和汤匙。

➢ 自觉：传染病毒携带者应自觉谢绝参加聚会。

➢ 噤声：喝汤用汤匙，不出声。忌用筷子敲打桌面或餐饮器具。嘴里有食物时，不张口与人交谈。不可高声谈话，影响他人。

➢ 干净：嘴角和脸上不可留有食物残余。说话时不可喷出唾沫，嘴角不可留有白沫。

➢ 遮掩：剔牙时用手挡住嘴。咳嗽、打喷嚏或打哈欠时，应转身低头用手绢或餐巾纸捂着，转回身时说声“抱歉”。

➢ 筷子：不要把筷子架在杯子上或插在饭碗、菜盘里。不要把筷子伸到他人面前，也不要插入菜盘深处。不要翻来覆去挑拣，也不要使筷子在菜盘上游动，不知夹什么菜。夹菜时不要一路滴汤，筷子不要沾满了食物，也不要用嘴吮吸筷子。

➢ 敬酒：双手举杯敬酒，眼镜注视对方，喝完后再举杯表示谢意。碰杯时，杯子不要高于对方的杯子。

➢ 尊重：尊重对方的饮酒习惯和意愿，不以各种理由逼迫对方喝酒。

➢ 文明：不抽烟，不往地上和桌子底下扔东西。不慎摔碎餐具，应道歉并赔偿。

➢ 离席：用完餐离座时，将椅子往内紧靠着边。

2）西餐礼仪

（1）餐具的使用。

➢ 左手拿叉固定食物，右手用刀切割食物。

➢ 餐具由外向内取用。

➢ 几道菜会放置几把餐具，每个餐具使用一次。

➢ 使用完的餐具向右斜放在餐盘上，刀叉向上，刀齿朝内，握把皆向右，等待服务的侍者来收取。

（2）进食的方法。

➢ 主菜：用刀切割，一次吃一块。不可一次切完再逐一食用。口中有骨头或鱼刺时，用拇指和食指从紧闭的唇间取出。

➢ 色拉：用小叉食用。

➢ 面条和面包：面条用叉子卷妥食用。面包用手撕成小块放入口中，不可用嘴啃食。

➢ 汤：用汤匙由内往外舀，不可将汤碗端起来喝，喝汤时不可出声。

➢ 水果：用叉子取用。嘴里有果核，先轻轻吐在叉子上，再放入盘内。

（3）坐姿与话语。

➢ 坐姿端正，不可用嘴直接在碗里吃，应将食物拿起放入口中。

➢ 取用较远的东西，应请别人递过来，不要离座伸手去拿。

➢ 嘴里有食物，不可谈话。

➢ 说话文明，且不要影响邻座的客人。

（4）宴会衣着。

晚餐可以是商务性质也可以是社交性质。不管是哪一种，都有正式和非正式之分。如果你应邀参加晚餐，但不知道是否是正式的，应当直接问清楚。如果最后仍无法得知，那就要以参加正式宴会的形式来着装，以免引起任何不愉快和意外。

## 任务实施

| 第一步 课前认知 | |
| --- | --- |
| 主要内容 | 教师评价 |
| 回答以下问题：<br>1. 对于商务礼仪你了解哪些内容？<br><br>2. 你在哪些场合用礼仪？或曾经遇到过哪些尴尬情况？ | |

| 第二步 课堂学习 | |
| --- | --- |
| 主要内容 | 教师评价 |
| 1. 使用手机应该注意哪些礼节？<br><br>2. 请在下方列出本堂课小组讨论的职业礼仪提升目标。 | |

| 第三步 课后拓展 | |
| --- | --- |
| 主要内容 | 教师评价 |
| 1. 请就个人具体情况认真分析，列出你的礼仪提升计划。<br><br>2. 从今天起，认真执行你的提升计划，并把过程记录在下方。 | |

## 任务总结

| | |
|---|---|
| 1. 请总结：在本项目实施过程中你了解了哪些具体知识？<br><br>2. 请总结：通过礼仪提升计划的实施，你在哪些方面有所提升？请举例具体描述。 | |
| 签名： | 日期： |
| 本团队成员对你的评价： | |
| 签名： | 日期： |
| 其他团队对你的评价： | |
| 签名： | 日期： |
| 教师对你的评价： | |
| 签名： | 日期： |

## 任务习题

请同学们课余时间完成下列内容。

1. 在平时使用楼梯、电梯、自动扶梯时练习一下相应的礼仪。
2. 对照中西餐餐饮礼仪，总结自己做得正确或错误的地方。

# 项目 13　有效沟通

## 学习目标

在当今社会，除了学历、证书这些硬技能，我们也越来越重视"软技能"的提升和发展。软技能，即激活"人"资源的能力。这里的人，指老板、同事、顾客、亲人、朋友等，也包括自己。有效沟通，无疑是"软技能"的核心能力之一，它可以帮你游刃有余地处理工作事务，促进你与亲人朋友间的理解，拉近心与心之间的距离。到底什么是沟通？它为何如此重要？我们该如何积极倾听？如何有效表达？ 你的沟通能力从本质上到底该通过什么方式提升？通过本项目的实施我们将对沟通有一个更深入的认识。

通过本项目的实践，我们还将达到如下目标：

●了解目前沟通能力的现状，并愿意去提升自己的沟通能力。

●了解沟通的过程，了解乔哈里视窗理论。

●认识到倾听在沟通中的重要性，学会倾听的技巧。

●掌握有效的非言语表达技巧。

●学会利用有效的提问来促进沟通。

## 任务描述

卡耐基曾经说过，如何发挥语言的魅力，是现代人由沟通走向成功的必然。在企业团队运作的过程中必然会面临各类问题，解决问题必须由人协作完成。因此个人认知、理解及成熟度的差异，往往造成沟通的障碍，影响成员的关系。那么面对企业常见沟通情景的四个维度：上（上级）、下（下级）、内（同事）、外（客户），你该用何种心态、何种方式和技巧进行有效沟通呢？让我们通过本项目的实施和相关知识的学习，小组协作假设一个情景一起来练习吧！

## 任务技能

### 1. 项目相关知识结构图

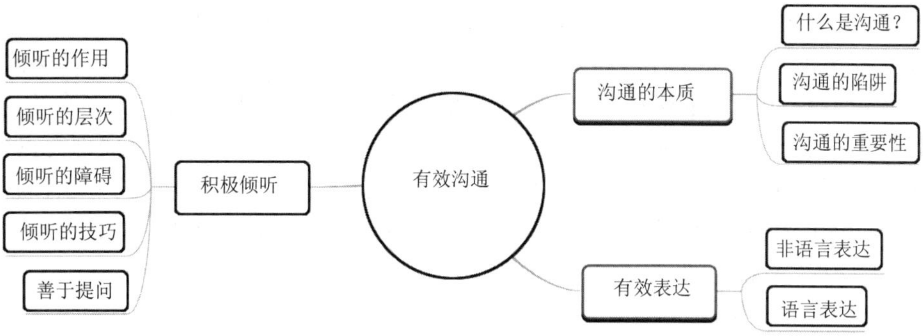


**图 13-1　课堂知识结构**

### 2. 相关知识点

**知识点 1:什么是沟通?**

#### 互动空间

活动:撕纸游戏

工具:白纸或废报纸(每人 2 至 3 张)

(1)每位同学一张纸。

(2)按下述指令操作:

大家闭上眼睛——全过程不许问问题——把纸对折——再对折——再对折——把右上角撕下来,转 180 度,把左上角也撕下来——睁开眼睛,把纸打开。

我们会发现各种答案。

(3)可以请一位学员上来,重复上述的指令,唯一不同的是这次学员们可以问问题。

活动启示:

为了说明我们平时的沟通过程中,经常使用单向的沟通方式,结果听者总是见仁见智,各人按照自己的理解来执行,通常都会出现很大的差异。但使用了双向沟通之后,又会怎样呢,差异依然存在,虽然有改善,但增加了沟通过程的复杂性。所以什么方法是最好的?这要依据实际情况而定。沟通的最佳方式要根据不同的场合及环境而定。

#### 讲解要点

沟通是一门艺术,也是一门科学。

沟通是人与人之间、人与群体之间思想与感情的传递和反馈的过程,以求思想的一致和感情的通畅。

美国学者桑德拉•黑贝尔斯、里查德•威沃尔在《有效沟通》一书中，则将沟通进一步定义为“沟通是人们分享信息、思想和情感的任何过程。这种过程不仅包含口头语言和书面语言，也包含形体语言、个人的习气和方式、物质环境，即赋予信息含义的任何东西”。

从广义上说，可以将沟通理解为任何的一种信息交换的过程。它分为信息发射、信息传递、信息接收和信息反馈等四个过程。发射的信息通常有三种形式：语言、非语言、书面。这些语言信息会通过一定的渠道，如面对面、电话、会议、演讲等传递给他人。当他人接收到这些信息后，会对这些信息进行重新解释，并给信息发出者提供语言、非语言或书面的反馈。在实际的沟通过程中，沟通双方往往交替成为信息的发出者和接收者，发生互动。沟通的四个过程中的任何一个都会影响沟通的效果，因此要达到有效沟通，这四个方面都得重视。

沟通的过程必须由一些要素组成，沟通的要素包括沟通的内容、沟通的方法、沟通的动作。就其影响力来说，沟通的内容占 7%，影响最小；沟通的动作占 55%，影响最大；沟通的方法占 38%，居于两者之间。

从沟通的效果上讲，沟通存在着有效沟通与无效沟通两种沟通。从沟通的方式上说，沟通包括语言沟通和非语言沟通，语言沟通包括口头和书面语言沟通，非语言沟通包括声音、语气、肢体动作，而有效的沟通往往需要语言沟通和非语言沟通的结合。

**知识点 2：沟通的陷阱**

**互动空间**

案例分析

从前有一个人，他很不喜欢邻居。为什么？也许他的邻居得罪过他吧。有一天，他的斧不见了，他越看他的邻居越像是偷他斧的人。过了几天，他的斧居然自己出来了。于是他再看他的邻居，邻居的样子好像又不像偷斧的人了。

案例分析过程：

（1）讲述故事内容。

（2）六人一组，每位成员依次向其他学员谈论自己对故事的理解，每人做一次记录。

（3）小组推选代表向全体分享。

规则：

（1）当别人讲述自己的理解时，要仔细倾听，不要反驳或急于发表自己的意见。

（2）组长要详细地记录下每位组员的见解。

**讲解要点**

对于客体接收信息的障碍（判断、偏见、情绪）造成客体接收障碍的原因：

（1）没有仔细地聆听：学生在课堂上神游，老师说了什么，可以重复，但没有理解；

（2）根据自己需要吸收信息；

（3）只注意感兴趣的信息；

（4）自我感知导致主观非客观解释信息；

（5）自己期望某种事物，而非客观存在的事物；

(6)运用弯曲信息或逃避的方式来保持知觉的平衡。

**知识点 3:沟通的重要性**

### 互动空间

"感觉剥夺"实验

> 1954 年,加拿大麦克吉尔大学的心理学家首先进行了"感觉剥夺"实验。实验中给被试者戴上半透明的护目镜,使其难以产生视觉;用空气调节器发出的单调声音限制其听觉;手臂戴上纸筒套袖和手套,腿脚用夹板固定,限制其触觉。被试者单独待在实验室里,几小时后开始感到恐慌,进而产生幻觉。在实验室连续待了三四天后,被试者会产生许多病理、心理现象:出现错觉幻觉,注意力涣散,思维迟钝,紧张、焦虑、恐惧等。实验后需数日方能恢复正常。
>
> 实验告诉我们,人的成长和成熟,必然建立在尽可能多地和外界接触的基础上。只有更多地感受到和外界的联系,并加强和改进这些联系,人才可能更多地拥有力量,更好地发展,人的心理和思想境界也才能最优化。

### 讲解要点

与其说我们已深深卷入信息时代,还不如说我们正处于沟通革命时代。

——阿尔文•托夫勒

沟通是我们生活的主要部分。研究表明,大多数人会花 50%~70% 的时间,以书面形式、电话形式或面对面的形式进行沟通。而克里斯•科尔在《沟通的技巧》一书中提出:"我们所做的每一件事情都是在沟通。"

沟通的重要性主要体现在以下几个方面。

(1)沟通可以满足人的心灵需求。人是社会性的动物,不能脱离其他个体而存在,每个人都有与人沟通、被人倾听和理解的心理需求;如果失去了与人沟通的机会,人们会出现一些生理症状,如产生幻觉、丧失运动技能,而心理则会失调,产生孤独、焦虑、抑郁等不良情绪。我们很多人都看过《鲁滨孙漂流记》,似乎鲁滨孙一个人在荒岛上生活很多年也挺有滋有味的,可是那毕竟只是小说,在现实生活中,绝大多数人都无法忍受那么长时间不与任何人交流沟通。即使是鲁滨孙,后来也有一位土著朋友——星期五来陪伴他。上面这个真实的实验则更能体现人对于感觉和沟通的需求和渴望。

(2)沟通是建立和谐人际关系的桥梁。社会心理学研究表明人和人的熟悉能增加相互之间的好感,而沟通是增加熟悉感的最佳途径。沟通能帮助人们消除相互之间的误解,并积累重要的人脉关系,从而为自己的事业成功打下基础。正如美国前总统罗斯福所说:"成功公式中最重要的一项因素是与人相处。"

(3)沟通是有效决策的基础。我们在生活中,总在进行着大大小小的各种决策。有的决策可能无关紧要,如晚餐应该吃什么,或者该乘哪种交通工具去某个地方等;然而有的决策则对我们的生活至关重要,甚至可能改变我们的一生,如应该上哪所大学,应该参加什么工作等。我们知道一个人的知识和经验是有限的,因此当人完全依靠自己的判断来决策时,很可能有所偏颇。这时，与师长、朋友、相关领域专家、同事进行积极、有效、深入的沟通就显得至关重要。因为沟通可以促进信息的交换，扩展我们看问题的广度和深度，为正确的决策打下基础。

（4）沟通是取得理解与支持的法宝。理解，给人以安慰；支持，给人以力量。获得理解与支持最直接的方法就是沟通。对个人而言，每个人都渴望被理解，尤其当自己的想法和愿望与他人不一致时。对组织而言，沟通也是确保组织目标顺利实现的关键因素之一。

**知识点4：倾听的作用**

**互动空间**

案例分享：天使的翅膀

> 有一位母亲把一个驼背的孩子带到家里来玩。事先，这位母亲反复叮嘱自己的孩子，千万不要在新朋友面前提到他的生理缺陷，以免伤害他。那天下午，两个孩子玩得很高兴，当他们终于坐下来的时候，母亲听到自己的孩子问对方："你知道你背上那个东西是什么吗？"驼背的孩子支支吾吾，十分尴尬。母亲很紧张又很生气，很想出去把自己的孩子揍一顿，但她忍住了没有出声，她听见自己的孩子说："那是上帝为你造的一个小盒子，里面装着的是你的翅膀。时间一到，上帝会把盒子打开，你就会像天使一样飞起来。"
>
> 启示：我们很容易在别人说半截话的时候就打断别人，以为自己已经明白别人的话了，而恰恰这时候我们产生了最大的误会，不但会影响沟通，而且可能还会伤害别人的情感。

**讲解要点**

专心倾听别人讲话的态度，是我们所能给予别人的最大赞美。

——戴尔·卡耐基

倾听有以下几方面的作用。

（1）倾听可以获取重要信息。信息不但包括内容，还包括对方的情感，有时候脱离了情感，只是听取里面的内容会产生误解。有些话是反话，只有非常注意，联系语境或语气才能做出判断，听出弦外之音。

（2）倾听可掩盖自身弱点。俗话说"沉默是金""言多必失"，静默可以帮助我们掩盖若干弱点。如果你对别人所谈问题一无所知或未曾考虑，保持沉默便可不表示自己的立场。

（3）善听才能善言。我们常常因为急于表达自己的观点，根本无心思考对方在说些什么，甚至在对方还未说完的时候，心里就已经对对方可能的言谈和观点产生了心理定式，并按照我们的经验妄加评论，而我们的评论往往是错误的。因此，我们需要首先听明白对方的观点是什么。听懂对方，我们才能做出准确的判断。

（4）倾听能激发对方谈话欲。让说话者觉得自己的话有价值，他们会愿意说出更多有用的信息。称职的倾听者还会促使对方思维更加敏捷，启迪对方产生更深入的见解，双方都会受益匪浅。

（5）倾听能发现说服对方的关键。从对方的谈话中，你能够发现他的出发点和弱点，这就为你说服对方提供了契机。同时，让别人感到你的意见充分考虑了他的需求和见解，他会更愿意接受。

(6)倾听可以使你获得友谊与信任。人们大都一样,喜欢发表自己的意见,如果你愿意给他们一个机会,他们立即会觉得你和蔼可亲、值得信赖。

不注意倾听会伤害对方的情感,最终使沟通的效果大打折扣。

让别人讨厌自己的最简单的方法就是:

➢ 永远别听他人的倾诉。

➢ 滔滔不绝地谈你自己的事。

➢ 时不时打断别人的话,改由自己来发表意见。

**知识点 5:倾听的层次**

**互动空间**

故事分享:小猪的痛苦

> 一只小猪、一只绵羊和一头奶牛,被关在同一个畜栏里。有一次,牧人捉住小猪,只听小猪大声嚎叫,猛烈地抗拒。绵羊和奶牛讨厌它的嚎叫,便说:"他也常常捉我们,我们可不像你一样大呼小叫。"小猪听了回答道:"捉你们和捉我完全是两回事,他捉你们,只是要你们的毛和乳汁,但是捉住我,却是想要我的命呢!"
>
> 启示:我们总是容易从自己的角度去理解别人,在沟通中需要的是站在别人的角度,这样才能更好地理解别人的行为。

**讲解要点**

兼听则明,偏信则暗。

——《新唐书·魏征传》

听与倾听是有本质的差异的。听是用耳朵接收各种听得见的声音的一种行为,只有声音,没有信息,是被动的。而倾听不仅获得信息,而且了解情感,需要技巧和训练,是积极的。

听也可以分为以下几个层次,了解这些可以帮助我们对倾听有更好的理解。

➢ 忽视地听:不用心地听。这种听只能听到一些声响,而忽略了说话者的内容。

➢ 假装在听:外表装着是在听。很多时候我们一边假装在听别人说话,一边却忙活着自己的事情,对于别人的话"嗯嗯啊啊"地应付着。

➢ 有选择地听:只注意自己感兴趣的部分,想听好消息、忽略坏消息是人之常情。

➢ 专注地听:从自己的角度去听,专注于对方所说的话,并以自己的经历为参照进行比较。专注地听大多数时候可以在说话者和倾听者之间产生共鸣,可是如果倾听只是为了与自己的经历和感受做比较,达到自己的目的,再专注的倾听也可能对说话者产生不良的影响。

➢ 同理心倾听:从对方的角度倾听(用他的眼睛看世界),用心倾听及回应来了解对方的含义、动机和感受。

### 知识点 6:倾听的障碍

**互动空间**

活动:旋转沟通

人数:6 人

用具:椅子 6 张, 3 张在外圈, 3 张在内圈相对,每张椅子上有一封信,内有一张卡,上边写着指示。

场地:室内

活动目的:让参加者了解,不同的反应和态度会让讲内容的人产生不同的感受。

活动介绍:

(1)6 人分两组,3 人在外圈(A1,A2,A3),3 人在内圈(B1,B2,B3),面对面而坐。

(2)第一回合:A1,A2,A3 根据卡片上的指示,向 B1,B2,B3 讲述自己的一件事,分别是开心、难过和生气的。

(3)B1,B2,B3 会根据卡上的指示反应,分别是亲切、漠不关心和答非所问。

(4)完成后进行第二回合,外圈组员顺时针带着卡片走,内圈组员逆时针不带卡片走。

(5)三个回合结束后,活动完毕。

(6)工作人员带领组员讨论活动时的情况,及参与者的经验和感受。

卡片内容:

A1:开心,A2:难过,A3:生气;

B1:亲切,B2:漠不关心,B3:答非所问。

**讲解要点**

倾听者容易出现的几个问题如下。

(1)用心不专。人们常在倾听时关心他人的着装、姿势和修辞水平,也常常被一些噪声所打扰,对说话者所传达的思想反而不大在意。另外我们的情绪也会对倾听产生干扰,使我们无法专注地倾听别人。

(2)急于发言。人们容易急于发表观点,而在他人还未说完的时候,就迫不及待地打断对方,导致不能把对方的意思听懂,甚至产生误解。

(3)抗拒异议。有些人喜欢听和自己意见一致的人讲话,偏心于和自己观点相同的人。这种拒绝倾听不同意见的人,一方面很难和别人沟通,另一方面也很难获得成长。

(4)心理定式。人类的全部活动,都由积累的经验和以前作用于我们大脑的信息所决定。由于人都有根深蒂固的心理定式和成见,很难以冷静、客观的态度接收说话者的信息,这也会大大影响倾听的效果。

(5)厌倦。当我们认为别人讲的内容过于简单或者缺乏兴趣时,我们容易产生厌倦的情绪,这时候容易去思考一些其他问题,而不能专注地倾听。

(6)不良习惯动作。这些习惯包括抖腿、东张西望、双手抱胸等,这些信息会被对方认为你已经对他说话的内容有点厌烦。

## 知识点 7:倾听的技巧

### 互动空间

课堂活动:数字传递

游戏步骤:

(1)将学员分成若干组,每组学员 5~8 名左右,并选派每组一名组员出来担任监督员。

(2)所有参赛的组员按纵队排好,队列的最后一人到培训师处,培训师向全体参赛学员和监督员宣布游戏规则。

游戏规则:

(1)各队代表到主席台来,培训师:"我将给你们看一个数字,你们必须把这个数字通过肢体语言让你全部的队员都知道,并且让小组的第一个队员将这个数字写到讲台前的白纸上(写上组名),看哪个队伍速度最快,最准确。"

(2)全过程不允许说话,后面一个队员只能够通过肢体语言向前一个队员进行表达,通过这样的传递方式层层传递,直到第一个队员将这个数字写在白纸上。

(3)比赛进行三局(数字分别是 0、900、0.01),每局休息 1 分 15 秒。第一局胜利记 5 分,第二局胜利记 8 分,第三局胜利记 10 分。

小组讨论:

(1)P(计划)、D(实施)、C(检查)、A(改善行动)循环中,在这个游戏中如何得到体现?

(2)四个循环中,哪个步骤更为重要?

### 讲解要点

谈话的艺术是听和被听的艺术。

——赫兹里特

1)消除干扰

外在和内在的干扰,是妨碍倾听的主要因素,因此改进聆听技巧的首要方法就是尽可能地消除干扰。如果可以控制,尽量保持环境的安静,把手机调成静音状态。另外从内在角度,必须把注意力完全放在对方的身上,才能掌握对方的肢体语言,明白对方说了什么、没说什么以及对方的话所代表的情感与意义。

2)对方优先

对方优先的第一层意思是让对方先说。首先,倾听别人说话会让对方觉得我们很尊重他的意见,有助于建立融洽的关系,彼此接纳;其次,鼓励对方先开口可以降低谈话中的竞争意味,倾听可以培养开放的气氛,有助于彼此交换意见;最后,对方先提出他的看法,你就有机会在表达自己的意见之前,掌握双方意见一致之处,使你更容易说服对方。

对方优先的第二层意思是非必要时,避免打断他人的谈话。善于听别人说话的人不会因为自己想强调一些细枝末节、想修正对方话中一些无关紧要的部分、想突然转变话题或者想说完一句刚刚没说完的话，就随便打断对方的话。经常打断别人说话就表示我们不善于听人说话，个性激进，礼貌不周，很难和人沟通。

当我们武断地打断别人的时候，可能不能完全理解对方的意思。

3）注意观察

（1）观察肢体语言。

当我们在和人谈话的时候，即使我们还没开口，我们内心的感觉就已经透过肢体语言清清楚楚地表现出来了。

（2）保持适当距离。

很多动物如鸟类、哺乳动物等都有自己的领土范围，当其他动物进入它们的领土时，它们就会采用威胁、斗争等方式来保护自己的领土，赶走入侵的动物。人与人沟通时，似乎不存在争夺领土的问题，但事实上，每个人也会有他们的心理领土、心理空间。交谈时他人没有保持适当距离，进入了这一心理空间时，人们就会感到不舒服、被侵犯，沟通的效果自然也会大打折扣。倾听时，尊重他人的心理空间，保持适当距离，会让他人感到更安全、更舒适，表达也会更放松。

（3）注意暗示信息。

很多人都不敢直接说出自己真正的想法和感觉，他们往往会运用一些叙述或疑问，百般暗示，来表达自己内心的看法和感受。但是这种暗示性的说法有碍沟通，因为如果遇到不良的听众，他们话中的用意和内容往往被人所误解，最后就可能会导致双方的失言或引发言语上的冲突。所以一旦遇到暗示性强烈的话，就应该鼓励说话的人再把话说得清楚一点。

4）听关键词

所谓的关键词，指的是描绘具体事实的字眼，这些字眼透露出某些信息，同时也显示出对方的兴趣和情绪。透过关键词，可以看出对方喜欢的话题以及说话者对人的信任。

另外找出对方话中的关键词，也可以帮助我们决定如何响应对方的说法。我们只要在自己提出来的问题或感想中，加入对方所说过的关键内容，对方就可以感觉到你对他所说的话很感兴趣或者很关心。

5）关注重点

要抓住主要意思，不要被个别细节所吸引。善于倾听的人总是注意分析哪些内容是主要的，哪些是次要的，以便抓住事实背后的主要意思，避免造成误解。只要我们不再注意各种细枝末节，就不会因为没听到对方话中的重点或错过主要的内容，而浪费了宝贵的时间，或者做出错误的假设。

6）鼓励他人

鼓励他人首先要重复他人说话的内容，这也是一种很重要的沟通技巧。这种反应可以让对方知道我们一直在听他说话，并听懂了他所说的话。但是反应式倾听不是简单的复述，而是应该用自己的话，简要地述说对方的重点。反应式倾听的好处主要是让对方觉得自己能够掌握对方的重点，让对话不至于中断。

鼓励他人还要体会到对方的情绪。体会对方情绪，意思就是指将对方的话背后的情感复述出来，表示接受并了解他的感觉。

鼓励他人还需要注意反馈。倾听别人的谈话要注意信息反馈，及时查证自己是否了解对方。只有完全理解对方的意思后，对后面讲话的内容才会有更好的理解。

鼓励他人最简单、直接、有效的方式就是微笑。

7）适时总结

当我们和人谈话的时候，我们通常都会有几秒钟的时间，可以在心里回顾一下对方的话，整理出其中的重点所在。我们必须删去无关紧要的细节，把注意力集中在对方想说的重点和对方主要的想法上，并且在心中熟记这些重点和想法。

回顾并整理出重点，也可以帮助我们继续提出问题。如果我们能指出对方有些地方话只说到一半或者语焉不详，说话的人就知道，我们一直都在听他讲话，而且我们也很努力地想完全了解他的话。如果我们不太确定对方比较重视哪些重点或想法，就可以利用询问的方式，来让他知道我们对谈话的内容有所注意。

8）理解他人

如果我们无法接受说话者的观点，那我们可能会错过很多机会，而且无法和对方建立融洽的关系。就算是说话的人对事情的看法与感受，甚至所得到的结论都和我们不同，他们还是可以坚持自己的看法、结论和感受。尊重说话者的观点，可以让对方了解，我们一直在听，而且我们也听懂了他所说的话，虽然我们不一定同意他的观点，我们还是很尊重他的想法。如果我们一直无法接受对方的观点，我们就很难和对方彼此接纳，或者共同建立融洽的关系。除此之外，这也能够帮助说话者建立自信，使他更能愿意接受别人不同的意见。

**知识点 8：善于提问**

### 互动空间

游戏

> 两人一组进行游戏。
>
> 给 A 学员发一张纸，纸上画着一幅简笔画，给 B 同学发一张空白的纸。要求 B 通过向 A 提问，在空白纸上画出 A 纸上的简笔画。在整个过程中，B 只能向 A 问一般疑问句（即可以用“是”“否”来回答的问句），并且不能看 A 手上的那张纸。
>
> 给最快画出的那一组学员一些小礼品作为奖励。
>
> 进行一些讨论，看看 B 都问了哪些问题，其中哪几个问题是关键的。B 提的问题之间有些怎样的逻辑关系。其他学员在游戏中问了哪些问题。如果有学员迟迟画不出这张简笔画，可能有哪些原因。

### 讲解要点

要了解对方的真实想法，首先要学会提问，通过提问去获得自己想知道的事情。一个好的问题使人乐于回答，而愚蠢的问题会使人感到好笑甚至反感。在沟通的时候，有效提问是倾听的前提。

在探讨如何有效提问之前，我们先来了解问题的类型。问题可以分为封闭式问题和开放式问题。

➢ 封闭式问题，也就是那些可以用简单事实来回答的问题，如你喜欢你的工作吗？你是哪所学校毕业的？

➢ 开放性问题，也就是那些不能简单用“是”“否”来回答的问题，如你喜欢你工作的哪些方面？你最近遇到了什么问题？

一般来说，封闭式的问题用于寻求事实。但是人们往往只会用简单事实来回答封闭式问题，而不用进一步的论述，这对于良好、持久的沟通是不利的。因此，我们有必要锻炼自己进行开放式提问的技巧，使用开放式问题来展开故事的全貌，获取我们想要的信息。

那我们该如何恰当地提问呢？

（1）避免无用的问题。尽量少使用封闭式问题，因为这些问题除了能告诉我们一些基本事实外，无法带来更多的信息。尽量少用“为什么”来提问，“为什么”有时含责备语气，容易让人产生戒备心理。“引导性问题”和“多重问题”也属于无用问题之列。因为“引导性问题”会暗示你要寻找的答案；而“多重问题”则缺乏重点，听者无法知道你真正想问的是什么。

（2）可以用一些中立性的、不具挑战性的问题，让人感到充分的放松，并且自愿给予我们所需的信息。

（3）学会使用探索性问题沿着你所关心的话题进行深入探索。探索性问题就是针对对方的回答进行进一步的提问，以便了解更多的信息。这些问题可以是“发生了什么事”“你做了些什么”“那是如何发生的”“告诉我这件事的更多的信息”等。

（4）用问话帮助说话者澄清不够明确的表达。当对方说“那件事我不能接受”时，我们可以使用这样的问话来引导对方进行澄清：“我们怎样做你才能接受呢？或者你给我一些具体想法，告诉我你不能接受的原因。”

（5）避免使提问变成类似于审问。问下一个问题前，先对上一个问题的回答进行简单的重复和总结，表明你真的关心他，真的在倾听。

**知识点 9：非语言表达**

**互动空间**

活动：肢体语言

分组：2 人一组

时间：10 分钟

场地：不限

游戏规则和程序：

（1）2 人一组，进行 2~3 分钟的交流，交谈的内容不限。

（2）当大家停下以后，请同学们彼此说一下对方有什么非语言表现，包括肢体语言或者表情，比如有人老爱眨眼，有人会不时地捋自己的头发。问这些做出无意识动作的人是否注意到了这些行为。

（3）让大家继续讨论 2~3 分钟，但这次注意，不要有任何肢体语言，看看与上一次有什么不同。

相关讨论

（1）在第一次交谈中，有多少人注意到了自己的肢体语言？

（2）对方有没有什么动作或表情让你觉得极不舒服，你是否将你的这种情绪告诉他？

（3）当你不能用你的动作或表情辅助你的谈话时，有什么样的感觉？是否会觉得很不舒服？

（4）总结。

启示：没有肢体语言的帮助，一个人说话会变得很拘谨，但是过多或不合适的肢体语言也会让人望而生厌，自然、自信的肢体语言会帮助我们的沟通更加自如。

## 讲解要点

在日常生活中，你是否有过这样的经验：有人需要长篇大论才能解决的难题，另一些人只要打个轻描淡写的手势就大功告成了。即使没有遇见如此极端的情况，我们在生活中也可以发现，同样一番话，不同的人说会有截然不同的效果，似乎内容本身并不是言语效果的唯一影响因素——甚至并不是最为重要的因素。那么非语言的交际在信息传递中到底起到多大的作用呢？20%？30%？50%？很难有人相信在谈话中，非语言信息的作用能超过50%。据研究，非语言的交际在信息传递中所占据的作用居然高达93%！语言成分只占7%的作用。这也就是说，当我们对长篇大论中的一词一句进行仔细推敲的时候，很可能一些极其细微的动作，已经使我们演讲的效果大打折扣——问题不在于你说了什么，而在于你怎么说。

如何进行有效的非语言表达呢？

既然非语言表达在交流中起到如此重要的作用，那么在此处探讨一下增进非语言表达的技巧便是十分必要的。首先我们将分别关注非语言表达中的几个主要组成部分，如身体姿势、面部表情、衣着仪表等。

1）目光接触

诚恳而沉稳地看着对方。和一个人谈话时，维持5~15秒的目光接触。假如你是面对一个团体谈话，眼睛要轮流和每个人的目光接触，每一次约5秒钟。不要让你的眼睛转来转去，也不要刻意放缓速度地眨眼睛。为了避免紧盯着对方，我们可以将视线放在对方的眉宇间，这样不会太尴尬。

2）姿势与动作

昂然站立，放松自己，自然而轻松地移动。抬头挺胸，肩膀、臀部和双腿站成一直线，让你的精神向前倾注。切记不要双臂环抱，两手交叉，这些都是封闭和防御的肢体语言，最自然的方式是两手自然下垂，放在腰际。保持良好的坐姿，脊柱挺直，上身略微前倾，手放置在扶手上，不要随意滑动。你的双手与手臂的动作尤其重要，柔和的手势表示友好、商量，强硬的手势则意味着“我是对的，你必须听我的”。

3）脸部表情

谈话时要轻松自然，合适的话，记得要微笑。微笑表示友善礼貌，皱眉表示怀疑和不满意。

4）衣着与仪表

穿着方式并没有对错之分，但打扮应该恰如其分、整洁大方、舒适得体。因此衣着必须遵守 TPO 原则，即时间（Time）、地点（Place）、目的（Object）。在衣服的色彩搭配上，一般来说，黑、白、灰三色是配色中最安全的颜色。

5）声音与语气

声音和语气在沟通中非常重要。你要让你的声音带着精神与热忱，设法让语调、节奏和声音的大小有所变化。吸引注意力，使用合宜与清楚的语言，中间或有停顿，抑扬顿挫表明热情，突然停顿是为了造成悬念。语言要尽量直接而中肯，面对非专业人士尽量避免使用专业术语。尽量避免使用长句子，20 字左右最易使对方明白你需要表达的主要观点。

6）“一致”技巧

当两个人和睦相处时，你会发现他们之间肢体语言的运用是非常频繁的，而且一个人的肢体语言是其他人肢体语言的反应。他们的坐姿相似，以同样的角度靠在座椅上，以同样的姿势盘绕双腿。而这种一致性也会促进沟通，从而帮助建立融洽的人际关系。但是，我们的目的并不是要模仿一个人的每一个动作或每一种坐姿，融洽的关系是靠我们在与人相处时所做的一切事情建立起来的。如果这种“一致”的技巧让人感到不自然、不舒服或无诚意，就不要使用这种技巧，因为它已成了空洞的技巧，对建立融洽的关系毫无意义了。

有人对非言语表达技巧进行了总结，即 SOFTEN 法则。

（1）Smile——微笑。

一个舒心的微笑是友好、热情并愿意进行沟通的强有力的暗示，微笑可以展示你热情开放的交谈态度。

（2）Open——张开双臂。

张开双臂表明你是友好的并愿意与人接触，在交谈中，张开的双臂让他人感觉到你在听他讲话，并且他讲的你也能够接受。

（3）Forward——身子前倾。

当与他人交谈时，身体轻微前倾表明你正在听对方讲话，并对其很感兴趣，这对于他人来说通常是一种恭维，他将愿意继续与你交谈。需要注意的是，不要太近或太快地侵犯他人的私人空间。

（4）Touch——接触。

最容易接受的接触是一个热情的握手，几乎在任何情况下，热情而有力的握手都表示你对见到的人持一种热情而友好的态度。

（5）Eye——眼神交流。

眼睛是心灵的窗口，通过眼神的交流表达的非语言可能是最强烈的。眼神交流应该是自发的，而不是被迫的或过于主动的。做眼神交流时，中间最好有简短的间隔，切记不要一直盯着他人，这样反而会让人感到不适。

（6）Nod——点头。

点头表示你正在听，并能理解对方所谈的内容，然而点头不一定意味着赞同。

**知识点 10：语言表达**

**互动空间**

问题讨论：

请同学们研讨：如何提高我们的语言表达能力呢？

总结：

（1）说话时不应用俗语。常用俗语会妨碍你在语言方面的自如运用。

（2）要做到尽量多用数字。说话时多用数字，语言会更加生动，说服力强，自己也会更加自信。

（3）多看电视。电视是最感性的语言来源，但要注意，不要只看电视剧，而应该多看那些咨询性及访谈性节目，这样能让你更好地学习别人的交谈技巧。

（4）训练目标感。说话要有的放矢，这就好像走路一样，要有方向性的选择，这种“选择”可以使你在说话中避免东拉西扯。

（5）学一些新语言。在日常的工作、学习中，经常学习和吸收一些新的语言，能够更好地丰富你的语言词汇。

（6）培养探究精神。在学习和工作过程中，建议你努力做到，要么不做，要做就做好，并不断探索生活中的各种规律。做什么事都要既知其然，还要知其所以然。

（7）训练判断力。这种能力对于语言来说是至关重要的。在与别人交谈时，如果你判断失误，就可能做出意思相反的回答，这就很可能导致不必要的误会越来越深。

（8）多说有力量的话。有力量的话就是指说话时能够直截了当，行就是行，不行就是不行。比如：你最好不要说“我看……”“我想……”，而应该尽量说“我认为……”这样你的说话才够力量。

（9）多与人交谈。你不妨尝试扩大你的社交圈子，不断增加你的说话机会，这样更有利于提高你对语言的驾驭能力。

## 讲解要点

在现代社会中，由于经济的迅猛发展，人们之间的交往日益频繁，良好的语言表达能力已经成为现代人的必备能力。语言能力是驾驭人生、改造生活、追求事业成功的无价之宝，是通往成功之路的必由途径。

如何提高我们的语言表达能力呢？

（1）克服说话时的紧张情绪，积极大胆与别人说话。很多人与别人说话的时候就会紧张，而这种紧张会影响沟通的效果。说话紧张的时候，努力使自己放松。静静地进行深呼吸，使气息安静下来，在吐气时稍微加一点力气，这样可以使换气充分，容易使自己放松下来。笑对于缓和全身的紧张状态有很好的作用。微笑能调整呼吸，还能使头脑的反应灵活，说话集中。也许你会说紧张的时候怎么才会微笑呢？其实你只要做出笑的表情，很容易使自己变得开心，从而会引起自然的微笑。

（2）平时多积累一些你擅长的话题，避免不擅长或不感兴趣的话题。平时要留意观察别人的话题，了解吸引人的和不吸引人的话题。扩充自己的知识面，多看些书，多参加户外活动，这样可以多和人沟通交流。成为优秀的表达者之前，首先学会做个聆听者，多去听讲座，在和朋友、长辈沟通的过程中多听听别人的，每一天都收集可以表达的素材，也能学习别人的语言表达技巧。曾经有一个演讲家为了发现人们对哪些话题感兴趣，经常去电影院看电影，注意其他人在看电影时的情绪反应，从而找出人们感兴趣的话题。同时也要回避一些不好的话题。避免自己不完全了解的事情，谈一知半解的话题，会给人留下虚浮的印象。若有人就这些对你发出提问而你又回答不出，则更为难堪。要避免你不感兴趣的话题，自己不感兴趣很难使自己完全投入到谈话中。

（3）增加自己的幽默。语言的风趣幽默，一定要根据具体对象、具体情况、具体语境来加以运用，而不能使说出的话不合时宜。提升自己语言的幽默性可以从以下几个方面入手。首先，当你叙述某件趣事的时候，不要急于告诉结果，应当沉住气，要以独具特色的语气和带有戏剧性的情节显示幽默的力量，在最关键的一句话说出之前，应当给听众造成一种悬念；其次，重要的词语加以强调，利用重音和停顿等以声传意的技巧来促进听众的思考，加深听众的印象；最后，在说笑话的时候，不要自己先大笑起来，这样会使笑话的效果大打折扣。

（4）学会站在别人的角度。每一个个体都有完全不同的人生经历，价值观、性格等会有很大的差异，因此我们要学会理解别人，站在别人的角度来看待问题。如与一个看重细节的人沟通时，不能只讲一个大概，要进行深入细致的描述；而对于一个重视整体的人来说，过于描述细节也会招致厌烦。

**知识点：乔哈里视窗**

乔哈里视窗是一种关于沟通的技巧和理论，也被称为“自我意识的发现——反馈模型”。这个理论最初是由乔瑟夫•勒夫和哈里•英格拉姆在20世纪50年代提出的，当时他们正从事组织动力学的研究，故以他俩的名字合并为这个理论的名称。这一理论实际包含的交流信息有情感、经验、观点、态度、技能、目的、动机等，这些信息主体的个人往往和某个组织有一定的联系。

视窗理论将人的内心世界比做一个窗子（如图13-2所示），它被分为4个区域：公开区、隐蔽区、盲点区、未知区（也称封闭区）。

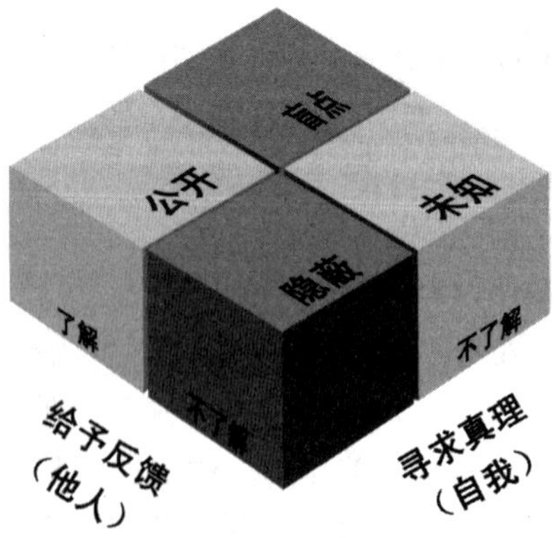


图13-2 乔哈里视窗

第一象限：公开区（Open Area）。自己知道，别人也知道的信息，如你的名字、发色以及你有一只宠物狗的事实。人与人之间交往的目的就是扩大公开区，实现这一目的的主要做法有提高个人信息的曝光率、主动征求反馈意见。

第二象限：盲点区（Blind Spot）。自己不知道，别人却知道的盲点，如你的某些处事方式，别人对你的一些感受。

第三象限：隐蔽区（Hidden Area）。自己知道，别人不知道的秘密，如你的秘密、希望、心愿以及你的好恶。

第四象限：未知区（Unknown Area）。自己和别人都不知道的信息。未知区是尚待挖掘的黑洞，它对其他区域有潜在影响。

真正有效的沟通，只能在公开区内进行，因为在此区域内，双方交流的信息是可以共享的，沟通的效果是会令双方满意的。但在现实中，很多沟通者对彼此都不是很了解，很无奈地进入了封闭区，沟通的效果就可想而知了。

为了获得理想的沟通效果，就要通过提高个人信息曝光率、主动征求反馈意见等手段，不断扩大自己的公开区，增强信息的真实度、透明度。在沟通的策略上，可以在隐藏区内选择一个能够为沟通双方都容易接受的点来进行交流，这个点叫“策略信息开放点”。双方的交流进行了一段时间，“策略信息开放点”会慢慢向公开区延伸，从而实现公开区被逐渐放大。需要注意的是，选择“策略信息开放点”时要避开过于私人的问题，如心理健康、严重的过失等。

想一想，你的乔哈里视窗的每个象限都有哪些内容？你有哪些策略信息开放点？你和他人进行沟通时，有没有较好地进入双方的公开区，还是在封闭区域痛苦地挣扎？

南方李锦记在企业中很好地应用了乔哈里视窗理论。在李锦记公司，各级领导，包括老总、副总、总监、部门主管都会开一个会，在这个会议上不谈工作，有 30% 的时间用来玩。在玩的过程中，大家互相介绍自己的背景，从自己的出生开始，介绍自己的人生历程、自己的坎坷和梦想。经过了几次背景介绍后，管理团队之间的相互理解和友谊明显地增进了。不仅如此，李锦记在员工有效沟通的基础上，建立了开诚布公的企业文化，加强了员工的凝聚力。

## 阅读资料

1）案例 1：挑战极限

一天，电视台正播放“挑战极限”的节目，挑战者男一号被带到了一间房屋，这间房屋中除备有必要的食品和生活用具外，其他什么也没有。挑战期间不允许挑战者和外界有任何交流，也无法使用手机等通信工具，看他能坚持多长时间。男一号在这间空房子里待了五天，到第五天时，他要求终止挑战，打开房门。主持人没有马上满足他的要求，想试试看他还能坚持多长时间，结果却听到他在里面声嘶力竭地喊道：“让我出去，让我出去！”接着他开始猛烈地踢门，近乎疯狂。

启示：大脑的发育，人的成长是建立在与外界环境广泛接触基础之上的。只有通过社会化的接触，更多地感受和外界的联系，人才可能更多地拥有力量，更好地发展。

2）六度空间理论

哈佛大学社会心理学家米尔格兰姆设计的一个连锁信件实验。他将一套连锁信件随机发送给居住在内布拉斯加州奥马哈市的 160 个人，信中放了一个波士顿股票经纪人的名字，信中要求每个收信人将这套信寄给自己认为是比较接近那个股票经纪人的朋友。朋友收信后再照此办理。最终，大部分信在经过五六个步骤后都抵达了该股票经纪人。不过，在传递过程中，信件并不是按随机的路径到达最后的收信人的，而是在传递过程中慢慢地集中在五六名中间人的身上。也就是说，这五六名中间人，最后将 160 人的信件传递给了目标收信人。如果你认识这五六名中间人，那么你就可以更迅速有效地联系上 100 多个人；而如果你本人就属于这五六个人，那么你就可以自己掌握大量的人际资源。换句话说，尽管理论上说，最多通过 6 个人，就可以认识世界上的任何人，但是，大量的人际资源却掌握在较少的人手里。

## 任务实施

| 第一步 课前认知 | |
| --- | --- |
| 主要内容 | 教师评价 |
| 回答以下问题：<br>1. 你以前都了解过哪些有关沟通的知识，谈谈你对有效沟通的认识吧！<br>3. 你觉得沟通能力是可以培养的吗？你认为该如何培养？ | |

| 第二步 课堂学习 | |
| --- | --- |
| 主要内容 | 教师评价 |
| 1. 请思考：生活中如何做到积极倾听？<br>2. 如何做到有效提问？ | |

| 第三步 课后拓展 | |
| --- | --- |
| 主要内容 | 教师评价 |
| 1. 请就个人具体情况认真分析，列出你的沟通提升计划。<br>2. 从今天起，按照计划实施提升你的沟通能力，请把每天的执行情况写在下面吧！ | |

## 任务总结

| | |
|---|---|
| 1. 请总结：通过课堂学习、课下自学、小组交流、同学的分享你了解了哪些具体知识？<br><br>2. 通过本项目的实施你有哪些感想、收获和成长？ | |
| 签名： | 日期： |
| 本团队成员对你的评价： | |
| 签名： | 日期： |
| 其他团队对你的评价： | |
| 签名： | 日期： |
| 教师对你的评价： | |
| 签名： | 日期： |

## 任务习题

学有余力的同学思考并学习整理如下内容。

1. 非言语表达要注意哪些问题？
2. 如何提高语言表达能力？
3. 请各小组讨论，设计沟通情景剧并进行练习。

# 项目 14　沟通拓展训练

## 学习目标

知识和技能只是有形的资本，是可以学来的，而能力一定是训练出来的。在什么样的情况下能使有限的知识和技能释放出极大的能量？如何开发出那些一直潜伏在每个人身上、而人们又未必真正了解的能力和情趣？怎样才能实现与他人的良好沟通和弄清这种沟通能够深入到什么程度？怎样有效地破除个人自我中心概念，改变对他人和社会的冷漠心态……这些就是项目训练的意义所在。

说对话才能做好事，无论是在日常交流中，还是同学关系的处理方面，良好的沟通都是前提。通过本次项目训练将深化大家对"沟通"的认识，也掌握高效沟通的秘诀；课后还需要同学们通过演练进一步培养自己的亲和力与表达力，快速建立个人影响力；懂得与别人进行有效的沟通，实现团队与个人的更大价值。

通过本项目的实践，我们还将达到如下目标：

●培养主动沟通的意识。

●认识沟通的重要性，并愿意提升自身沟通能力。

●养成倾听和赞美别人的习惯。

## 任务描述

本项目结合有效沟通部分所涉及的主要内容，以游戏为载体，以运动为依托，以训练为方式，以感悟为目的。利用室内、操场乃至户外特殊的场地和自然环境等，通过各种精心设计的趣味性游戏、启发式的运动，促进人与人之间的沟通和信任。在训练的过程中把对应有效沟通项目中介绍的知识与各项活动有机融合，使参与者通过活动培养主动沟通的意识，发现沟通的误区，在参与中理解和运用沟通的技巧。

## 任务技能

### 1. 项目相关知识结构图

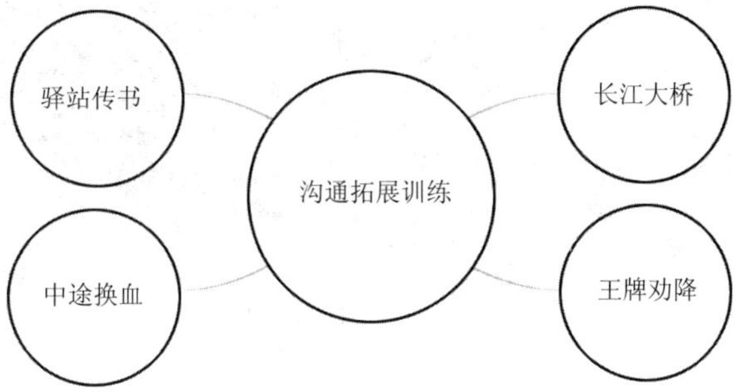


图 14-1　课堂知识结构

### 2. 相关知识点

#### 知识点 1:活动 1——驿站传书

通过小组的配合,使信息从最后一位队员既快又准地传输给第一位队员,然后将信息传递给老师,最后得分最高的小组获得胜利。让同学们深刻体会有效沟通和创意无限的管理技能。了解沟通中的编码、解码、译码之间的相互关联,做到有效传播信息。同时感受在遇到挑战时的创新思路和群策群力的创造过程。

#### 互动空间

活动体验

活动规则:
嘴里不得发出任何声音;
头不得摆动,更不许回头;
后面学员的手的活动区域不能超过其前面学员的背部的横截面;
前面学员的手的活动区域不能超过自己背部的横截面;
后面学员的脚的活动区域不能超过其前面学员的背部的横截面;
不准传递任何物品;不得使用手机。
注意事项:
(1)组织学员按每组一列纵队坐好,每两列之间有一定距离。
(2)有一位主持培训师在主持,其余各位培训师在后面配合。
(3)在传递信息时,各位辅助培训师在场地监督。

图 14-2　驿站传书

## 讲解要点

讨论并发言：

（1）结合沟通的过程，思考并回答本组信息是如何传递的，为什么成功？又为什么会失败？

（2）结合沟通的障碍，思考信息传递的误区都有哪些，你们是如何解决的？

（3）在生活的真实沟通场景中，你都遇到过哪些类似的沟通误区？我们又该如何解决呢？

**知识点 2：活动 2——中途换血**

让两组学生分别讨论同一个难题，每隔一个时间段组内的两个成员与其他组进行交换，给本组补充新的血液，直到找到答案为止。以此来观察和体会新成员加入时彼此之间的心态、沟通和融入情况。

## 互动空间

活动体验

活动前准备道具：纸和笔

活动规则：

（1）将学生分成 2 组，然后给两个组布置相同的问题，让他们各自讨论，然后提出解决办法（这个问题应该有一定难度，即不能很快解决）。

（2）大概过 5 分钟之后，培训者从两组里随意挑选一人进行交换，即从第一组选出的人去第二组，从第二组选出的人去第一组。然后接着讨论。

（3）如果再过 5 分钟这个问题还没有解决，再选另外两个人进行调换。直到问题解决为止。

## 讲解要点

讨论

(1)对于中途换来的人,作为本组成员,你们是欢迎还是反感?为什么?

(2)当有新成员融入集体中时,你们是否觉得交流受阻了?

(3)作为被换走的人,进入新集体后,你是怎样取得新同伴认可的?

(4)沟通与合作。

(5)改进工作方法。

总结:

(1)人是社会的一分子,因此必须要学会与他人相处,这不仅包括与他人关系融洽或者善于合作,还包括能够容纳不同团体的人的意见和想法,能做到这一点是很不容易的。对于新来的伙伴,老成员总会花一段时间去观察他,看看这个人是不是会和他们一伙。那么,在这个短时间的游戏里,对这些老队员来说是没有这个时间的,因此对他们来说考验更大。

(2)作为中途融进一个集体的人来说,应该理解那些所谓的老队员的行为,因为无论怎么说,你的介入肯定会给他们带来不便。比如这个游戏里,新队员进入后对已经讨论的东西一无所知,那么作为老队员就必须花时间为他做介绍,这也是费时费力的。

(3)事物都有两面性,新队员的介入固然会给讨论增加难度,但从另一个角度想,他也带来了新的想法。这一点是沟通的根本目的。另外,在给新队员介绍时,全队有了一次重新审视自己的机会,更容易发现错误。因此,作为合格的沟通者就要具有这种“海纳百川”的气量,随时欢迎新思想的挑战,并能在第一时间消化吸收。

**知识点 3:活动 3——长江大桥**

每组 10 人用给出的材料精心设计并建造一座美观、结构合理且具创意的长江大桥,最后评选出最优秀的团队予以奖励。团队创意是一个团队成功的根本前提,所以作为一个团队的领导者一定要了解小组各个成员的特点并善加利用,本项目可以帮助参训者做到这一点。

## 互动空间

活动体验

活动前准备道具:每组一套,A4 纸 50 张,胶带一卷,剪刀一个,彩笔一盒。

活动规则:

(1)将学员分成 10 人一组,然后发给每组一套材料,要求每组在 30 分钟之内,将长江大桥建起来,要求外形美观、结构合理、创意新颖。

(2)要求每组挑选出一个人来解释他们的大桥建造过程,比如说他们的创意,他们实施的办法。

(3)由大家选出最有创意的大桥,最具有美学色彩的,最简单实用的大桥等等,胜出组可以得到一份小礼物。

## 讲解要点

小组研讨：

（1）你们组的创意是怎样来的？

（2）在建桥的过程中，你们的合作过程如何？大家的协调性怎么样？不同的人扮演什么角色，这一角色是否与他的平时形象相符？

活动总结：

（1）创意好不好关系到建桥的成败，如果一开始的思路就错了，或者根本没有明确的思路，就会在以后的工作中面临越来越多的问题，比如时间管理、审核标准、资源分析等。

（2）当想出足够好的创意以后，每个人根据自己不同的特长选择不同的任务，比如空间感好的人就可以来搭建模型，手巧的人可以进行实际操作，但是最重要的是一定要有一个领导者，他要纵观全局，对创意进行可行性评估以及最后进行总结。

（3）对于组员来说，如果你有了新的创意，一定要跟其他人交流，让他们明白你的意思，并让大家评定你的点子的可行性。

**知识点 4：活动 4——王牌劝降**

在本项目中需要完成任务：说服室外的队友回到室内，以此对同学们进行说服艺术的训练。

## 互动空间

活动体验

> 活动规则：
>
> 要求团队中有一半学员走出房间到大厅或者另一个房间等候。如果在室外做这个游戏，那么让这些人走得远一些，要保证他们听不到留在原地的队员的说话声。然后告诉留在室内的队员，他们的任务就是出去说服室外的队员，让他们回到室内。在说服的过程中不能使用暴力或者进行威胁，不管是真的还是假装的。
>
> 接着告诉室外的队员，他们要公平地对待来自室内队员的说服；如果发现自己被他们真诚地说服打动时，就要随他们回到室内。告诉所有的队员这个游戏最重要的关键词就是公平与真诚。
>
> 时间 15~20 分钟。注意观察所有的人，如果大家的热情开始低落或者游戏陷入僵持阶段，就宣布结束并将所有人带回到室内。

## 讲解要点

讨论引导：

（1）两个小组如何制定他们的策略，是否真的制定了策略？

（2）两个小组是以小组的方式开展活动，还是两两活动？

（3）采用了什么行动或说了什么语言从而达到了激励对方的目的并使其按照要求行事？

（4）说了什么言语或采用了什么行动却没有达到激励对方的目的并使其按照要求行事？

（5）这些行为反映了什么样的价值理念或观念？

总结：

由于这个游戏本身非常简单，我们也许想当然地认为游戏能在一分钟之内结束。如果事实并非如此，请不要因此而诧异。有些团队即使在时间延长的情况下也无法完成任务。一件简单的事情做起来也是需要付出努力的，不是随便就能成功的。

尽管在布置任务时强调了公平与真诚，但是担当说服任务的队员仍然会将这项任务看作是一个竞争。他们认为如果能说服别人回到室内，自己就赢得了胜利。更重要的是，他们认为室外的那些人与他们持有同样的看法，即回到室内就意味着失败。由于存在这个输赢的假设前提，那么获取胜利的唯一办法就是欺骗。他们会酝酿一个复杂的计划和实施方案，试图去哄骗他们的“竞争者”。然而，室外的人会意识到里面的阴谋而拒绝回到室内。

在提示性询问中，两组人会相互比较他们的目标。一些室外的人会说，如果有人要求他们回到室内那么他们将会照做。而另一些室外的人会说，他们将这个游戏看作是一场竞争，所以他们会拒绝任何回到室内的要求。所有的人都认识到，如果缺乏信任，即使最简单的任务也会变得极其艰难。

游戏结果指出，当人们一开始就被要求表达他们的动机时，那么他们就更容易被说服去做某件事。显而易见的是，许多说服者会采用引诱的手段来达到说服其目标听众的目的。通过问一些简单的问题去发现对方需要什么是一种很有效的说服对方的办法。任何一个想发展销售技巧的人都会发现这个游戏很有教育意义。

## 拓展学习

**知识点 1：游戏——故事接龙**

大家可能都玩过词语接龙或续写故事的游戏，比如前一个人为一个故事起了个开头，大家就按照这个思路把故事接下去，一直到形成一个完整的故事为止。这个游戏就是将上述形式深化了一下，目的在于让受训者在合乎情理的情况下发挥创造性和想象力，加强团队沟通，同时活跃气氛。

## 互动空间

游戏体验

活动规则：

（1）将受训者两两分组，做一个与某个话题（可以任意选择，只要大家感兴趣，比如旅游）有关的演出。

（2）指定每组的两个成员中，一人是 A，一人是 B。被称为 A 的人是这场游戏的演员，被称为 B 的人是 A 的台词提示者。

(3)B 组挨着 A 组的同伴站着，当轮到自己的角色说话时，就会把台词告诉 A。而每个 A 成员的任务就是接受 B 同伴提供的任何台词，在此基础上再加以发挥，把戏演下去。A 成员要密切配合 B 成员的意思，好像这些台词就是他们本人想出来的一样。

(4)为了使受训者充分理解培训者的意图，培训者可以先做一下示范。挑选一位学员后，培训者开始说：“我非常想和你一起旅游，因为小王你——”

(5)培训者然后拍一下小王（B 成员）的肩膀。小王需立刻接下去，“我总是与你的喜好一致。”培训者结合小王的话继续说，“总是与我的喜好一致。事实上，我们有过一次愉快的旅游经历，那一次——”

(6)再次拍小王的肩膀。他也许会说：“我俩结伴去了黄山，”培训者接着说：“我俩结伴去了黄山，真是一次美妙的经历。”

(7)又一次拍小王的肩膀，小王可能说：“什么时候我们还能共同休假呢？”培训者说：“什么时候我们还能共同休假呢？那时我们再一起出游吧……”

(8)让所有受训者观看示范，然后让他们各组散开练习一下，5 分钟后大家集合，集体完成一次演出。

## 讲解要点

(1)请 A 组人员考虑：为了适应并转换 B 组搭档的台词，你必须做些什么？是否感到吃力或有其他感觉？怎样才能使这个过程不那么煎熬呢？

(2)请 B 组人员考虑：你们的任务是帮助 A 组人员完成任务，所以为他们提供台词并使这一切进行得容易一些，你们需要做些什么？当 A 组成员没能顺利接你的台词时，你有何感觉？

总之无论 A 组还是 B 组成员，都不可以迟钝或恶作剧地做这个游戏，否则不仅会给搭档造成困难而且会破坏训练的效果。大家的目的是将一个故事合理、顺畅地完成，而不是给别人出难题或显示自己的才能。这个游戏体现了最公平的合作，即快乐来自与他人分享创意。

## 任务实施

| 第一步　课前认知 | |
| --- | --- |
| 主要内容 | 教师评价 |
| 回答以下问题：<br>1. 你参加过拓展训练吗，你知道什么是拓展训练吗？<br><br>2. 谈谈你对拓展训练这种学习形式的体验和感觉？ | |

| 第二步 课堂学习 | |
|---|---|
| 主要内容 | 教师评价 |
| 1. 你都参加了什么活动？你对各个活动或项目的训练环节还有印象吗？<br><br>2. 让你最受触动的活动是哪一个？最触动你的环节是哪一部分？为什么？<br><br>3. 你还了解哪些有关沟通的游戏或者训练方法，请写出来跟大家一起分享吧！ | |

| 第三步 课后拓展 | |
|---|---|
| 主要内容 | 教师评价 |
| 1. 你认为身边的朋友或同学谁的沟通能力比较好？为什么？请仔细观察他是如何沟通的。<br><br>2. 我们和家人沟通的如何？为什么？你觉得和爸爸妈妈沟通中最难的是什么？如何改进？<br><br>3. 你经常和自己的任课老师或班主任沟通吗？你认为自己在主动沟通方面做得如何？ | |

## 任务总结

| |
|---|
| 1. 请总结：通过沟通的现状分析，提升计划制订和执行，你在哪些方面有所提升？养成了哪些良好的沟通习惯？请举例具体描述。<br><br>2. 通过本项目的实施你有哪些感想、收获和成长？ |

| | |
|---|---|
| 签名： | 日期： |
| 本团队成员对你的评价： | |
| 签名： | 日期： |
| 其他团队对你的评价： | |
| 签名： | 日期： |
| 教师对你的评价： | |
| 签名： | 日期： |

## 任务习题

请同学们思考并学习整理如下内容。

1. 请列出主动与他人沟通的行动计划。

2. 赞美他人有哪些技巧？如何养成赞美他人的习惯？请指定一个具体的训练提升计划并实施吧！

3. 给你最想要深入沟通的人，以书面的形式表达一下你的情感吧！

# 项目 15　自信演讲

## 学习目标

如果让我重进大学，我将修好两门课：演讲和说服。

——尼克松

当今社会，由于经济的迅猛发展，人们之间的交往日益频繁，人际交往能力变得非常必要且重要。而演讲能力的作用也日渐凸显，好口才越来越被认为是现代人的必备能力。闭幕致辞、主持会议、商务谈判、接受采访甚至是课堂报告，都需要良好的演讲能力。演讲能力在一个人的生活、学业甚至是职业发展中都起了非常重要的作用。

通过本项目的实践，我们将达到如下目标：

●认识到演讲在职业发展中的重要性。

●愿意在学习和日常生活中不断提升自己的演讲能力。

●掌握如何确定演讲目标，确定和选择主题。

●能设计演讲的开头、过程以及结尾，并对现场能自如控制。

●认识到演讲中的语言技巧和非语言技巧。

●提升自己在演讲中的语言和非语言技能。

## 任务描述

本项目是通过课堂学习、课后拓展学习等形式让学生了解和掌握演讲相关知识。通过小组研讨、小组协作训练等，结合所学，进行演讲前周密的准备。找到一个明确、恰当而又有吸引力的主题。并且演讲的开局、展开、落幕都需要经过精心的设计。各小组还要考虑如何通过语言和非语言技巧的结合，来呈现一场精彩的演讲。各小组认真准备，每组将有 5 分钟的时间展示，期待各位同学用你的激情和口才感染大家。

## 任务技能

### 1. 项目相关知识结构图

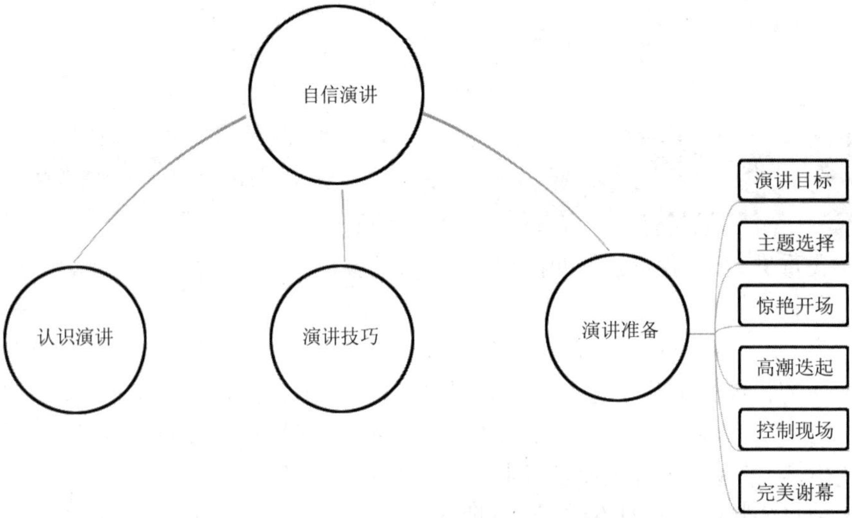


图 15-1 课堂知识结构

### 2. 相关知识点

**知识点 1:认识演讲**

#### 互动空间

小组讨论

(1)请各小组成员之间相互介绍自己的演讲经历。

(2)总结什么情况下需要进行演讲?

(3)你认为演讲和谈话那个更容易?为什么?

(4)请给大家讲一个你说服其他人的例子。

总结:如果我们把与人的每一次问候、交谈、1 分钟自我介绍、5 分钟演讲、30 分钟答辩都当成演讲来对待,你会发现你成了众人瞩目的焦点,你的才智就在不经意间自然流露。这比拿着一大堆证书和一本精美的自荐书要有用得多。

演讲比我们想象的还要贴近生活。向陌生人介绍自己时,想介绍自己的项目时,想通过面试进入试用期时,想让客户了解产品性能时,想让老板加薪时……

#### 讲解要点

演讲是一门传播艺术,党的二十大关于增强中华文明传播力影响力的精神指明,要坚守中华文化立场，提炼展示中华文明的精神标识和文化精髓，加快构建中国话语和中国叙事体系，讲好中国故事、传播好中国声音，展现可信、可爱、可敬的中国形象。加强国际传播能力建设，全面提升国际传播效能，形成同我国综合国力和国际地位相匹配的国际话语权。深化文明交流互鉴，推动中华文化更好走向世界。

1）演讲的定义

演讲，又被称为讲演或演说，是指在公共场所，面向大众，以有声语言为主要手段，以肢体语言为辅助手段，鲜明、完整地针对某个具体问题发表自己的见解和主张，阐明事理或抒发情感，进行宣传鼓动的一种语言交际活动。

其实，简单来说，演讲就是当着众人的面，把自己的思想清晰、明确地表达出来。演讲是口语表达的最高境界，看似高难，其实不然。从表面上看，演讲比谈话要难；在本质上看，谈话比演讲要难得多。原因是，谈话本质上是脑才，脑袋里要先有，之后才涉及表达的问题。其实，许多人恰恰是在表达上出了问题，而不是脑才有问题。很多程序员，脑才没有问题，往往不善于当众讲话；没有学历的人，往往善于当众讲话，只是内容上的区别罢了。经过研究和实践证明，演讲训练是提高表达能力的最快捷方法。

2）演讲的内涵和本质

➢ 演讲是一门独立的语言艺术。它重于用口语“讲”但并不是所有的“讲话”“说话”都是演讲。演讲有“演”的成分，但不属于表演范畴，演讲者站在台上，是以自己的真实姓名、真实身份来进行阐述事理、抒发感情的，而不是戴着“面具”或以演员的身份为观众表演。因此，讲故事、朗诵等都不能算是演讲。演讲应是以“讲”为主，以“演”为辅的和谐统一的传递信息的活动。

➢ 演讲是一门以“真”感人的艺术。它可以借鉴相声的幽默，也可以吸收诗歌朗诵的激情，故事的曲折，但绝不可越出“真人、真事、真情、真理”的轨道。否则，演讲意义也就随之消失。

➢ 演讲是借助主体形象、有声语言和肢体语言，有中心、有条理地把自己的看法和观点与听众进行巧妙沟通的语言艺术，而不是站在台上“侃大山”，或自顾自地念稿、背稿。

3）演讲的基本要素

演讲作为人类一种社会实践活动，它必须具备以下四个条件。

➢ 演讲主体：演讲者。

➢ 演讲客体：听众。

➢ 演讲媒介：可利用的演示工具。

➢ 演讲环境：演讲时的场地及相关环境条件。

离开其中任何一个条件都构成不了演讲。

4）演讲的作用

➢ 宣传鼓动作用 。

➢ 传授知识的手段。

➢ 搞好经营管理的有效途径。

➢ 社会交际的有力工具。

5）演讲的特征

演讲具有现实性、沟通性、鼓动性、时限性、艺术性、临场性、口语性等特征，这里主要介绍前几种。

➢ 现实性。

演讲是一种有较强现实性的社会实践活动，演讲的主题是紧密结合现实并具有时代感的。演讲者不能无病呻吟讲些与现实无关的话题，古今中外的演讲家都是面对现实和紧握时代的脉搏，向广大听众发表自己的看法，从而使演讲成了战争的武器、教育的手段和传播科学文化的工具。

➢ 沟通性。

演讲是演讲者和听众共同完成的活动，演讲者面对的是较多听众，那就必须考虑多数人的心理需求，要注意用自己的语言、思想、情感、目光和听众进行交流，不管是使人信、使人服、使人激，还是使人动、使人乐，都要注意听众的感受，这样才能让听众感同身受。

➢ 鼓动性。

有人说，没有鼓动性，就不称其为演讲。这话并不夸张，战前一番演讲，能使战士们不怕牺牲冲锋向前；抗洪中的演讲，可鼓起人们重建家园的斗志；听完“血，生命之源”的演讲，不少人高喊着：“输我的”，并坚定地向医生伸出了胳膊……即使是一般教育性的演讲，也应该点燃听众热爱生活的激情。

➢ 时限性。

这是指演讲时间不宜过长。在演讲比赛中每人不应超过10分钟，事迹演讲不要超过16分钟。即使是演讲家的专题演讲也最好不要超过一个半小时。如果把听众集中在一起，听一个人讲上几个钟头，肯定会有人坐不住的。

6）演讲的类型

（1）从功能上划分。

➢“使人知”演讲。

这是一种以传达信息、阐明事理为主要功能的演讲。它的目的在于使人知道、明白。如数学家朱光潜的演讲《谈作文》讲了作文前的准备、文章体裁、构思、选材等。使听众明白了作文的基础知识。它特点是认知性强、语言准确。

➢“使人信”演讲。

这种演讲的主要目的是使人信赖、相信。它从“使认知”演讲发展而来。如恽代英的演讲《怎样才是好人》，不仅告知人们哪些人才是好人，也提出三条衡量好人的标准，通过一系列的理论论述，改革了人们以往的旧观念。它的特点是观点独到、正确，论据翔实、确凿，论证合理、严密。

➢“使人激”演讲。

这种演讲意在使听众激动起来，在思想感情上与你产生共鸣，从而欢呼、雀跃。如美国黑人运动领袖马丁·路德·金的在《林肯纪念堂前的演说》，用他的几个“梦想”激发广大的黑人听众的自尊，自强，激励他们为“生而平等”而奋斗。

➢“使人动”演讲。

这比“使人激”演讲进了一步，它可使听众产生一种欲与演讲者一起行动的想法。法国前总统戴高乐在二战期间的英国伦敦做的演讲《告法国人民书》，号召法国人民行动起来，投身反法西斯的行列。它的特点是鼓动性强，多以号召、呼唤式的语言结尾。

➢“使人乐”演讲。

这是一种以活跃气氛、调节情绪，使人快乐为主要功能的演讲，多以幽默、笑话或调侃为材料，一般常出现在喜庆的场合，这种演讲的事例很多，人们大都能听到。它的特点是材料幽默，语言诙谐。

（2）从表达形式上划分。

➢ 命题演讲。

命题演讲指由别人拟定题目或演讲范围，并经过准备后所做的演讲。它包含两种形式：全命题演讲和半命题演讲。全命题演讲的题目一般是由演讲组织部门来确定的。某单位搞“让雷锋精神在岗位上闪光”主题演讲，为了让演讲员各有侧重，分别拟了《把爱送到每个顾客的心坎上》《练好本领，为民服务》《从一点一滴做起》三个题目，给了三个演讲者，要求以此组织材料，准备演讲。半命题演讲指演讲者根据演讲活动组织单位限定的范围，自己拟定题目进行的演讲。1986 年，中央电视台与《演讲与口才》杂志社联合举办的“十城市青少年演讲邀请赛”命题演讲即是以“四有教育”为范围，具体题目自拟，命题演讲的特点是主题鲜明、针对性强、内容稳定、结构完整。

➢ 即兴演讲。

即兴演讲在事先无准备的情况下就眼前场面、情境、事物、任务临时起兴发表的演讲。如婚礼祝词、丧事悼念、聚会演讲等。它的特点是有感而发、时境感强、篇幅短小。它要求演讲者要紧扣主题、抓住由头、迅速组合、言简意赅。

➢ 辩论演讲。

辨论演讲指由两方以上的人们因对某个问题产生不同意见而展开的面对面的语言交锋。其目的是坚持真理、批驳谬误、明辨是非。比如，我们生活中常见的法庭辩论、外交辩论、赛场辩论以及每个人都经历过的生活辩论等。它的特点是针锋相对、短兵相接。辩论演讲较之命题演讲、即兴演讲更难些。要求演讲者必须具备正确的思想、高尚的品质、严密的逻辑性、较强的应变性。

（3）从内容上划分。

➢ 政治演讲。

凡是为了一定的政治目的，由于某种政治动机，就某个政治问题以及与政治有关的问题而发表的演讲均属此类，它包括外交演讲、军事演讲、政府工作报告、政治宣传等。

➢ 生活演讲。

生活演讲指演讲者就社会生活中的各种问题、风俗、现象而做的演讲，它表达了演讲者对这些问题的看法、见解和观点。这种演讲涵盖的内容更加广泛，如祝贺、迎送、答谢等均属此类。

➢ 学术演讲。

学术演讲指演讲者就某些系统、专门的知识和学问而发表的演讲。一般指学校和其他场合的专题讲座、学术报告、学术发言、学术评论。它必须具有内容的科学性，论证的严密性和语言的准确性三大要素。这是与其他类型演讲的一大区别。

➢ 法庭演讲。

法庭演讲即指公诉人、辩护代理人在法庭上所作的演讲、律师的辩论演讲。法庭演讲有自己的突出特征：公正性和针对性。

（4）从目的上划分。

➢ 劝说型。

劝说型演讲的目的是让听众认同一种方案、接受一种思想或者采取某种行动。例如一场劝诫听众尽早戒烟的演讲。

➢ 告知型。

告知型演讲的目的是向听众描述一个事件或物体。例如一个新产品发布会上，介绍产品新功能的演讲。

➢ 激励型。

激励型演讲的目的主要是在某方面为听众树立信心，激发听众在某方面的斗志，增强听众做某件事的动力或勇气。例如一个销售团队暑假促销激励启动会。

➢ 娱乐型。

娱乐型演讲的目的主要是通过分享一些有趣的故事，提出一些有趣的话题，使听众感到轻松和愉悦。例如搞笑的时尚话题。

➢ 讨论型。

讨论型演讲主要是演讲者通过各种与听众间的互动，使听众真正参与到对演讲主题的讨论中来，以阐明自己的观点。例如一个技术沙龙。

由于演讲的内容、形式、功能复杂多样，我们以上对演讲的分类不可能做到绝对的划一和标准。这里介绍的几种基本类型，旨在提供一些参考。

**知识点 2：演讲准备——演讲目标**

### 互动空间

小组研讨：如何确定演讲目标？

> 例如：标题是“幸运绝非偶然”，主题是“职业生涯规划对于大学生非常重要”，小组研讨并确定演讲目标。
>
> （1）那么如何确定演讲目标？
>
> （2）你希望让听众记住什么？
>
> （3）你希望他们做些什么、有什么感觉或了解什么知识？
>
> 总结：通过回答上述几个问题，我们基本可以把演讲目标确定为“提升大学生的职业生涯规划意识”。
>
> 很多演讲者容易犯的一个错误就是希望听众能够了解全部的内容，于是在一次演讲中设置了过多的主题，但每个主题都没有充分地展开，而听众却觉得负荷过重。演讲者在众多主题之间游离不定，最后甚至无法回到最初的议题上。目标应该是明确的，任何一个论点都不应与此偏离开来。一旦目标确定，你也就能够确保接下来的所有内容都能够支撑目标，人们也会清楚你努力向他们灌输的论点。

### 讲解要点

你能面对多少人，未来就有多大的成就。

——丘吉尔

演讲是一门综合艺术，是语言的一种高级表现形式，它通过艺术的手段表达出语言的基本意思，是一种有计划、有目的、有主题、有系统的视听信息的传播。

演讲的目标指的是你希望在听众脑海里留下的内容，以及听完讲话后他们会采取的行动。每个演讲都需要 3 个要素：标题、主题和目标。在演讲中，首先要确定演讲的目标，根据演讲目标确定演讲的主题，最后再确定演讲的标题。

美国演讲专家多罗西•利兹认为大部分的演讲目标都符合下列 6 种类型。每一种类型都会要求演讲者采用不同的语调，讲述不同的故事，引用不同的事例，甚至遣词造句也会有所区别。这 6 种目标分别是告知、指导、娱乐、激励、刺激、说服。

**知识点 3：演讲准备——主题选择**

### 互动空间

小组讨论

（1）你觉得一般课堂演讲的时候可以从哪些话题入手？

（2）小组讨论把你想讲的话题写下来。

______________________________

______________________________

总结：一般可以从两大类话题入手。

（1）你熟悉的话题。

例如你学过心理学，对压力管理有一定的研究，你就可以和课堂的同学分享这些知识。

（2）你想进一步了解的话题。

你发现自己在时间管理方面比较欠缺，想进一步提高自己这方面的能力，对学习时间管理非常感兴趣，于是准备讲这个话题。通过演讲准备可以查阅大量的书籍和资料，提升自己在时间管理方面的能力。

### 讲解要点

可与言而不与之言，失人；不可与言而与之言，失言。知者不失人亦不失言。

——孔子

在学习演讲或者被人邀请去演讲时，有些时候话题被圈定的范围，还是有很多自由度的。如何选择一个合适的话题，可以说是演讲成功的关键。一般来说，演讲的题目是由当时的场景、听众和演讲人自身的条件决定的。例如大学邀请新东方校长俞敏洪谈论与大学生出国留学有关的问题，邀请唐骏谈论如何成为一名成功的职业经理人等。如果把两个人的话题换一下，可能就不太合适。在正式演讲的准备中，选择话题要注意以下几个方面。

（1）从听众需求和自身的能力找契合点。

我们要了解演讲所针对的群体的需求是什么，做出一个列表；如果不清楚，可以提前发问卷或者打电话调查一下；如果时间来不及，也可以和熟悉这个群体的人了解一下。一般来说，邀请方一般都会对听众群体有比较深入的了解。另外对自己的能力要有全面的分析，找出自己区别于其他演讲者的地方。在自身的能力和听众的需求中找到契合点。

（2）话题是演讲者渴望倾诉的。

对于演讲的话题，除了需要具备相关的能力外，还需要你有强烈的愿望和别人去分享。如果你对所演讲的主题丝毫不感兴趣，就很难激发别人的热情。

（3）演讲的内容要超越听众，但能理解。

演讲的内容不能过于浅显，不能都是听众已经熟知的，必须有新意，对听众的知识体系有新的贡献，但又不能过于精深，如果听众听得云里雾里的，那也不好。

**知识点 4：演讲准备——惊艳开场**

**互动空间**

小组研讨

> 做到怎么样才算是好的开场？
>
> ______________________________
>
> ______________________________
>
> 总结：演讲的开始非常关键，如果最初 10 分钟内吸引住了听众，会使演讲者和听众都处于比较好的状态，从而使演讲进入到良性循环，后面的演讲将变得很容易。若演讲的最初几句话没能吸引人，想通过第二次甚至第三次的努力去赢得听众的支持是十分困难的。
>
> 演讲大师卢卡斯认为，演讲的开场部分有 4 个目标：
>
> （1）唤醒听众的注意并引发听众的兴趣；
>
> （2）阐明演讲主题；
>
> （3）建立可信度和好感；
>
> （4）介绍演讲主题内容。

**讲解要点**

除非能立即调动起听众的兴趣，否则演讲必定失败。

——克拉伦斯•达罗

下面的一些方法会让你的演讲引起听众的注意。

1）使主题与听众产生关联

人们对于直接影响到自己的事肯定会非常感兴趣，如果能将演讲的主题和听众联系在一起，他们必将产生很强的兴趣。

2）说明主题的重要性

当你一开始不强调时，你的听众不一定像你一样知道你所演讲的主题的重要性。因此，你需要向他们强调这一点。

3）让听众震惊

可以使听者从一系列触目惊心的事实中醒悟过来，造成一种“悬念”，使听者急于了解更多的情况。

4）用名人的话开头

一般人都崇拜名人，名人的话都有一种吸引听者的磁力，但引用名人的话一定要恰当，要符合情境。首先，这句名言必须贴合演讲的主题；其次，说过这句话的人应该是听众比较熟悉的，或者至少听说过的，如果听众根本不知道说这话的人是谁，他们可能根本不会在意这些话；最后，不要说那些已经被滥用的名言，被滥用的名言非但不能体现你的深度、引起观众注意，反倒可能引起观众的反感。

5）以一则小故事开头

可供使用的故事一般有两类：幽默的故事和一般的故事。但使用幽默的故事一定要注意，讲话者需要有幽默的禀赋，切不可平淡，呆板；而后一类故事，可以是现实生活中的轶事趣闻，也可以是中外历史上有影响的事件。无论使用哪一类故事，都应注意和自己的谈话内容相衔接。

6）从展示物品开头

讲话之前，先拿出一件物品，肯定会让在座的听众挺直身子。他们会猜想：他要表演魔术吗？这就引起了听众的好奇心。展示的物品可以是一幅画、一张照片或任何一件实物，只要有助于讲话者阐述思想，能引起话题就行。

利用展示物时，要注意以下建议，这可以保证你抓住听众的注意力。

（1）展示物应先藏好，直到使用时再拿出来；

（2）使用的展示物应足够大，确保最后一排的人都能看清楚；

（3）讲话的时候，不要将展示物在听众中间传阅；

（4）展示物品时，要把它举到听众看得见的高度；

（5）要事先选择好最能打动听众的展示物；

（6）讲话时不要紧盯展示物，而是要与听众沟通；

（7）展示物使用完后，应尽快收起来，不要再让听众看见；

（8）如果展示物非常适合做“隐秘处理”，就把它放在桌子上盖住。演讲时，不妨多提它几次，这会引发听众的好奇心，但是不要告诉听众它是什么。

7）从有共同语言的地方开头

这些可以是以往相同的经历和遭遇，也可以是双方以前的密切合作，还可以展望双方发展的前景。双方产生了共鸣，就可以深深地吸引住听者。

8）用时事开头

另一种使听众对演讲感兴趣的方法是以某类时事开头，这意味着提出一个与时事相关的主题、论辩或事件。这种适时的材料可使一篇演讲听起来更入时、更切题、更重要，更加贴近听众现今的感受和关注的焦点。

9）用发人深省的提问开头

提问能自然地激发人的注意力。当我们提问时，必须考虑听众将如何回答，从而和他们从思想上达成默契，引发听众的思考。提问时要留心不要询问那些只有有限答案的问题，这些问题往往只关乎基本事实；相反，我们的问题应更具有开放性，问一些没有简单或明确答案的问题，以引起听众的注意，使他们在思想上处于随时准备应答的状态。

10）幽默开头

幽默开场在西方非常盛行。例如以一个幽默的小故事和小笑话开场会使你迅速地和听众拉近距离。但一定要注意和主题相契合。同时，要简短精要，并迅速地切入主题。

## 知识点5:演讲准备——高潮迭起

### 讲解要点

良好的过渡对于听众来说非常重要,因为它能使听众感觉被带入了一片平坦的大陆,而不用在泥泞的沼泽中艰苦跋涉。

——乔•格里菲思罗

演讲的中间部分是演讲的主体,应该使论点得到充分的支持。而根据心理学家的研究,中间的时候人的注意力如果缺乏足够的刺激,会不断地下降。因此需要不断地通过一些新颖的刺激来重新吸引注意力。一个著名的演讲家在谈到演讲的成功之道时说:演讲的过程中要不断地给听众创造惊喜的效果。

中间过程的逻辑性很重要,也就是说不能太散,要按照一定的结构来组织。演讲的中间部分,应该围绕几个要点展开。一般来说,一次演讲应有两三个要点,要点多了,听众就不容易把握。如果要点比较多,应对它们进行归类,缩减到三个以内。

要点必须有一定的逻辑顺序,美国演讲专家卢卡斯将要点归纳为以下几种类型。

(1)时间顺序。按照事件发生的时间先后顺序来讲述事件的内容。例如在谈到大学生如何规划大学的生活时,可以根据大学的各个阶段进行要点的安排。

(2)空间顺序。按照一定的空间顺序来组织演讲的内容,例如可以从上到下、从左到右、从前到后等。也可以按照一定的路线进行排列,例如对北大的校园进行介绍,可以先介绍进入西门以后的风景区,然后再介绍教学区,最后介绍宿舍区。

(3)因果顺序。当演讲要表达一个因果关系的时候,用因果顺序来组织要点是最合适的。在安排上可以先因后果,也可以先果后因。例如可以先讲目前大学生就业遇到的问题,然后再分析产生这些问题的原因。

(4)问题求解模式。用这种顺序来组织演讲的内容可以分成两部分:先显示存在的问题及重要性,然后再提供解决问题的可行方案。例如通过职业生涯规划来提升学生的就业质量问题,先说明目前大学生在求职中存在的问题,然后再说明这些问题的产生可以通过在大学期间开展系统的职业生涯规划教育去解决。

(5)主题顺序。把演讲的内容分成若干个主题展开。例如要介绍长城,可以分成以下几个主题:长城的修建目的、长城的修建历史和长城的建筑结构。

在安排要点的时候要注意以下几个问题。

(1)要点之间相互独立且完整。各个要点之间不要混在一起。当一个要点中包含两个要点时,最好把它们分开,这样演讲会更清晰。

(2)要点的措辞前后一致。例如谈到职业生涯规划的重要性,可以这样来陈述要点:职业生涯规划可以使在校期间的学习更有针对性;职业生涯规划可以使学生在求职中更具目的性。一定的重复可以降低认知的负载,使听众更好地把握演讲的内容。

(3)要点之间要保持平衡。例如第一个要点占80%的篇幅,而其他两个要点只占20%,除非其他两个要点本来就并不重要,否则就需要进行平衡,对其他的两个要点多找一些材料进行支撑。

### 知识点 6:演讲准备——控制现场

**讲解要点**

演讲的目的在于影响听众的意识,促成某种行为的实现或改变。要达到这一目的,就必须实施有效的调节与控制。演讲者必须实施两种控制:一是自控,即演讲者的自我调控;二是控场,即对全场听众的调控。

1)自控

自控又分为两个方面,一是心理调控,二是情感调控。

(1)心理调控。

心理调控最根本的是克服怯场心理。如何调控怯场心理呢?

首先,要认识到怯场是一种正常的生理和心理现象。每一个演讲者和培训师都有怯场,只是程度不同。不过有点怯场并不是坏事,可以促使演讲者认真准备,也可以保持演讲时的注意力。戴尔·卡耐基说:"少许的恐惧是有利的,可以加强临场感和说服力。"

其次,加强自信心。上台之前深呼吸,对自己说我是最棒的,并想象自己做好演讲后听众热烈的场面。有人主张把听众当作胡萝卜,这样可以降低恐惧的程度。但更积极的方法就是把听众当作喜欢你的朋友,你是和一个朋友在分享你的思想。

最后,上台之后,少用实眼,多用虚眼,回避听众的各种表情、各种举动,只在听众中造成一种交流感,实际上场内的一切,什么也没看见。开头讲点具体的、生动的、有趣的事。这样讲有两个好处,一是不担心讲不好,二是可以立即引起听众的兴趣,这种兴趣反馈过来,可以使演讲者立即轻松起来。

(2)情感调控。

一个充满了感情的演说者,常使听众和他一起感动,哪怕他说的什么内容也没有。

——亚里士多德

演讲需要投入情感,但情感同时需要调控。我们要提升自己积极的情绪,增加感染力。对于一个有经验的演讲人员来说,疲惫和缺乏睡眠会极大地影响演讲时的激情,很难提升自己的积极情绪,所以在演讲前一天的晚上,充足的睡眠是非常有必要的。在演讲的时候情绪失控是不堪设想的。

2)控场

演讲要影响听众,首先必须"控制"听众,使听众跟随着演讲的内容和情感而跌宕起伏。控场最根本的三个方面在于兴趣调控、激发情感和以理服人。下面主要介绍兴趣调控和激发情感。

(1)兴趣调控。

在兴趣的驱动下,听众才会投入全部的热情和注意力。因此,演讲的内容、动机、目的、形式都必须与听众的认知、需求、审美相吻合。要引发观众的兴趣,首先在内容上要吸引人,有悬念;其次,在表达方式上要把握恰当的方法。

(2)激发情感。

在演讲中要非常注重融入情感。情感一旦被激发,便立即使人精神振奋,全身心都处于高昂的积极状态,进而产生不可估量的能动作用。同时也可以调动在场观众的情绪,从而使你的演讲富有影响力。

**知识点7:演讲准备——完美谢幕**

**互动空间**

故事分享

> 我国著名作家老舍先生是好幽默的。他在某次演讲中,开头即说"我今天给大家谈六个问题,"接着,他第一、第二、第三、第四、第五,井井有条地谈下去。谈完第五个问题,他发现离散会的时间不多了,于是他提高嗓门,一本正经地说:"第六,散会。"听众起初一愣,不久就欢快地鼓起掌来。
>
> 老舍先生的幽默式结尾,给演讲画上了一个圆满的句号。

**讲解要点**

"余音绕梁,三日不绝"是演讲结尾追求的最佳效果。

当一个演讲接近尾声时,你可能感到十分疲惫,特别想尽快结束这个演讲,而这时候正是回答听众提问的环节,所以你倾向于匆匆回答提问,早点结束。但千万不要这样做。一个结尾对听众留下的印象,比一个开头的印象更加深刻。所有要慎重对待演讲的结尾。

你要注意以下几点。

➢ 事先为结尾设计好内容。结尾要清晰,简洁,具有说服力;但是纯粹文字的内容会显得枯燥没有趣味,适当添加一些栩栩如生的图画,会产生引人注目的效果。

➢ 预先练习,掌握时间。常常有人说没有时间结尾了,这恐怕是演讲者的通病,不知道自己会讲多长时间,准备好的结尾因时间限制而不能用,只好仓促结束。所以预先练习来掌握时间节奏是必要的。

结尾可以有以下几种方式。

1)总结观点

演讲者由于对演讲的内容了解的广度和深度都会超越观众,会不知不觉地使谈话范围很广泛,以至于结束时,听众对于他的主要论点究竟是什么仍感到有点困惑。另外,听众对于演讲的内容会有些遗忘,因此在演讲结尾的时候再总结一下观点,会迅速唤醒听众的记忆,加深对演讲主题的理解。

2)幽默式结尾

在多种多样的演讲结束语中,幽默式可算其中极有情趣的一种。一个演讲者能在结束时赢得笑声,不仅是自己演讲技巧十分成熟的表现,更能给听众都留下愉快美好的回忆,也是演讲圆满结束的标志。

3)号召采取行动

很多演讲的目的就是让听众采取行动,改变现状。而整个演讲的过程都是为最后的发出号召做铺垫。行动上的号召务必遵从以下原则:一是要明确,二是要在能力范围之内,三是要易于采取行动。

## 知识点 8:演讲技巧

### 互动空间

活动:即兴演讲

> 将学生分成 3 人一组。让每组中的一名学员 A 站起来,讲述发生在自己身上的一件往事,时间 3 分钟。另外两名学员坐着听,如果他们觉得自己被 A 的故事打动了,就可以站起来,
>
> 否则就一直坐着听。A 的目的是,在 3 分钟内用自己的故事让两名听众站起来。
>
> 3 分钟结束后,互相看一看,哪些组两名听众都站起来了,哪些组一名听众也没站起来。组织讨论:讲述者的哪些地方打动了听众,是故事,是眼神,还是别的什么?

### 讲解要点

演讲中,观众对你的印象一般基于三个要素:

➢ 声音(38%)

音量、音质、吐字、连贯性、语调、语速。

➢ 语言(7%)

字、句子、问题、内容的组织方式。

➢ 视觉(55%)

形象、仪容举止、姿势、面部表情、手势、眼神、位置移动、使用视觉辅助器材的方式等。

## 任务实施

| 第一步 课前认知 | |
|---|---|
| 主要内容 | 教师评价 |
| 回答以下问题:<br>1. 你曾经在哪些场合进行过演讲? | |

| 第一步 课前认知 | |
|---|---|
| 主要内容 | 教师评价 |
| 2. 你在进行演讲准备时，感到最困难的是什么？通常面对什么人，你能侃侃而谈？面对陌生人，你能主动进行交谈吗？为什么？<br><br>3. 你对个人的演讲能力是如何评价的？ | |

| 第二步 课堂学习 | |
|---|---|
| 主要内容 | 教师评价 |
| 1. 演讲中的语言要注意哪些问题？<br><br>2. 演讲中如何有效地使用非语言技巧？<br><br>3. 演讲在开头和结尾中要注意哪些问题？ | |

| 第三步 课后拓展 | |
|---|---|
| 主要内容 | 教师评价 |
| 1. 思考：如何提升你的演讲能力？<br><br>2. 请你制定一个个人演讲能力提升计划吧！要求一定要具体，比如：观看或倾听名人的演讲视频或音频。比如主动向同学或朋友分享一件有趣或有意义或让你印象深刻的事情等。 | |

## 任务总结

| | |
|---|---|
| 1. 请总结：通过课堂学习、课下自学、小组交流、同学的分享你了解了哪些具体知识？<br><br>2. 请总结：通过学习和课余计划执行及演讲能力训练，你在哪些具体方面有所提升？请举例描述。 | |
| 签名： | 日期： |
| 本团队成员对你的评价： | |
| 签名： | 日期： |
| 其他团队对你的评价： | |
| 签名： | 日期： |
| 教师对你的评价： | |
| 签名： | 日期： |

## 任务习题

学有余力的同学思考并学习整理如下内容。

1. 影片观摩《国王的演讲》。
2. 整理影片观后感并在小组内分享。
3. 梳理你的演讲能力提升计划，并思考如何保障高效执行。

# 项目 16　演讲比赛

## 学习目标

演讲是一种技能。既然是技能，要想掌握它，就必须身体力行才行。“学”必须还要“习”，光“学”不“习”是学不会演讲的。这也是为什么许多人看过演讲方面的书，表达能力却没有长进的原因。为了学会演讲，你要开口、开口、再开口，实践、实践、再实践。

通过本项目的实践，我们将达到如下目标：

●认识演讲的重要性并愿意提升自身演讲能力。

●做到在公众场合可以清晰、大声、自然地表达个人观点。

●通过演讲学习、训练和比赛提升同学们的演讲能力。

●以赛促学，通过演讲的准备和实施培养大家积极向上的生活和学习态度。

## 任务描述

本项目是小组通过拓展学习、课下准备和训练，结合所学演讲部分内容，围绕大学的学习和生活自定主题准备演讲。时间要求 10 分钟左右。你需要结合自身演讲的目标，选择恰当的、有意义的、听众可理解的话题，拟定题目。再根据所学考虑如何惊艳开场？如何完美谢幕？过程中如何高潮迭起？如何与听众互动，牢牢地抓住他们，打动他们？精心设计后准备好自己的演讲。当然你还需要考虑演讲比赛现场的呈现效果，包括你的着装、礼仪、精神面貌，你的语言、语气、语调、节奏、重音，你的手势、表情、目光、情感等等。所有这些离不开设计和准备，更离不开反复的训练和模拟。亲爱的同学们，一起协作，共同努力准备吧！期待你们的表现。

## 任务技能

### 1. 项目相关知识结构图

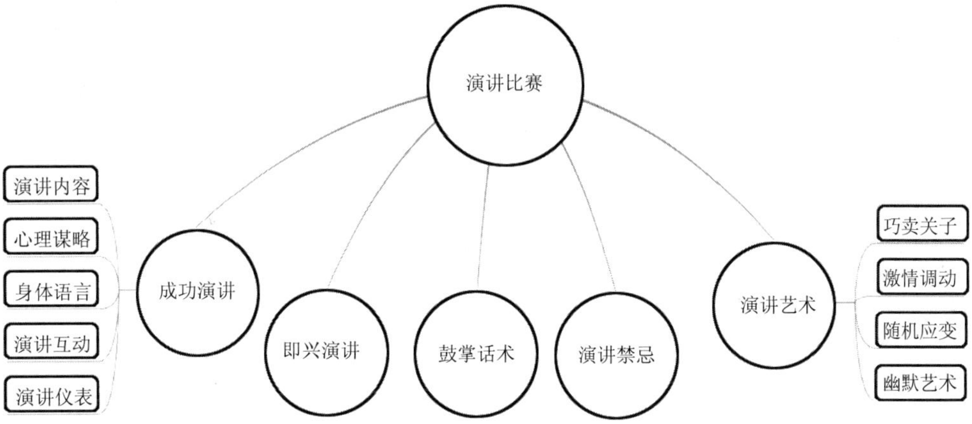


图 16-1　课堂知识结构

### 2. 相关知识点

**知识点 1:成功演讲——演讲内容**

**互动空间**

活动:个人推介会

选取 2 至 3 人进行即兴演讲,注意观察:①声音是否洪亮、吐字清晰;②内容是否简洁有条理性;③是否达到演讲目的;④时间控制;⑤肢体语言;⑥是否紧张。

每个演讲结束后,先请 1 至 2 位学生进行点评,最后教师进行总结性点评。

点评要点:

(1)指出学生演讲表现的进步;

(2)演讲者的态度;

(3)演练的重要性;

(4)演讲是有声语言和肢体语言的综合展示艺术,良好的沟通表达能力得益于日常之功。

**讲解要点**

1)内容谋略

大家都接触过很多优秀的演讲稿,那么这些优秀的演讲稿中,都有哪些值得我们学习的东西呢?

➢ 超越自我。

进行演讲有什么目的？对这个问题有很多模糊的认识，有的人是“为了显示自己有见解”，有的人是“为了表明自己会演说”，有的人是“为了显示自己有风度”……这些见解都是非常肤浅的，演讲的目的远不止这些，更重要的是影响他人，影响他人的思想、感情，进而影响他人的行动。所以，要摆脱狭隘的自我表现和陶醉，让演讲效果具有震撼力和感染力，达到超越自我的效果。

➢ 奋力一向，千里杀将

《孙子兵法》中说：“并敌一向，千里杀将。”这是教导军事家要学会集中优势兵力，解决一个主要敌人。而演讲也要遵循“奋力一向”的原则，集中全力解决一个主要问题。通常我们演讲只有一个中心，因为中心多了，听众就不知道你要表达什么内容。我们应该一次选择一个内容传达给听众。

➢ 开门见山。

很多演讲者喜欢用套话做开场白，比如“在某某会议的鼓舞下”“由于某某原因”等空乏的内容，这样很容易让听众产生厌倦感。我们不如开门见山，直奔主题，这样不但会让听众产生兴趣，更会在听众心理留下深刻的印象。

2）如何组织演讲内容

把演讲内容按照某种模式来确定自己的论证顺序。一旦你按照要点把副标题和例子归好类，接下来的关键工作就是确定其演示顺序和最能服务于你的目标的风格或模式。顺序的选择必须既能维持听众的兴趣，又能顺应演说的逻辑。

这里有四种被证明行之有效的基本演讲模式，它们普遍被人们所接受。

➢ 按时间排列。将事件按照发生的顺序排列，按时间顺序排列会追溯到较远的时间段，并标记出该事件发生的具体时间。这一方式具有内在的逻辑顺序，并容易为听众接受。

➢ 分类。当你缺乏清晰的架构时，或你的话题不符合某一步骤、程序或时间进程时，可以运用这一模式。在大的话题下，你可以安排各个小标题。当你提出的新创意尚未被听众归入某一框架中时，这一分类模式可以起到相当大的作用。

➢ 提问和提供解决方案。这一模式通常会在技术型演示中使用，但在你必须展示是什么，应该是什么和必须采取的措施的谈话中，它也同样有效。大部分优秀的演说都提出了一个问题，无论是问题本身或接下来的解决方式都能吸引住人们的极大关注。这一模式通常包括以下内容。

①问题的征兆。让听众认识到问题的存在并应该被解决。

②问题的识别和鉴定。分析问题是什么、何时、何地、数量多少、频繁程度以及出现的原因。解释答案和这些问题之间的关联，并陈述（或重申）和问题相关的目标。

③可能的解决方案。无论问题的复杂程度如何，谈话都不应仅仅列出解决方案，而应同时包括解决方法的阻力、对这些方法的整体评估以及推荐的最佳方案或者方案的组合。

如果希望听众作出决定和采取行动，你可以运用提问和提供解决方案的模式，它不仅最有说服力，同时也最富戏剧性。同时，在发布生动有趣的信息方面，它也不失为一种上好的选择。

➢ 比较和对比。通过唤醒观众对于不同理念或计划的关注，从而使得听众对其作出评估。头脑封闭的经理的成功相对于那些更加灵活的经理的成功，内部培养相对于外聘顾问，两个公司面对同一场危机的不同反应等等——这些全部都是运用对比的方式阐述，并构造出争论的模式。

上述四个基本模式互相之间可以轻易联合。不过，在传达信息时，你的任务是依据讲话的主题、听众、传达信息或说服听众的不同目标，选择最理想的组织架构。

**知识点2：成功演讲——心理谋略**

**互动空间**

小组研讨：

(1)你认为演讲最大的敌人是什么？

______________________________

(2)演讲时恐惧和怯场，会有哪些表现？

______________________________

(3)演讲中和听众互动的方式有哪些？

______________________________

______________________________

**讲解要点**

演讲心理最重要的两个方面，一个是克服自身的恐惧心理，另一个是引起听众的兴趣。一个人一旦产生了“恐惧”心理，后果非常严重，它完全能使你平时可以办到的事情成为泡影。

经常听到学员面试回来说，“本来是很简单的问题，可是太紧张了，就不记得了”“本来准备得好好的，可是就是说不出来”“刚出公司门口，我就想起来了”。这就是紧张造成的失败。平时坐在椅子上，人人都可以心平气和地思考，可是一旦坐到陌生人面前，就惊慌得不知所措。“演讲恐惧症”主要表现为面对听众的时候，神情紧张、心跳加速、手足无措……

想解决这类问题，只有多多练习，通过练习，产生勇气和自信。

**知识点3：成功演讲——身体语言**

**讲解要点**

1)面部表情的含义

面部表情，是指人们在社会交际中，由于外部环境和内心机制的双重作用，而引起面部颜色、光泽、肌肉收缩与舒展以及纹路的变化，从而实现表情达意、感染他人的一种信息传递手段。它以最灵敏的特点，把具有各种复杂变化的内心世界，如高兴、悲哀、痛苦、畏惧、愤怒、失望、焦虑、烦恼、疑惑、不满等思想感情充分表现出来，“喜怒哀乐”就是这个意思。

演讲时的脸部表情无论好坏都会带给听众极其深刻的印象。紧张、疲劳、喜悦、焦虑等情绪无不清楚地表露在脸上，这是很难由演讲者的意志来加以控制的。演讲的内容即使再精彩，如果表情总觉缺乏自信，老是畏畏缩缩，演讲就很容易变得欠缺说服力.

表情首先是自信和从容，然后应有一些变化，能配合演讲的内容，善用眉头、眼角、嘴唇等易控制的部位，有效地传达自己的情绪。避免表情呆滞或显得过于呆板，一般情况下面带微笑是明智之举。

控制脸部的方法，首先“不可垂头”。人一旦“垂头”就会给人“丧气”的感觉，而且如果视线不能与听众接触，就很难吸引听众的注意。其次一定要真诚，面部表情不要单一化，注意微笑，但不要在不应该笑时发出笑声。第三是充分准备，在观众中寻找笑脸，并在演讲时有意识地对着他们讲话，以观众为重，不要把注意力放在自己身上。

2）演讲时的眼神

➢ 眼睛向前，看着观众（可信赖的）。

不要频繁移动眼球，不要只盯着角落，不要太多的看电脑屏幕和你的笔记。

➢ 看听众的脸（不是眼睛）

每人 3~6 秒，自然随便的移动，不时点头，微笑，用好面部的表情。

➢ 在一段或一句话结束时，与会场中某一个人保持几秒钟的目光交流。

3）演讲中的手势

➢ 多用手掌，少用手指。

➢ 运用手势时，勿挡住与他人进行眼神接触。

➢ 充分伸展，动作不要过于小。

➢ 双手自然下垂在身体两侧，或交握放在身体前边，或者其他你认为舒服和恰当的方式。

➢ 忌 IBM 式、检阅式、受伤式、遮羞布式等或玩弄手中教具或纸张。

4）演讲的站姿

演讲时的姿势会带给听众某种印象，例如堂堂正正的印象或者畏畏缩缩的印象。站姿应该张开双脚与肩同宽，挺直整个身躯。要挺拔、舒展、自然，不要左右摇摆。

演讲者站姿规范如下：

（1）脊椎、后背挺直，胸略向前上方挺起。

（2）两肩放松、中心主要放在支撑脚掌上。

（3）挺胸、收腹、精神饱满，气息下沉。

（4）脚应绷直，稳定住重心位置。

演讲站姿有以下几种。

（1）前进式：这种姿势是演讲者用得最多，使用最灵活的一种站姿，右脚在前，左脚在后，前脚脚尖指向正前方或是稍向外侧斜，两脚延长线的夹角成 45 度左右。脚跟距离在 15 厘米左右，这种姿势重心没有固定，可以随着上身前倾与后移的变化而分别定在前脚跟与后脚上，不会因长时间身体无变化而不美观。另外，前进式能使手势动作灵活多变，由于上身可前可后，可左可右，还可转动，这样能保证手做出不同的姿势，表达出不同的感情。

（2）稍息式：一脚自然站立，另一只脚向前迈出半步，两脚跟之间相距约 12 厘米左右，两脚之间形成 75 度夹角。另一只脚向前迈出半步，重心总是落在后脚上，一般适用于长时间站着演讲中的短期更换姿势，使身体在短时间里得到松弛，得到休息，一般不长时间单独使用，因为它给人一种不严肃之感。

（3）自然式：两脚自然分开，平行相距与肩同宽，约 20 厘米为宜，太远会影响呼吸声音的表达，太近则显得拘束。

此外还有立正式、丁字式等。

5）演讲者移动

➢ 在开放的空间适当移动，配合眼神进行，有效地贴近听众，不要背对听众。

- 前后：向前可强化听众之感受力；向后显得松弛、缓和。
- 左右：调适、均衡或转换话题、对象等。
- 上下：站起来表示“正式”“操之在我”；坐下来表示“非正式”或“研讨”。

6）演讲中的目光

在大众面前说话，你不可以漠视听众的眼光、避开听众的视线。

目光要有力，凝视听众，但不可在一处停留过久，否则听众会不自在。也不可跳跃太频繁，一句话未说完时尽量不要转移目光，否则给人以游离、不自信的感觉。除非是表达悲痛的情绪，否则眼角不要向下垂。可以一边进行演讲，一边从听众当中找寻对自己投以善意而温柔眼光的人，要无视那些冷淡的眼光。此外，要把视线投向强烈“点头”以示首肯的人来巩固自己的信心。

演讲中的目光语很重要，但用好目光语很有技巧，下面介绍运用目光语的八种方法。

- 前视法。

就是演讲者视线平直向前而弧形流转，立足听众席的中心线，以此为中心弧形照顾两边，直到视线落到最后听众头上，视线推进时不要匀速，要按语速有节奏进行，要顾及坐在偏僻角落的听众。

- 环视法。

有节奏或周期性地把视线从听众的左方扫到右方，从右方扫到左方或从前排到后排，从后排到前排。视线每走一步都是弧形，弧形又构成一个整体——环形。这种方法要注意中间的过渡，由于其视线跨度大难免有视线之嫌，演讲时要注意衔接。这种方法主要用于感情浓烈、场面较大的演讲。

- 侧视法。

用“Z”“S”形视线，此法在演讲中用得较多。

- 视点法。

在处理很特殊的情感与观众的不良反应时，可大胆运用此法，此法很厉害，对制止听众的骚动情绪有很大好处。

- 虚视法。

即“眼中无听众，心中有听众”。这种方法在演讲中使用频率很高，尤其是初上场的演讲者可以用它来克服自己的紧张与分神的毛病而不至于使自己看到台下那火辣辣的眼神而害怕。这种方法还可以用来表示演讲时的愤怒、悲伤、怀疑等感情。

- 闭目法。

人的眨眼一般是每分钟 5 至 8 次，如果眨眼时间超过一秒钟就成了闭眼。演讲中讲到英雄人物英勇就义，演讲者和听众极度紧张，心情难以平静时，可运用此法。

- 仰视法和俯视法。

在演讲时不要老是注意听众，可以根据内容运用仰视和俯视，如果表示长者对后辈的爱护、怜悯与宽容时可把视线向下；表示尊敬、撒娇或思索、会议时可把视线向上。

要特别说明的是，视线的运用往往是各种方法综合考虑，交叉运用的，同时要按照内容的需要，跟着感情的节拍，配合有声语言形式和手势、身姿等立体进行，协同体现。

### 知识点 4:成功演讲——演讲互动

**讲解要点**

为了做一个成功的演讲者,你必须首先理解他人的期望。他们为什么会来听演讲?他们想从你这里听到什么?能够回答这些问题,理解在员工会议上进行 3 分钟讲话和在几千听众面前做 45 分钟演说,其重要性是不相上下的,有了这种想法,你就能够把天生的恐惧和不安转化成有力工具,并进行前所未有的出色演讲。

大多数人对于公开讲话抱有恐惧和不安。然而,那些沟通交流方面的大师级人物学会了克服对展现良好形象的肤浅恐惧。他们知道自己要与人分享的信息是重要的,而它们是听众希望听到的。他们的价值体系已经为产生重大影响作好了准备。

演讲技巧对任何人的事业都是至关重要的,即使你从来没有做过正式演讲。但大多数人会一次次地被要求在会议上讲话。掌握演讲技巧能帮助你更轻松自如,更简明扼要地传递信息和解释细节。不过,我不相信演讲技巧仅止于此。事实上,我甚至会说,你在每次与其他人接触交流时都是"演讲"。在日常人际交往中,你一直都在向别人陈述主见、事实和意见,并且用评价和提问来对他们的"演讲"做出反应。无论你是在与人对话还是在 5 个或 500 个人面前演讲,有一条基本原则是放之四海而皆准的:了解你的听众。

确认你的听众是完成一次成功演讲的第一步。如果你是在一次内部会议上面对一群同事讲话,那么你在这一过程中就已经有了良好的开端,如果你是在一次集会上演讲,听众的组成就没那么确定了。而如果你应邀对另一个行业的人做客演讲的话,你就需要进行调查,以了解听众的需要、观点和价值观。

### 知识点 5:成功演讲——演讲仪表

**讲解要点**

1)男士的仪表

- 西装以蓝色、灰色、米色为主。
- 衣服颜色越深,越显得有权威。
- 衬衫颜色,白色、深浅色混合为最佳。
- 领带不要太长或太短,领带颜色应配合西装色系。
- 衣着要平整,干净。
- 鞋要和衣着相配,最好是深色皮鞋,保持干净,袜子要深色,不可着白袜。
- 头发要整齐、利落、不可遮住脸部,并在衣领外边。

2)女士的仪表

- 穿着要庄重。
- 套裙、套装为宜,会增强你的形象。
- 裙子的长度以稍过膝为宜。
- 化装要保守一些,淡妆为佳。
- 珠宝佩戴要合适,首饰不要挂太多。

➢ 鞋和衣服要配，穿有跟的鞋。
➢ 袜子：肉色，不可有花纹。
➢ 发型要适合职业需要，整齐、利落、不可遮住脸部。

**知识点 6：演讲艺术——巧卖关子**

**讲解要点**

“卖关子”就是先故意提出一个使人容易产生迷惑或误会的结论，然后再做出一个出人意料的分析和解释，从而在听者心中引起波澜之效。演讲者在演讲时不妨“卖关子”，把握“引”而不发与“隐”而不发的语言特点，常常能使演讲有趣、生动。

1）抛砖引玉、虚理实说、曲径通幽

古人讲“文似看山不喜平”，做演讲也是一样，贵在推陈出新。演讲时，要表达同样的意思，不妨卖卖“关子”，采用一些看似不相关的话语，通过虚理实说、巧妙组合，能给人耳目一新的感觉。

2）喻中有意，明理暗说、拨云见日

从听众的心理角度来说，人们普遍反感一味说教和尽讲大道理，这就要求演讲者注重语言的技巧。有些道理，不必直接说出来，演讲者可采用比喻和对比的方法，从而使道理深入浅出，不言自明。

3）妙语藏机，正话反说、绝境觅源

“卖关子”并非单纯地故弄玄虚，而是暗藏着开启智慧之门的“机关”。巧妙地运用这些“机关”就会使演讲与众不同，效果迥然。一种意思，不是用平铺直叙的办法表现出来，而是采用语气或态度上的“否定”来表现，在语意跌宕中巧妙收拢，最终回归正面话题，这就是正话反说。要做到正话反说，演讲者首先须在话题中设置“机关”，然后出其不意地抖搂出来，使听众在惊诧中恍然大悟。

**知识点 7：演讲艺术——调动激情**

**互动空间**

故事分享

1946 年 7 月 11 日，闻一多的挚友、著名爱国人士李公朴被国民党特务暗杀于昆明，15 日，治丧委员会在云南大学开会，闻一多主持大会，由李夫人报告李公朴遇难经过。李夫人由于极度悲痛，泣不成声，一千多群众潸然泪下。但是，混进会场的特务分子却抽烟嬉笑，故意取闹。闻一多见特务如此猖狂，义愤填膺，怒不可遏，即席演讲，痛斥反动派暴行和特务的无耻。他讲道：“……杀死了人，又不敢承认，还要诬蔑人，说什么‘桃色事件’，说什么共产党杀共产党，无耻啊！无耻啊！……”他情思迸发，口若悬河，势如破竹，一气呵成。据当年身临其境的人说，全场只有他激昂慷慨之语，那些混迹其间的特务分子简直无容身之地。闻一多先生怀着对挚友被害的无限悲伤和对反动派满腔义愤，作了这次即兴演讲。他的真情感染了在场的所有人，令亲者受到极大的鼓舞，给敌人以沉重的抨击。

人的感情是不能造假的，在演说中，唯有真情才能产生巨大的影响，才能唤起群众的热忱回应，才有震撼人心的力量。

## 讲解要点

演讲，是“演”与“讲”完美结合，不仅需要对听众进行语言“刺激”，还要对听众进行情绪的感染。缺乏激情的演讲，是失败的演讲。缺乏激情的人，永远也不会成为“演说家”。

对于演讲者来说，“诚于中，则形于言”。他必须先具有丰富、真诚而炽热的感情，才能把这种感情倾注到他的有声语言和肢体语言中，并借助感情的动力，充分发挥自己心理因素的积极作用，来取得演讲的成功，那么演讲者的激情是从何而来呢？

激情来自演讲者的真情实感。真情实感是联系演说者和听众心灵的纽带。如果在演说时能将人生的丰富情感真实地表达出来，那么听众一定会受到感染，产生共鸣，从而达到理想的艺术效果。应该主动投身到广阔的社会生活中去观察、体验、研究、分析生活中的人和事，多问几个“为什么”。激情来源于坚定的信念。古人说：“思风法于胸臆，言泉流于唇齿。”古人所说的胸臆，实际上就是大脑，更确切地说是发自于一个人的世界观和人生观，人的信念和世界观决定了人们的感情。

当然演讲者只有激情还是不够的，关键还要将这种情感抒发出来，演讲中的抒情也是很有技巧的，只有恰到好处的抒情才能给听众以心灵的震撼，演讲中的抒情技巧大体有以下三种。

1）语意传情

不少感情浓烈的演讲到了一个内容的高潮时，演讲者往往都会用一个相对独立的语段，以排比句、反问句、感叹句等语言形式，直抒胸臆，让压抑在胸中的感情潮水一泻而出。

除了直抒胸臆之外，还可以采取融情于理、融情于事、融情于景的方式，把抒情、写景、叙事、说理结合起来，使四者和谐统一。这样不但加强了语言的感情力量，也使叙事、议论都显得更加有生气。有位大学生发表过这样的演说：“在生活中有棱角的人常常会招来非议，但我认为，一个没正义的人，是个近乎平庸的人，世界在非议中被认知，真理在非议中被确立。一个真正干事业的人，往往由于被激烈地争议，反而更强烈地闪耀出心灵的光辉！”像这种议论受到主观感情的支配，不需要交代论据，也不需要论证。它的抒情洋溢着演说者或悲或喜、或憎或爱的情感，流露出演说者的思想。

2）语调传情

演讲是要感染人的，它感染人的重要手段之一就是通过语调去流露真情。坚定的、忧郁的、高兴的、哀痛的、期待的、失望的、昂扬的、颓废的等复杂的感情，都可通过不同语音语调的高低快慢、抑扬顿挫表现出来。

3）态势传情

态势传情不能代替语言的，但它却是有声语言的一种重要辅助成分。在演讲中通过用适度、得体的态势辅助语言，可以使听众产生兴奋，引起感情的共鸣。

演讲者的仪表、姿态、神情、动作，不但可以给听众视觉形象，反映演讲者在修养气质，而且可以借助某些神态、动作的配合，直接表达某种思想感情。因此，在演讲过程中要注意恰当地利用态势传情。

## 知识点 8:演讲艺术——随机应变

### 互动空间

案例分享

某学校在举行演讲比赛,由于接连出场的几位演讲者的演讲都很乏味,听众提不起兴致来,纷纷在台下交头接耳地议论,出现了听众离场的现象,场面十分混乱。这时,一位演讲者走上台来,他先是向听众鞠了一躬,而后走到麦克风前,大声说道:“大家好!我叫××,我演讲的题目是 ×××。”因为几位选手的开场白都很相似,没有引起听众的什么兴趣,依旧在下面议论,可这位演讲者自我介绍过后,却闭口站在那里,面露微笑,出神地盯住台下的一位评委,一动不动,听众们都不知道是怎么回事,纷纷住嘴去看那位评委,礼堂里终于安静下来了,演讲者才收回目光,开始自己的演讲。

在演讲的过程中,随时会出现各种意外的情况,影响演讲的正常进行。演讲者一定要有心理准备,做到处事不惊,应变自如,从而使自己摆脱困境,避免尴尬的场面出现。

### 讲解要点

1)面对混乱,镇定自若

由于听演讲的听众一般较多,因此会场上的混乱是难免的,演讲者一定要善于以特殊的方式吸引听众的注意力,使会场安静下来。

2)面对“撞车”,迅速转换

在演讲比赛中,常常会出现“撞车”现象。这种雷同情况的出现,都是应变能力不强的表现。如果有人的题目与自己的相同,且又在自己前面发言,那么就应该将自己的观点略加变化,更加新颖突出。如果有人引用同样的名言或事例,或前面提到了相同的语句,就应尽快换一个或舍弃不用,以免雷同影响听众对自己的看法。

3)面对挑衅,沉着镇定

面对挑衅要针锋相对,坚持斗争,切不可慌张不安,乱了自己的阵脚。应当沉着地继续演讲下去,以无畏的精神和坚定的态度,显示出一名演讲家的风采。

4)面对提问,对答如流

在演讲中,听众向演讲者提出问题,请求解答。有的提问是真心请教,但也有的提问是探视演讲者的水平,还有的提问是故意出难题,使演讲者难堪。

面对各种情况,一要事先有所准备,对听众可能提出的问题做到心中有数;二是摸清提问者的意图和目的,答问才能有的放矢;三要干净利落,言简意赅,以含蓄深刻、简短有力的回答,体现演讲者的非凡智慧和应对能力。而对那些借提问之机对你进行攻击的应当予以坚决的回击。

5)忘记“台词”巧妙衔接

演讲者要面对成百上千的听众,紧张是在所难免的,尤其是初次登台的新手,一看到台下的听众就开始冒汗了。说起话来声音发颤,紧张造成的一个常见的结果就是忘词,讲着讲着,就把下面的词忘了,感觉词就在嘴边,却说什么也想不起来。这个时候,许多演讲者往往都是愣在那里，更有甚者抓耳挠腮、不知所措。其实，忘词是很正常的事情，许多成功的演说家也难免在台上忘词，关键是该如何应对。首先，不要太急，稳住心神，更不能有抓耳挠腮等有损风度的小动作，这个时候，更应该面带微笑。其次，就是想办法把话顺下去，说得通俗一点儿，就是往下“编词”，根据经验，一般来说，忘了台词在台上很难想起来，所以只能另择词汇，顺着你的意思把它接下去，直到你记起下面的词来。当然，这需要很高的应变本领，尤其是能接得天衣无缝的人，并不是很多。多数演讲者临时“编”的词，听众都会听出来的，但这总比呆呆地愣在台上要好许多。

**知识点 9：演讲艺术——幽默艺术**

**互动空间**

故事分享

> 有一个美国青年人的开场白，运用了幽默的艺术：朋友们，我把自己出卖一下，我叫德克，不过我并不是得克萨斯州的。这样风趣的开场白，一下子使他和听众融合在一起了。要知道，一个善于运用幽默的人，总是给人平易近人的感觉，很容易被听众接受。

**讲解要点**

幽默在演讲中有重要作用，它可以帮助你消除面对听众的紧张感，可以帮助你委婉地表达自己的意见，可以帮助你巧妙地解除窘境，可以帮助你善意地说服别人。许多人喜欢在演讲开始时使用幽默，尤其是在一些即兴演讲中。

在演讲的过程中使用幽默，更能使你的演讲情趣盎然，引人入胜。幽默不仅在一般演讲场合得到广泛应用，而且以严肃为主基调的政治演讲场合中，也被广泛地应用。

**知识点 10：即兴演讲**

**讲解要点**

群众性的集会、活动中，最后一般都有请嘉宾或领导即兴讲话这个环节。这种即兴演讲，一般是谈感想、说看法、讲希望，要求短小精悍、画龙点睛，切忌啰唆冗长、套话连篇。本文仅就个人体会，介绍六种即兴演讲常用的方法。

1）提纲挈领法

去年 11 月，我系邀请某电台知名播音员、主持人山谷先生做了一次朗诵技巧讲座。最后我做了如下的即兴演讲，我抓住了“自豪、感谢、羡慕、希望”这四个关键词语，把对演讲者的高度评价、对广大听众听讲热情的肯定、对今后举行学术讲座的希望都讲到了。我觉得这种讲法可以突出重点、纲举目张，便于演讲者操作，也容易给听众留下深刻印象。

2）数字串连法

用数字和中心词把感想的内容概括起来、串联起来，如“三好”“四个突出”“一个惊喜，两点反思，三个坚持”之类。这种讲法提纲挈领，好记好说，是常用的一种方法。

3）畅抒情怀法

用文采飞扬的语言畅抒胸中激情，宛如一首煽情的散文诗。这种演讲适用于喜庆活动和文娱活动，可以鼓起大家的热情，营造同喜共乐的氛围。

4）朴实直陈法

把当时的实际情况和自己的感受用大白话如实地表述出来。此法虽然显得有些“俗”，但仍不失为一种实用的方法，尤其适用于被突然袭击要求讲话的时候。

5）互动交流法

采用给听众提问、与听众互动的方式谈感受，可以拉近与听众的距离，在演讲者、听众之间架起沟通的桥梁，使讲话更有亲和力，很自然地把活动推向高潮，画上一个振奋人心的感叹号。

6）联想拓展法

现场即兴演讲，不能把话题仅仅局限于眼前，还可通过联想，把话题延伸到活动前后或与活动有关的人和事上去，给听众更多的信息、更大的启迪。

除以上方法外，还可以用高度浓缩的话来表达自己的感想，或者由两个人上台一唱一和地谈感想，或者通过朗诵自己专门为活动所写的诗歌、对联、题词来表达看法，等等。而且，谈感想的方法也不是孤立的，往往是综合使用几种方法进行，要随机应变，灵活运用，才能达到画龙点睛、锦上添花的效果。

**知识点 11：鼓掌话术**

**讲解要点**

（1）朋友，当别人身处困境时，请给他温暖的掌声；当别人表现非凡时，请给他喝彩的掌声；当自己收获成功时，请珍惜那阵阵掌声。

（2）昨天已经过去，明天还未到来，我们要好好把握今天，为今天喝彩，为今天鼓掌。

（3）让我们用掌声来预祝明天的成功。

（4）伸出你的金掌、银掌、锌掌，欢迎……登场。

（5）要不要了解一下？想听吗？那就先来点掌声吧。

（6）给这个伟大、精彩的信息掌声鼓励一下。

（7）让我们用热烈的掌声来迎接今天下面的课程。

（8）大胆鼓掌，为别人，也为自己，更为丰富多彩的人生和美好的生活。

（9）父母把我们生下来，我们才有机会在这里相聚，为我们伟大的父母鼓掌。

（10）把掌声送给会务组的每一个人，感谢他们给我们一个这么好的学习机会。

**知识点 12：演讲禁忌**

**讲解要点**

演讲者的对象是听众，听众的情绪直接影响到演说的效果，演说是一门艺术，要想提高演讲水平，要了解该怎么做，还要从另一方面了解需要注意和避免的问题。

1）声音和速度

演说时最忌讳声音太小，使部分听众听不见演说者的声音，势必影响听众的注意力，甚至会引起听众不满，而交头接耳、窃窃私语。所以演说者的声音一定要洪亮、有力，甚至大到足以压倒分散注意力的嘈杂声。听众在听演说时，注意力随时可能分散，这是因为听众在听演讲时有从容的时间去想与演说无关的事，因此，在演说时必须牢牢地保持说话的速度和节奏，这样才能吸引住观众的注意。

2）时间和内容

演说者要考虑到听众注意力的持久性，研究表明，演说开始 20 分钟之后，一般人的注意力开始下降，一个小时之后注意力就急剧下降，因此，准备演说，要尽量把自己演说压缩到最短时间，在听众注意力非常集中的时间里，把自己所要讲的话都讲完，以取得演说的最大效果。还要注意听众只对自己能够理解的内容感兴趣，如果演说者使用的语言超过了听众的水平，听众就难以接受。他们可能采取两种办法：猜测意思或干脆不听。反之，如果演说者使用的语言大大低于听众的水平，即低估了听众的理解能力而使用幼稚的语言，听众会对演说持强烈的否定态度，因此，在演说时，要注意通过对措辞和语言灵活、准确的运用来吸引听众的注意力。

3）忌多余客套的话

演说者说一些毫无意义的客套话，不仅浪费时间，而且影响演说的气势，对比那些气势博大、节奏感强、咄咄逼人的演说，听众听到“哼，讲得不好，啊，请大家多包涵”之类的陈腐的客套话，那该是多煞风景啊！演说中必须消除。克服客套话，关键是演说者要提高水平，不必开口“水平不高”，闭口“研究不够”，听众自有评价，倘若真讲得不好，听众见你有诚意，也会原谅你。

4）忌空谈

空谈是言之无物、空空洞洞之意，那些不结合现状和实际的情况太多了。有的单位一年一度的总结大会，会议的开幕辞用的陈年讲稿，只有把第一届改成为第二届，第三次改成第四次，内容照旧，年年如此，这就是讲空话的典型例子。

5）忌杂乱无章

有人讲话材料过于庞杂，讲起来杂乱无章，像开无轨电车，开到哪里算哪里，叫人摸不着头绪。还有的不合逻辑，妄加推断；或者不顾事实，主观臆断。上得台来，不问青红皂白，乱讲一通，这也是某些官僚主义者的病症。

6）忌冷漠乏味

有的人讲话时毫无表情，呆若木鸡，甚至肌肉绷紧，脸色铁青，缺乏说话的情趣，语调平淡，没有抑扬顿挫，真情实感，讲话乏味。

7）忌艰涩冗长

有人讲话用的是书面语言，使人感到艰涩难懂。一个演说，颠来倒去，总是那一个名词，没有一点生动活泼的语言，岂不是语言无味、面目可憎。因此，要尽量避免使用书面用语，更不要“文夹白”的口语，善于用简单明了、听众易懂的语言讲话，坚决抛弃晦涩难懂的术语和外来的字眼，文章贵短，讲起来应该长话短说。

8）忌失言失态

有人的人演说时总带“口头禅”，诸如“啊”“是吧”“怎么样”等。讲话要讲效用，“口头禅”成堆，“啊啊”连篇让人听了也为他感到难受，只能起消极作用，有的人讲话不了解听众的职务、水平，不注意会议的环境和背景，甚至不顾及本人的身份和在会议上的地位。这就难免在内容、措辞、语气等方面不妥善、不贴切、不礼貌、不恰当，这要加以注意。

9）忌故弄玄虚

托尔斯泰说："真正的艺术永远是十分朴素的，明白如画的，几乎可以用手触摸到似的。"演说语言要力求通俗化、口语化，如不考虑听者的接受能力，用那些文绉绉、酸溜溜的语言就既不亲切，又艰涩难懂，往往事与愿违，弄得不好，还会闹成笑话。

10）忌方言俚语

演说要按照内容的需要，针对不同的对象，应使用不同的语言形式。但要注意，由于我国面积广大、方言众多，欲使演说通俗易懂、明白晓畅、交流顺当，还有个改变家乡口音、推广普通话的问题，否则就会出现语言障碍。因为，一个国家语言标准化、规范化的程度，往往反映这个国家的文明程度。

## 任务实施

| 第一步 赛前认知 | |
|---|---|
| 主要内容 | 教师评价 |
| 回答以下问题：<br>1. 你觉得演讲稿的准备有哪些困难？<br><br>2. 请思考如何做到在演讲时，思路清晰、重点突出？<br><br>3. 你上台演讲前会很紧张吗？你会怎样调整？是否在演讲前不断地演练？你觉得演练有哪些好处？<br><br>4. 你考虑自己的演讲该如何开场？ 你设计了哪些环节来吸引听众？ | |

<table>
<tr><th colspan="2">第二步 演讲比赛</th></tr>
<tr><th>主要内容</th><th>教师评价</th></tr>
<tr><td>1. 请认真考虑当众演讲应该注意哪些问题？<br><br>2. 请将自己和每位演讲者的讲述逻辑在下方用流程图表示出来。<br><br>3. 你对其他组的展示提出了哪些意见和建议？</td><td></td></tr>
<tr><td>表 16-1　对他人的意见和建议记录表<br><table><tr><th>组别</th><th>演讲人</th><th>我的意见及建议</th></tr><tr><td></td><td></td><td></td></tr><tr><td></td><td></td><td></td></tr><tr><td></td><td></td><td></td></tr><tr><td></td><td></td><td></td></tr><tr><td></td><td></td><td></td></tr><tr><td></td><td></td><td></td></tr><tr><td></td><td></td><td></td></tr><tr><td></td><td></td><td></td></tr><tr><td></td><td></td><td></td></tr><tr><td></td><td></td><td></td></tr><tr><td></td><td></td><td></td></tr></table></td><td></td></tr>
</table>

<table>
<tr><th colspan="2">第二步 演讲比赛</th></tr>
<tr><th>主要内容</th><th>教师评价</th></tr>
<tr><td>4. 同学们对你们组提出了哪些问题和建议？<br><br>表 16-2　同学们的意见和建议记录表<br><table><tr><th>同学们的意见和建议</th></tr><tr><td></td></tr><tr><td></td></tr><tr><td></td></tr><tr><td></td></tr><tr><td></td></tr><tr><td></td></tr></table><br>5. 教师对你们组提出了哪些问题和建议？<br><br>表 16-3　教师的意见和建议记录表<br><table><tr><th>教师的意见和建议</th></tr><tr><td></td></tr><tr><td></td></tr><tr><td></td></tr><tr><td></td></tr><tr><td></td></tr></table></td><td></td></tr>
</table>

| 第三步 赛后拓展 | |
|---|---|
| 主要内容 | 教师评价 |
| 1. 总结本组或本人演讲比赛表现，总结本组或本人需要改善的地方并思考具体做法有哪些？请列出计划。<br><br>2. 请思考团队改善的途径或方式有哪些？ | |

## 任务总结

<table>
<tr><td colspan="2">1. 你在演讲比赛中当众演讲的感受如何，你对其他同学的演讲感受如何？<br><br>2. 你演讲前的准备和设计是否在演讲中达到了预期的效果？为什么？<br><br>3. 请总结：通过赛前准备、课余学习、比赛实施、同学分享、老师点评等你了解了哪些具体知识？</td></tr>
<tr><td>签名：</td><td>日期：</td></tr>
<tr><td colspan="2">本团队成员对你的评价：</td></tr>
<tr><td>签名：</td><td>日期：</td></tr>
<tr><td colspan="2">其他团队对你的评价：</td></tr>
<tr><td>签名：</td><td>日期：</td></tr>
<tr><td colspan="2">教师对你的评价：</td></tr>
<tr><td>签名：</td><td>日期：</td></tr>
</table>

## 任务习题

学有余力的同学思考并学习整理如下内容。

1. 模拟《开讲啦》《今晚 80 后脱口秀》等节目，结合身边的新闻和热点事件，编段子在组内进行演讲训练，每组分享一个段子。

2. 自今日起，请每周自选主题，准备一个 3 分钟演讲，用于课前演讲能力训练。

3. 结合演讲比赛表现，总结自己的短板，有针对性地制订提升计划并实施。